Artemis & Winkler

Ekkehart & Gernot Rotter

Venus, Maria, Fatima

Wie die Lust zum Teufel ging

Artemis & Winkler

Die Deutsche Bibliothek – CIP Einheitsaufnahme

Rotter, Ekkehart:
Venus, Maria, Fatima : wie die Lust zum Teufel ging /
Ekkehart & Gernot Rotter. - Zürich ; Düsseldorf :
Artemis und Winkler, 1996
ISBN 3-7608-1125-6
NE: Rotter, Gernot:

Artemis & Winkler Verlag Zürich / Düsseldorf

Satz: Macintosh Quadra 700, Quark XPress
Druck und Bindung: Franz Spiegel Buch GmbH, Ulm
Printed in Germany
ISBN 3-7608-1125-6

Inhalt

Vorwort ... 7

Prolog: Die Last mit der Lust ... 9

Von der Verherrlichung zur Diskriminierung ... 13
I. Baal, der Stier, und Europa, die Kuh ... 15
II. Jahwe bleibt ledig ... 34
III. Aphrodite, die vergöttlichte Lust ... 46
IV. Venus, Liebesgöttin mit gebremstem Schaum ... 61
V. Christliche Wende: Die Lust geht zum Teufel ... 82
VI. Mohammed läßt die Göttin erschlagen ... 106
VII. Venus ohne Unterleib: Jungfrau Maria ... 119
VIII. Fatima: strahlende Venus und größte Maria ... 138

Zwischen Trieb und Wahn: Freudvolle Lust, höllische Versuchung und teuflische Strafe ... 153
IX. Die Lust am Freitag ... 155
X. Diener Luzifers und Knechte der Wollust ... 169
XI. Die Große Göttin im Untergrund ... 181
XII. Erotisierung Marias und psychische Defekte ... 197
XIII. Himmel, Harem, Hölle ... 220
XIV. Geschlechtsteufel und Hexenwahn ... 238

Epilog: Lust ohne Last? ... 253

Bibliographie ... 257
Verzeichnis der Abbildungen ... 270

Vorwort

Die beträchtliche Anzahl von Publikationen zum Thema Sexualität, die derzeit verlegt werden, stimmt zuversichtlich, sofern ihre Autorinnen und Autoren bemüht sind, Gegengewichte zu den überbordenden trivialen, simplen oder auch reißerischen Veröffentlichungen in den Massenmedien zu setzen, und statt dessen versuchen, Erklärungen für die Irritationen zu geben, die das Phänomen der (zwischen-)menschlichen Sexualität nach wie vor auslöst, sowie den Schleier zu lüften, der Sexualität mythisch einhüllt. Wenig hilfreich erscheint es dagegen, wenn auf diesem ernsthaft beschrittenen Weg, wie ebenfalls festzustellen ist, ein neuer Mythos errichtet und Sexualität wieder dämonisch ummäntelt wird. Rein naturwissenschaftliche Abhandlungen hingegen klären lediglich über die biologische Funktion und Wirkungsweise von Sexualität auf und lassen den Menschen, der in einem Spannungsfeld von Natur und Kultur agiert, weitgehend außen vor.

Unser Ansatz will dem Rechnung tragen; er ist ein kritisch-historischer. Er soll gewährleisten, den Menschen als normgebenden Gestalter seiner Sexualität und als in seinen Moralvorschriften verstricktes Opfer auf seinem weiten Weg durch die Geschichte vorzustellen. Das Buch soll mithelfen, die Bedeutung zu erhellen, die den Religionen bis in unsere Tage für das Bewußtsein zukommt, das wir von Sexualität besitzen.

Die Darstellung eines mehrere Kulturen und lange Zeiträume bewegenden gesellschaftlichen Phänomens wie der vorherrschenden Meinung über Sexualität in bestimmten Epochen konnte nur geleistet werden dank der förderlichen Bedenken und Ermunterungen, die wir von mannigfacher Seite erfuhren, und der fruchtbaren Diskussionen mit Kolleginnen und Kollegen, Freunden und Bekannten. Ihnen allen sei zutiefst gedankt. Besonders wertvoll waren zudem die Hilfen und Hinweise, die wir – in Hamburg – von Frau Dr. Karin Hörner und Frau Claudia Stodte M. A. sowie – in Frankfurt am Main – von Frau Christin Löchel M. A. erhielten. Ihnen gilt unser besonderer Dank. Last but not least danken wir den beiden Lektoren des Verlags, Dr. Johannes Bohmann (München) und Dr. Andres Betschart (Zürich), für die gute Zusammenarbeit.

Wertungen, die wir vorgenommen haben, und Fehler, die möglicherweise festgestellt werden, gehen ausschließlich zu unseren Lasten.

Weihnachten 1995 — Ekkehart Rotter, Frankfurt am Main
Gernot Rotter, Hamburg

Zur Umschrift arabischer Namen und Begriffe

Um den Lesefluß nicht unnötig zu stören, wurde im laufenden Text auf eine wissenschaftliche Umschrift verzichtet. Zudem wurden eingedeutschte Namen in der üblichen Schreibung angegeben, also z. B. Mohammed statt Muhammad oder Abdallah statt ʻAbdallah. Lediglich im Literaturverzeichnis wurden z. B. Silbenlängen und emphatische Laute markiert. Im übrigen gilt: ʻ= gutturaler Reibelaut, ʼ= glottal stop, dh = engl. stimmhaftes th, dj = deutsch dsch, gh = frz. r, kh = deutsch ch wie in Bach, sh = deutsch sch, th = engl. stimmloses th und ẓ = franz. z.

Prolog: Die Last mit der Lust

Zwischen dem sexuellen Wunsch und seiner Befriedigung gähnt ein Abgrund, der nur überbrückt werden kann durch objektiv bestimmte Formen, also durch Sexualität, also durch Diszipliniertes und Erstarrtes, um das wir um so uneinsichtiger und unbelehrbarer unseren Zirkus veranstalten, Gott sei Dank.

SIGUSCH, KRITIK DER DISZIPLINIERTEN SEXUALITÄT, S. 8

Das Interesse der britischen Boulevard-Presse ist vorrangig darauf ausgerichtet, wie Politiker und Mitglieder des Königshauses ihre sexuelle Potenz umsetzen. Die puritanische Bevölkerung der Vereinigten Staaten scheint die politischen Fähigkeiten ihres Präsidenten nach dem Stand des Hosenreißverschlusses zu einem bestimmten Zeitpunkt zu bewerten. Doch einem Gegner Fehlverhalten auf sexuellem Gebiet vorzuwerfen, ihn der Unmoral zu zeihen, ist kein Mittel der politischen Auseinandersetzung, das die Moderne erfand. Schon Cicero hielt dem Staatsfeind Catilina «Wollust mit schwachen Jünglingen» vor, um ihn zu diskreditieren. Frauen Mohammeds setzten über dessen Lieblingsfrau, die jugendliche Aischa, das Gerücht in die Welt, einen Seitensprung begangen zu haben, um diese dem Propheten zu entfremden. Der deutsche König Heinrich IV. sah sich mit dem Vorwurf konfrontiert, zusammen mit Freunden seine Schwester aus dem Kloster geholt und ihrer Vergewaltigung beigewohnt zu haben. Kaiser Friedrich II. wurde aus der Umgebung des Papstes verdächtigt, die Hochzeitsnacht statt mit seiner dreizehnjährigen Braut mit einer ihrer älteren Begleiterinnen zugebracht zu haben. Luther wiederum geißelte die Zuchtlosigkeit der Päpste seiner Zeit und gab diese als einen der Gründe für seinen Bruch mit der römischen Kirche an.

Das Strickmuster der Vorwürfe ist immer dasselbe. Unabhängig davon, ob sie auf Tatsachen beruhen und zudem Gesetzesübertretungen aufgreifen, bedient man sich wirklicher oder erfundener, bevorzugt sexueller Normabweichungen, um den damit Konfrontierten allgemein unmöglich zu machen. Es ist nicht die Sorge um die Sittlichkeit der solchermaßen Gescholtenen, welche die Tugendwächter nicht ruhen läßt, sondern die Ausschaltung oder Vernichtung der mit den Vorwürfen Überzogenen. Die Kritiker würden es im Gegenteil eher bedauern, wenn ihnen die Anklage der sittlichen Verfehlung dadurch genommen würde, daß sich der «Sittenstrolch» zum Moralapostel wandelte. Insofern waren und sind solche Vorwürfe unredlich und unehrlich.

Sowohl der als unsittlich Diskriminierte als auch der bigotte Sittenwächter sind Opfer historischer Bedingtheiten und erstarrter inhumaner und lebensfeindlicher Moralgebote. Keine menschliche Begierde wurde wie der Sexualtrieb gefeiert oder verflucht, als positiver Impuls verherrlicht oder als viehischer Drang, der den Menschen eben zum Tier werden lasse, schroff abgelehnt.

Die Kontrolle und Regulierung der Sexualität diente und dient nicht zuletzt den monotheistischen Religionen und den sich ihrer bedienenden Staaten als bewährtes Instrument zur Durchsetzung von Macht. Die Reduzierung des Göttlichen auf *einen* männlichen Gott förderte die Abwertung alles Weiblichen und der – von Männern den Frauen ursächlich «angelasteten» – Sexualität. Diesen Vorgang sowie dessen unterschiedliche Auswirkungen in den beiden auf dem jüdischen Vorbild aufbauenden Nachbarreligionen und -kulturen Christentum und Islam versucht dieses Buch in einem Gang durch die Geschichte von der Vergöttlichung zur Verteufelung der Sexualität darzulegen.

Beide Religionen versuchten und versuchen durch teils gleiche, teils unterschiedliche Morallehren das Sexualverhalten ihrer Gläubigen zu reglementieren. Die Absicht, die aus unterschiedlichsten Gründen als Last empfundene Lust einzudämmen, bewirkte oft das Gegenteil, indem sie das Dilemma zwischen erlaubter und verbotener Sexualität, zwischen Lust und Schuld, nicht nur nicht auflöste, sondern verstärkte. Dieses Dilemma wirkt ungebrochen bis heute fort, wie die drastisch steigende Anzahl von Scheidungen in der christlich-westlichen Welt, für die sexuelle Motive angegeben werden, und z. B. die zunehmenden Hinrichtungen von Frauen in Saudi-Arabien, die der Unzucht bezichtigt werden, erweisen.

Auf der anderen Seite ist durch alle Epochen feststellbar, daß Sexualität schöpferische und zerstörerische Kräfte freisetzte und daß sie aufgrund dieser Ambivalenz den Menschen stets beunruhigt hat. Sexualität als Auslöser von Freude, als Voraussetzung für Erotik, als primäres Stimulans zur Aufnahme von Geschlechtsbeziehungen und damit als elementarer Bestandteil dessen, was landläufig als Liebe gilt, sowie andererseits als Ursache für Ängste und Neurosen, als Quelle von Unfrieden, als Grund für Trennungen, als Triebfeder für Körperverletzung und Mord hat die Menschen immer gleichzeitig fasziniert und erschreckt. Diese emotionale Wahrnehmung der Sexualität hat die Menschheit bei dem Versuch, sie zu verstehen, angehalten, sie zu vergöttlichen oder zu verteufeln, ihre unleugbare Existenz und ihre Macht über den Menschen dem Wirken guter oder schlechter Kräfte zuzuschreiben. Erst in der Neuzeit gelang es, die wahren biochemischen und psychischen Wirkungszusammenhänge aufzudecken, die Sexualität bedingen und wirksam werden lassen. Doch eine Enttabuisierung ging mit dieser Aufklärung letztlich ebensowenig einher wie eine Pragmatisierung, was die zweieinhalb Jahrtausende alte Überzeugung zu bestätigen scheint, daß da, wo sexuelles Begehren waltet, Vernunft keinen Platz hat. Die Römer hatten, um diesen Antagonismus wissend, dem Sexualtrieb (in Gestalt der Göttin Venus) den Verstand (in Gestalt der Gottheit Mens) gegenübergestellt.

Dieses Gegensatzpaar, das die christliche Morallehre in die Formel «sündiger Körper» contra «keusche Seele» kleidete, prägte und prägt immer noch tiefgreifend das Urteil über Sexualität und verstrickt seitdem jeden frommen oder «zivilisierten» Menschen in sein persönliches Dilemma.

Auch dieses Buch löst das Dilemma nicht. Es sollte aber die Fundamente sichtbar machen, auf denen die öffentliche Meinung über Sexualität samt ihrer gesellschaftlichen Auswirkung sowohl in der christlichen wie in der islamischen Welt bis heute beruhen, und zu einer unbefangeneren Bewertung von Sexualität, Erotik und Liebe befähigen.

Erster Teil

Von der Verherrlichung zur Diskriminierung

I. Baal, der Stier, und Europa, die Kuh

Sie erhob ihre Augen und erblickte, ja, sie erblickte den Stier.
Sie hüpfte im Gang und hüpfte tanzend mit Anmut und Grazie.
UGARITISCH, 2. JAHRTAUSEND V. CHR.

Zeus, bekanntlich der sexuellen Lust sehr zugetan und seiner Ehefrau Hera wahrlich kein treuer Gatte, erblickte eines Tages an den östlichen Gestaden des Mittelmeers bei der Stadt Sidon eine wunderschöne Jungfrau, die ihn völlig in ihren Bann schlug und begehrliche Gefühle in ihm weckte. Sie war die Tochter des dortigen Königs Agenor und hieß *Europa*. Zeus versuchte erst gar nicht, dem sinnlichen Verlangen zu widerstehen, sondern verwandelte sich in einen Stier und näherte sich dem Mädchen auf einer Wiese. Wie es dem Gott in Gestalt eines feisten Rindviehs gelang, die Königstochter dazu zu bewegen, sich auf seinen Rücken zu setzen, verschweigt der Mythos. Jedenfalls stieg er mit ihr ins Meer und entführte sie schwimmend nach Kreta. In der Folge gebar sie ihm drei uneheliche Söhne und heiratete schließlich Asterios, den «Sternartigen». Damit endet die Geschichte von der schönen Jungfrau und ihrem viehischen Liebhaber – und in unserer Zeit, in der Göttermythen keine Konjunktur mehr haben, wäre die Geschichte von der schönen Königstochter aus Phönizien kaum mehr einer Erwähnung wert, wenn sie nicht einem Kontinent ihren Namen geschenkt hätte: Europa.

Die wichtigste Nachricht über die Person der Europa ist *Lukian* zu verdanken, einem im 2. Jahrhundert n. Chr. lebenden, aber noch nicht christianisierten, griechisch – und witzig – schreibenden Syrer. Er war zeitweilig als Anwalt in Antiochien, dem heutigen Antakya in der Türkei, tätig, kannte aber die damalige Welt von Ägypten über Athen bis nach Gallien aus eigener Anschauung. Seine Abhandlung «Über die Syrische Göttin» schloß er mit der Bemerkung, daß «noch auf diesen Tag im Tempel der syrischen Göttin» in Hierapolis, dem heutigen

Manbidj in Nordsyrien, eine Locke seiner kindlichen Haarpracht aufbewahrt werde.

Auch andere Kultstätten der Syrischen Göttin kannte Lukian aus eigener Anschauung. Von einem Priester im phönizischen Sidon hatte er erfahren, daß der Tempel der Stadt der Europa geweiht sei, andere ihn aber als Tempel der Astarte betrachteten. Die Geschichte über die Entführung der Europa nach Westen, so Lukian weiter, habe er von mehreren Phöniziern gehört. Auch würden die Münzen aus Sidon vom Bild der Europa auf dem Stier geziert – tatsächlich sind in der Numismatik entsprechende Stücke bekannt. Und noch im 6. Jahrhundert n. Chr. schrieb der syrische Historiker *Malalas*, daß in Sidon alljährlich zur Erinnerung an das Verschwinden der Europa nach Westen ein Fest abgehalten worden sei.

Das Bild der Europa auf dem Stier, das Lukian auf den Münzen in Sidon sah, hatte im Orient Jahrtausende alte Vorläufer: Darstellungen einer weiblichen nackten Gottheit auf einem Stier sind in zahlreichen Ausgrabungsstätten im gesamten syrischen Raum bereits seit dem dritten vorchristlichen Jahrtausend zu Dutzenden ans Tageslicht gekommen. Damit stellt sich die Frage, ob diese Göttin der sexuellen Lust und der Fruchtbarkeit – so die gängige Interpretation – mit der «Europa» genannten Königstochter identisch ist. Eine positive Beantwortung könnte auch einen Fingerzeig geben, daß orientalische Einflüsse bei der Vergöttlichung der Sexualität in Europa mitgewirkt haben.

«Pflüge meine Vulva, mein Liebling!»

Der Alte Orient mit seinen drei wichtigsten Kulturzentren Ägypten, dem Zweistromland (Mesopotamien/Irak) und Syrien hat, bevor die drei monotheistischen Religionen Judentum, Christentum und Islam mit ihrem patriarchalischen Schöpfergott dem sinnenfrohen «heidnischen Treiben» sukzessive ein Ende setzten, in hohem Maße auch Göttinnen verehrt und zumindest in einigen Regionen das weibliche Göttliche über das männliche gestellt. Dabei dürfen die zahlreichen Namen weiblicher Gottheiten, die im Alten Orient kursierten, nicht zu dem Schluß verleiten, daß es sich ursprünglich um verschiedene Göttinnen handelte. Vielmehr belegen die Attribute, die man ihnen in

Die angedeuteten Kuhhörner weisen die nackte Dame als Liebes- und Fruchtbarkeitsgöttin aus. Mari, um 2650 v. Chr.

Bild und Schrift beilegte, daß sie alle dieselbe Gottheit repräsentierten, deren weibliche *Aspekte* in unterschiedlicher Betonung vergöttlicht und verselbständigt wurden. Im Verlauf der Jahrtausende wurden zudem lokale Götter und Göttinnen immer wieder «exportiert» bzw. «internationalisiert», womit auch die Namen wanderten und dann an einem Ort mehrere Gottheiten unter verschiedenen Namen auftraten, die aber ursprünglich dasselbe Phänomen in göttlichem Gewande darstellten.

In Ägypten waren *Hathor* und *Isis* die prominentesten Frauengestalten des Pantheons. In ihrer Symbolik verwischen die Unterschiede der beiden Gottheiten zuweilen ganz. Beide wurden als Himmelsgöttin, auch als Götter- oder Gottesmutter verehrt, erscheinen auf Statuen als Mütter, die das göttliche Kind Horus stillen, und beide waren Göttinnen der Liebe. Der Name Hathor bedeutet eigentlich «Haus des Horus», womit der vergöttlichte Königspalast gemeint war, in dem der Gott-König gleichsam im Uterus der Göttin lebte. Ausgehend von einem Mythos, wonach der Himmel eine aus den Urgewässern emporgestiegene Kuh sei, wurde Hathor auch die «Himmelskuh» genannt; ihr charakteristisches Symbol waren die Kuhhörner, die sie – wie zuweilen auch Isis und andere Göttinnen – auf den Statuen trägt, sofern sie nicht überhaupt als Kuh erscheint. In den Pyramidentexten, den ältesten religiösen Spruchsammlungen Ägyptens, wurde der Gott-König gepriesen: «Dein Vater ist der große wilde Stier, deine Mutter die junge Kuh.» Und auf der Statue eines Priesters der Hathor steht geschrieben: «Preis Dir, goldene Kuh mit schönem Gesicht und vielen Farben. Einzige im Himmel ohnegleichen [...].»

Derselben Vorstellungswelt begegnet man im Alten Mesopotamien, wenngleich die Aspekte Sexualität und Mütterlichkeit anders gewichtet sind. Auch dort existierten Muttergöttinnen in Kuhgestalt. So wurde etwa *Baba*, die Muttergöttin von Lagasch, im 3. Jahrtausend v. Chr. als «weitherzige Kuh des Landes Sumer» gepriesen, und auch die große *Inanna* oder *Ischtar*, wie sie sumerisch und dann akkadisch hieß, wurde gelegentlich als «Wildkuh» bezeichnet. Bei Ischtar, der herausragenden Göttin des Alten Mesopotamien, spielte dagegen der Aspekt der Mütterlichkeit nur eine untergeordnete Rolle. Als «die erhabene Herrin, die allein mächtig ist», war sie in erster Linie für Sex und Krieg zuständig. Als Kriegsgöttin wurde sie meist mit Flügeln dargestellt: Aus den Schultern ragen Zepter, Sichelaxt und Keule; ein seitwärts aus dem Gewand herausgestrecktes, nacktes Bein ruht auf einem erlegten Löwen. Die ihr Kälbchen säugende Kuh als häufiges Symbol der Muttergöttinnen steht dazu in deutlichem Gegensatz. Im Zusammenhang mit Ischtar tauchte dagegen der «Himmelsstier» auf. Im Gilgamesch-Epos bittet sie ihren Vater, den Himmelsgott Anu: «Mein Vater! Schaff mir den Himmelsstier, / daß er Gilgamesch tötet in seinem Hause! / Gewährst du mir aber den Himmelsstier nicht, / so zerschlag ich die Türen der Unterwelt.»

Als «großer Stier» oder «Stier des Himmels» wurde auch *Ischkur*, der Gott des Wetters, der Naturgewalten und der Fruchtbarkeit bezeichnet, der in Syrien dann *Baal* oder *Hadad* hieß und in hellenistischer Zeit schließlich mit *Zeus*, dem «Donnerer», gleichgesetzt wurde – jenem Herrn, der in Gestalt des Stieres Europa entführte. Auch der Mondgott *Sin*, der zumindest in einigen Regionen Mesopotamiens als der höchste Gott galt, trat gelegentlich als Stier auf. Nach einem weit verbreiteten Mythos verliebte er sich eines Tages in eine Kuh, und um sie zu begatten, stieg er als Stier auf die Erde hinab. Um das Ergebnis dieser Liaison, ein Kälbchen, heil zur Welt zu bringen, schickte er später zwei göttliche Helferinnen zur Erde, die der unter den Geburtsschmerzen leidenden Kuh zur Seite standen. In medizinischen Texten für schwangere Frauen wurde eben diese Hilfe wiederholt beschworen. Die Ähnlichkeit mit dem Zeus-Europa-Mythos ist evident.

Während Sonnengottheiten durch Sonnenscheiben und Mondgottheiten durch Mondsicheln symbolisiert wurden, trat zu Ischtar als charakteristisches Attribut meist ein achteckiger Stern hinzu, der auf den Planeten *Venus* anspielte. Hier liegt die kulturelle Wurzel unserer Identifikation des Weiblich-Erotischen mit dem Planeten Venus. Während Isis in Ägypten am Himmel durch den Fixstern *Sirius* verkörpert wurde, hat man Inanna/Ischtar, die höchste Göttin im Alten Mesopotamien, der Venus zugeordnet. Über die Gleichsetzung von Inanna/Ischtar mit der Liebesgöttin *Aphrodite*/Venus in der europäischen Antike setzte sich die Vorstellung durch, daß ein metaphysischer Zusammenhang zwischen dem Planeten Venus und der Sexualität bestehe.

Dieser Planet, über den später noch einiges zu sagen sein wird (vgl. Kap. IX), erscheint ca. siebeneinhalb Monate als Morgenstern, bevor er sich den Blicken entzieht, um einige Wochen später für die Dauer von ca. sieben Monaten als Abendstern sichtbar zu werden. Im 2. Jahrtausend v. Chr. erkannten die Menschen im Orient, daß es sich beim Morgen- und Abendstern um zwei Erscheinungsformen desselben Gestirns handelt. Schon vorher mußte jedoch die gleiche Leuchtkraft von Morgen- und Abendstern dazu geführt haben, daß man beide als Geschwister oder Paar auffaßte. So wurde in Syrien der Abendstern als Venusgöttin mit dem Namen *Athtart* identifiziert und dieser der Morgenstern mit dem Namen *Athtar* als männliches Pendant gegenübergestellt. Daß die Europa nach ihrem Abenteuer mit Zeus alias Baal/Hadad einen gewissen *Asterios* ehelichte, mag eine Reminiszenz an diese alte Vorstellung sein, denn *asterios* kann man zwar griechisch als «der Sternige» deuten, doch ebensogut kann dieser Name auf das semitische *athtar* zurückgehen.

Als sich die Erkenntnis durchgesetzt hatte, daß Morgen- und Abendstern derselbe Planet sind, fielen auch deren Eigenschaften zusammen. Deshalb verkörperte die mesopotamische Ischtar – der Name hat dort übrigens sprachlich die maskuline Form bewahrt – sowohl das männliche Kriegshandwerk als auch die weibliche Lust. Gerüstet mit diesen beiden Eigenschaften lief sie im mesopotamischen Pantheon sogar Sonne und Mond den Rang ab. Schon in einem sumerischen Lied aus dem dritten vorchristlichen Jahrtausend konnte Inanna/Ischtar von sich sagen: «Mein Vater hat mir den Himmel gegeben, hat mir die Erde gegeben: Die Himmelsherrin bin ich. Mißt sich einer, ein Gott mit mir? [...] Den Himmel hat er mir als Krone aufs Haupt gesetzt, die Erde als Sandale an meinen Fuß gelegt.»

Als Vater der «Himmelskönigin» Ischtar galt der Himmelsgott Anu oder der Mondgott Sin und als ihr Bruder die Sonne, die man sich in Mesopotamien – wie auch bei Griechen und Römern und mithin bis heute in den romanischen Sprachen – männlich dachte. Während diese göttliche Dreiheit, bestehend aus dem Mond als Vater, der Sonne als Sohn und dem Planeten Venus als Tochter, mit letzterer ein weibliches Element aufweist, ist dieses in der christlichen Dreifaltigkeit eliminiert. An seiner Stelle steht der (männliche) Heilige Geist, dessen Bezeichnung (*ruh*) in den semitischen Sprachen weiblich ist. Denn das Symbol des Heiligen Geistes, die Taube, war im Alten Orient ein Symbol der Venusgottheit ...

Ischtars unstillbarer Hunger nach Sex kann kaum drastischer geschildert werden, als dies ein Keilschrifttext aus der ersten Hälfte des zweiten vorchristlichen Jahrtausends tat. Dort heißt es, daß sie «hundertzwanzig Männer nicht ermüden können», und ein altbabylonischer Hymnus ergänzt: «Ischtar ist mit schwellender Kraft (und) Liebreiz angetan, / hat Fruchtbarkeit die Fülle, verführerischen Reiz und Üppigkeit. / Honigsüß ist sie an ihren Lippen, Leben ist ihr Mund: / an ihrer Erscheinung wird voll das Lachen [...] / Wo sie hinsieht, ist Heiterkeit geschaffen, / Lebenskraft, Pracht, Fortpflanzungskraft von Mann und Frau.»

Inanna, die sumerische Vorläuferin der akkadischen Ischtar, zeigte sich ebenfalls als die aktive, den Gatten *Dumuzi* mit ihrem Verlangen bestürmende Liebestolle, wobei die Sprache durchaus drastisch sein konnte. In einem leider nur fragmentarisch erhaltenen Text reizte sie Dumuzi mit den Worten: «Meine Vulva ist ein <...> Hügel, für mich, / die Maid; wer wird ihn pflügen? / Meine Vulva ist <...> feuchter Boden für mich, / die Königin; wer wird hier seinen Ochsen plazieren?» Dumuzi war alles andere als abgeneigt: «Frau, der König wird ihn für dich pflügen, / Dumuzi, der König, wird ihn für dich pflügen.» Und Inannas Antwort war: «Pflüge meine Vulva, mein Liebling!»

Die mesopotamische Ischtar erschien im Alten Syrien als Athtart oder Astarte. Zwei weitere Göttinnen waren *Athirat/Aschera* und *Anat*, mit denen Astarte im Laufe der letzten beiden Jahrtausende v. Chr. weitgehend verschmolz. Im alten Ugarit an der nordsyrischen Küste war Athirat als Gemahlin von *El*, dem Leiter der Götterversammlung, die Göttermutter gewesen und verkörperte damit den mütterlichen Aspekt, während Anat – teilweise gemeinsam mit der aus Mesopotamien importierten Astarte – als Kriegs- und Liebesgöttin fungierte. Aus den Namen der Athirat und Anat entstand schließlich *Atargatis*, die *dea syria*, die «syrische Göttin» schlechthin.

Geht man von den figürlichen Darstellungen der Syrischen Göttin aus, wird ihr erotischer Charakter besonders deutlich: Sie ist meist nackt, das Schamdreieck deutlich betont, oder sie ist gerade dabei, ihr

Gewand abzulegen und ihre Scham zu entblößen, während die umstehenden männlichen Figuren durchweg bekleidet sind. Gerade diese Szenen zeigen, daß die Göttin ihre weiblichen Reize bewußt und aktiv gegenüber den Männern einzusetzen wußte – zur Befriedigung ihrer eigenen Lust oder auch zur Erfüllung anderer Wünsche. Selbst gegen die Feinde kamen sie zum Einsatz. Ein hethitischer Mythos erzählt, daß sie nackt, parfümiert und geschmückt ans Meer ging, um den Schlangendrachen aus dem Wasser zu locken.

So wie in Ägypten Osiris der Partner der Isis, in Mesopotamien Dumuzi/Tammuz der Partner der Inanna/Ischtar war, so hatte auch die Syrische Göttin stets einen männlichen Partner, der wie die Göttin selbst unter verschiedenen Namen erscheinen konnte. In allen drei Kulturräumen stand im Zentrum der diese Paare umgebenden Mythen das Verschwinden des männlichen Partners, der dank des Wirkens der Göttin aber heil zurückgebracht werden konnte. Der Mythos wird allegorisch gedeutet als Darstellung des Jahreszyklus der Vegetation oder von mehrjährigen Fruchtbarkeits- und Dürreperioden.

In Ugarit, einem im 2. Jahrtausend v. Chr. blühenden Stadtstaat an der syrischen Küste, war *Baal* der Gemahl oder Geliebte der Anat. Nach dem dortigen Mythos begab er sich zusammen mit den Wolken, dem Wind und dem Regen sowie sieben Lustknaben, zwei Mädchen und acht Schweinen in die Unterwelt, nachdem er zuvor noch siebenundsiebzig- oder achtundachtzigmal eine Kuh (Anat?) begattet hatte, die ihm Nachkommen gebar. In der Unterwelt wurde er dann von *Mot*, dem Gott des Todes, umgebracht und verschlungen. Anat machte sich auf, um Baal an Mot zu rächen: «Die Jungfrau Anat nähert sich ihm: / Wie das Herz einer Kuh zum Kälbchen, / wie das Schaf eines Lammes zum Lämmchen, / so ist Anats Herz zu Baal. / Sie ergreift den Gott Mot, / mit dem Schwert zerschneidet sie ihn, / mit dem Sieb siebt sie ihn, / mit dem Feuer verbrennt sie ihn, / mit der Mühle mahlt sie ihn, / auf die Felder sät sie ihn.» Das Schneiden, Sieben, Mahlen und Säen zeigt anschaulich die Zeit des Erntens und der erneuten Aussaat. Anat suchte sodann Baal und fand ihn auch, worauf er – in typisch mythischer Unlogik – wieder die Herrschaft über die Erde ausübte: Die Zeit der Trockenheit war vorbei und Baal ließ durch seinen Regen die Vegetation wieder sprießen. Anat jedoch war es, die durch ihre Liebe, aber auch durch ihre Rachsucht und Grausamkeit, den Vegetationsprozeß in Gang hielt.

Anat galt als die göttliche Personifikation der Sexualität schlechthin. Daß sie in Ugarit dennoch als Jungfrau bezeichnet wurde, beruhte offenbar auf der Vorstellung, daß sie nach jedem Liebesakt wieder zur Jungfrau wurde, so wie nach dem griechischen Mythos die Zeus-Gattin *Hera* alljährlich ihre Jungfernschaft wiedergewann. Auch in Karthago, jener berühmten Gründung der Phönizier in Nordafrika, wurde dem Gott Baal eine göttliche Gefährtin namens *Tinnit* (*Tanit*) beigesellt. Sie entsprach exakt der Syrischen Göttin und wurde dann im Lateinischen als *virgo caelestis*, «himmlische Jungfrau», bezeichnet, obwohl sie auch ausdrücklich «Mutter» genannt wurde.

Zur Zeit, als Lukian – also bereits nach der Zeitenwende – den Tempel der Syrischen Göttin in Hierapolis beschrieb, waren Astarte und Anat längst in der einen syrischen Göttin Atargatis aufgegangen. Diese war in eine göttliche Dreiheit eingebunden; zu dieser gehörten weiterhin ihr Gemahl Hadad/Baal, der oft mit dem Stier als seinem Symboltier dargestellt wurde, sowie der junge Fruchtbarkeitsgott *Semeion* (semitisch: *Eschmun*), der auch Elemente des semitischen Adonis, des «Lieblings der Frauen», und des griechischen Dionysos, des Gottes der Fruchtbarkeit, der Ekstase und des Weins, verkörperte. Diesen jungen Gott hat man sich als Stiefsohn und Geliebten der Atargatis vorzustellen. Lukian erzählt nämlich, daß vor dem Eingang zum Tempel «zwei ungeheure Phallen» aufgestellt waren, die die Inschrift trugen: «Diese Phallen habe ich, Dionysos, der Hera, meiner Stiefmutter, geweiht.» Auch in dieser Dreiheit lebte also ein weibliches Element fort. Während jedoch in der mesopotamischen Göttertrias Sonne-Mond-Venus die weibliche Gottheit die Tochter des Vatergottes war, wurde sie hier von dessen Gemahlin repräsentiert, die ihren göttlichen Stiefsohn zum Liebhaber hatte.

Heilige Hochzeit, heilige Huren

Sexualität und Fruchtbarkeit waren im Alten Orient fester Bestandteil religiöser Vorstellungen. Die ungezwungene Art und die Selbstverständlichkeit, mit der man sie in die Mythen als zentralen Wesenszug der Göttinnen und Götter aufnahm, läßt erkennen, daß man sexuelle Lust noch als das «Natürlichste von der Welt» verstand. Besonders auffallend ist, daß nicht nur der stiergestaltige Gott die sexuelle Initiative ergriff und die Göttin nicht nur als die ihr Kälbchen stillende Kuh erschien, sondern daß auch sie vom Mann aktiv die Befriedigung ihrer Lust herausfordert. Die Frage ist, ob und wie sich z. B. die Vorstellung von der hochverehrten Ischtar, «die hundertzwanzig Männer nicht ermüden können», im irdischen Leben auswirkte, d.h. inwieweit die Frau tatsächlich ein Recht – modern ausgedrückt – auf sexuelle Selbstbestimmung besaß.

Naturgemäß fließen die Nachrichten in den Keilschrift- bzw. Hieroglyphentexten über das Leben der Durchschnittsbevölkerung so spärlich, daß sich kaum ein allgemeingültiges Bild gewinnen läßt. Der Assyriologe W. G. Lambert schreibt: «Einige wenige Andeutungen in literarischen Texten erlauben es, ein blasses Bild zu zeichnen von Straßen und Gärten, in denen es von sich paarenden Pärchen wimmelte.» Um die Folgen solcher Paarungen in jener noch kondomfreien Zeit zu verhindern, erfreute sich, wie bildliche Darstellungen vermuten lassen, der Analverkehr besonderer Beliebtheit. Auch Möglichkeiten zur Abtreibung waren bekannt.

Uruk, im 3. Jahrtausend v. Chr. eines der wichtigsten Zentren des Alten Babylonien und Hauptkultort der Göttin Inanna, war berühmt für seine Prostituierten. Und die weiblichen Prostituierten wurden als «Töchter der Göttin» und als «Kühe Inannas» betitelt, so wie Strichjungen als Männer beschrieben wurden, «deren Männlichkeit Ischtar in Weiblichkeit verwandelt hat». Kein Wunder, daß Inanna selbst zur Prostituierten wurde. «Wenn ich», so sagt sie in einem Text, «im Tor der Herberge sitze, bin ich die liebende Dirne.» Die genannte Herberge war gewiß nichts anderes als ein Bordell.

Die Prostitution im Alten Mesopotamien war somit eine der Großen Göttin als der Größten Dirne wohlgefällige Tätigkeit. Es überrascht deshalb nicht, daß der Hof ihres Tempels auch als «Kontakthof» diente, allerdings nicht – und das ist entscheidend – für die professionelle Prostituierte, die das erworbene Geld für sich behielt, sondern für eine besondere Art *kultischer Prostitution*, von der *Herodot* im 5. Jahrhundert v. Chr. berichtet hat. Danach mußte sich jede Babylonierin einmal in ihrem Leben in den Tempel der Göttin setzen und sich fremden Männern anbieten. Während die vornehmen Damen «im gedeckten Wagen» zum Tempel fuhren, saßen die anderen im Tempelhof und warteten, bis ihnen ein Mann ein Geldstück in den Schoß warf und sie zum «Dienst der Göttin» aufforderte, worauf sie dem Freier folgten und außerhalb des Tempels, wahrscheinlich in einer der sogenannten «Herbergen», den sexuellen Akt voll zogen. Der Liebeslohn galt als «heiliges Geld» und fiel an den Tempelschatz.

Während der geschilderte babylonische Brauch wohl ein einmaliger Dienst an der Göttin war, in dem die Frau vor der Ehe in einer Art Initiationsritus ihr Jungfernhäutchen der Göttin opferte, hatten die Frauen im phönizischen Byblos in jedem Jahr zumindest an einem Tag die Möglichkeit zum legalen, oder besser ausgedrückt, zum sakralen Seitensprung. Es ist wieder Lukian, der dies anschaulich schildert. Seine Darstellung beinhaltet auch eine vielsagende Parallele zum christlichen Auferstehungsmythos:

«Nicht weniger habe ich zu Byblos einen Tempel der Aphrodite Byblia gesehen, wo sie dem Adonis zu Ehren Mysterien begehen, mit welchen ich mich auch bekannt gemacht habe. Sie behaupten nämlich, die Geschichte mit dem Adonis und dem wilden Schwein sei in ihrer Gegend vorgegangen, und darum haben sie diese Orgien eingesetzt, wobei sie den Tod des Adonis durch eine allgemeine Landestrauer mit großem Wehklagen beweinen. Wenn dann die Busen genug zerschlagen sind und genug geheult ist, bringen sie dem Adonis zuerst als einem Verstorbenen ein Totenopfer; am folgenden Tag aber machen sie sich die angenehme Illusion, ihn wieder lebendig zu glauben, und lassen ihn gen Himmel fahren. Sie scheren sich auch die Haare ab wie die Ägypter, wenn ihr Apis gestorben ist. Die Frauen aber, denen ihre schönen Haare zu lieb sind, um sie abscheren zu lassen, sind zur Strafe verpflichtet, ihre Schönheit einen ganzen Tag öffentlich feilzubieten; doch ist der Markt nur den Fremden offen, und von dem Gewinn wird der Aphrodite ein Opfer gebracht.»

Es wäre interessant zu wissen, wie hoch der Prozentsatz der Frauen war, die in Byblos ihren Haaren zuliebe das Liebesopfer brachten. Vor allem aber muß dahingestellt bleiben, ob es sich um verheiratete oder ledige Frauen handelte.

Religiös motivierte bzw. legalisierte Prostitution wurde in den Tempeln der Großen Göttin zumindest auch von einigen Klassen von Priesterinnen ausgeübt. Im Alten Mesopotamien gipfelte diese Kultprostitution in der «Heiligen Hochzeit», in der sich der König stellvertretend für den Gott Dumuzi mit Inanna/Ischtar verband. Noch nicht geklärt ist dabei allerdings, ob deren Part von der Königin, einer Hohen Priesterin oder schlicht einer Tempelprostituierten übernommen wurde – es werden wohl alle drei Varianten vorgekommen sein. Der Umstand, daß ein König von Ur Ende des 3. Jahrtausends v. Chr. für seine Frömmigkeit dadurch belohnt wurde, daß die Götter ihm die Geburt eines Sohnes von einer Hohen Priesterin ankündigten, spricht dafür, daß es für Priesterinnen zumindest möglich war, diese Rolle zu übernehmen.

Die Verehrung der Großen Göttin konnte jedoch nicht nur durch den kultischen oder kultisch verstandenen sexuellen Akt zum Ausdruck gebracht werden, sondern auch durch seine Perversion im eigentlichen Sinn des Wortes, d.h. durch seine Umkehrung ins Gegenteil, also durch völlige sexuelle Abstinenz. Die extremste Verkehrung dieses Grundgedankens schildert wieder Lukian aus dem Tempel der Großen Göttin in Hierapolis im Norden Syriens. Neben verschiedenen Priestern und «fanatischen und wahnsinnigen Weibspersonen» diente dort eine Gruppe von Kastrierten, sogenannte *galloi*, der Göttin. Der höchste Festtag der Göttin wurde als typisches Fruchtbarkeitsfest am Anfang des Frühlings begangen. Dazu Lukian:

«An diesen Tagen wird auch nicht selten der Orden der *galloi* durch Neueintretende vermehrt. Denn während die anderen ihre Orgien begehen, teilt sich ihre Schwärmerei, von dem Getöse ihrer lärmenden Musik noch mehr angefacht, öfters auch den Umstehenden mit, und mancher, der nur als Zuschauer gekommen war, nimmt plötzlich selbst an dem Drama teil und spielt sogar eine Hauptrolle dabei. Ein junger Mensch, den diese Torheit anwandelt, reißt sich auf einmal die Kleider vom Leibe, springt mitten unter die Gallen hinein, ergreift eines von den kurzen Schwertern, die vermutlich schon von vielen Jahren her zu diesem Gebrauch in Bereitschaft gehalten werden, kastriert sich, läuft, mit dem, was er sich abgeschnitten hat, in der Hand, in der Stadt herum, und in welches Haus ihm einfällt, es hineinzuwerfen, aus demselben muß er mit weiblicher Kleidung und allem, was zum vollständigen Frauenschmuck gehört, versehen werden.»

Zweifelsohne liegt hier die konsequenteste Form des Zölibats vor. Lukians Schilderung, daß die Frischentmannten (soweit sie die Prozedur überlebten) ihren abgeschnittenen Penis in irgendein Haus warfen, darf gewiß nicht als Geringschätzung dieses männlichsten Körperteils interpretiert werden, sondern als Geste gegenüber der Göttin, daß ein Mann ihr sein Wertvollstes opferte, um zu werden wie sie. Aus dem Haus erhielt er nämlich die Frauenkleidung, mit der er nach außen demonstrierte, daß er sein wollte, was die Göttin war: eine Frau. Der Penis war das höchste Opfer, das ihr ein Mann darbringen konnte. Daß dies so verstanden wurde, zeigen die beiden bereits erwähnten Phallus-Säulen, die der griechisch umgedeuteten Sage zufolge Dionysos zu Ehren seiner Stiefmutter Hera im Hof des Tempels aufgestellt hatte. Zweimal im Jahr stieg ein Priester auf einen dieser rund 50 Meter hohen Phallen und verbrachte sieben Tage lang betend und schlaflos auf der Spitze. Knapp dreihundert Jahre später lebte *Simeon*, einer der ersten Säulenheiligen der christlichen Kirche, ganz in der Nähe des alten Hierapolis. Daß damit die heidnische Tradition der «Phallusbesteiger», wie Lukian sie despektierlich nennt, in christlichem Gewande fortgeführt wurde, ist nicht auszuschließen.

Auch die weibliche Variante sexueller Enthaltsamkeit, die Bewahrung der Jungfernschaft im Dienste einer Gottheit, war im Alten Orient bekannt. So weihten sich im ägyptischen Theben Königstöchter mit dem Titel «Gemahlin Amons» ganz dem Gott und waren als dessen Ehefrau *de facto* die Herrscherinnen von Theben. Und Mesopotamien kannte neben der Tempeldirne auch stets die Tempel*jungfrau*, vor allem in den oberen Rängen der Priesterinnen, die in klosterähnlichen Einrichtungen lebten. Beides, der sexuelle Akt ebenso wie die sexuelle Enthaltsamkeit, konnte demnach als Gottesdienst ausgeübt werden.

«Wenn es dir gut geht, gründe ein Haus und liebe deine Frau!»

Die geschilderten Beispiele für sexuelle Enthaltsamkeit ändern nichts an der generell positiven Haltung zur Sexualität im Alten Orient. Umgekehrt darf dies nicht zu dem Schluß verleiten, Promiskuität sei der

Normalfall sexueller Beziehungen gewesen. Die Einehe war die Regel, wobei die Treuepflicht der Frau allerdings höher rangierte als die des Mannes – in unseren von Männern dominierten Gesellschaften des 20. Jahrhunderts hat sich dies als Anachronismus bekanntlich bis heute gehalten –, auch gab es erhebliche regionale und sicher auch zeitliche Unterschiede.

In Ägypten, wo es keine kultische Prostitution größeren Ausmaßes gegeben zu haben scheint, waren voreheliche Beziehungen offenbar nicht geächtet, aber wohl trotzdem nicht allzu häufig, da die Frauen sehr jung heirateten bzw. mit einem Mann zusammenlebten. Da Mütter unehelicher Kinder verachtet wurden, dürften voreheliche sexuelle Beziehungen nach Möglichkeit vermieden worden sein. Es gab wohl keinen amtlichen oder kultischen Akt der Eheschließung, sondern Mann und Frau erwiesen sich allein dadurch, daß sie zusammenzogen – in der Regel die Frau zum Mann –, als verheiratet. Bemerkenswert sind jedenfalls die zahlreichen Eheverträge, die zum Teil erst geschlossen wurden, nachdem das Paar bereits Kinder hatte. Geregelt wurden darin vor allem das Erbe für den Fall des Todes des Mannes, wobei als Faustregel galt, daß die Frau ein Drittel und die Kinder zwei Drittel des Besitzes erhielten. Auch für den Fall der Scheidung wurde Vorsorge getroffen: Hatte die Frau Ehebruch begangen, verlor sie ihren Anspruch; trennte sich der Mann dagegen von seiner Frau, weil er eine andere Verbindung eingehen wollte, mußte er bis zu zwei Drittel seines Vermögens an die Ehefrau auszahlen.

Eine intakte monogame Ehe mit dem entsprechenden Kindersegen galt als hohes Gut. Zahlreiche Darstellungen von Mann und Frau bezeugen ein großes Maß an gegenseitiger Achtung. Die volle Geschäftsfähigkeit der Frau auch in der Ehe garantierte ihr jedenfalls eine Stellung, von der die europäischen Ehefrauen bis ins 19. Jahrhundert nur träumen konnten. «Isis», so ein allerdings sehr später Text, «hat Männern und Frauen die gleiche Macht geschenkt.» Austauschbar waren die Rollen von Mann und Frau – wie ein idealisierendes feministisches Verständnis gerne suggeriert – im Alten Ägypten dennoch nicht. Die uralte Rollenverteilung der Geschlechter regierte auch dort: «Wenn es dir gut geht, gründe ein Haus und liebe deine Frau, / fülle ihren Bauch und kleide ihren Rücken, / Salben sind ein Heilmittel ihrer Glieder, / erfreue ihr Herz, solange du lebst, / sie ist ein fruchtbarer Acker für ihren Herrn. / Streite nicht mit ihr vor Gericht. / Halte sie fern, Macht zu haben.»

Ehebruch mit einer verheirateten Frau konnte für diese wie für den Mann schwere Strafen nach sich ziehen. Sexuelle Beziehungen mit nichtverheirateten Frauen wurden wahrscheinlich zwar von den Ehefrauen, aber nicht von der Gesellschaft verurteilt. In der Oberschicht waren zudem Nebenfrauen durchaus üblich. Sklavinnen hatten ihren Herren ohnehin zu Willen zu sein; gewiß wurden solche Beziehungen nicht als Ehebruch angesehen, da dadurch die Ehe – und dies bedeutete in erster Linie die materielle Absicherung der Ehefrau – nicht gefährdet wurde. Auch die ausgefeilte Liebeslyrik auf hohem literarischen Niveau, in der Hathor, die «goldene Kuh» und Göttin der Liebe, immer wieder angerufen wurde, war gewiß nicht als erotisches Stimulantium für alternde Eheleute gedacht.

In Mesopotamien war die Einehe ebenfalls der Normalfall. Der berühmte Rechtskodex des babylonischen Herrschers *Hammurapi* aus dem 18. Jahrhundert v. Chr., der der Ehe einen großen Stellenwert beimißt, läßt gleichzeitig erkennen, daß Scheidungen recht häufig gewesen sein müssen. Für diesen Fall wurde bereits im Ehevertrag die finanzielle Absicherung der Frau geregelt, sofern sie selbst nicht die Ehe gebrochen hatte. Der Ehevertrag war Voraussetzung, daß die Frau überhaupt als Ehegattin galt, was darauf schließen läßt, daß auch nichteheliche Partnerschaften vorkamen. Wurde eine verheiratete Frau in flagranti mit einem Liebhaber ertappt, sollten beide gefesselt ins Wasser geworfen werden, «sofern der Ehemann nicht seine Frau und der König seinen Untertan begnadigt» (§ 129). Die Beziehung eines verheirateten Mannes zu einer unverheirateten Geliebten wurde in dem Kodex dagegen nicht unter Strafe gestellt. Während der Mann sich relativ leicht scheiden lassen konnte, indem er seinen finanziellen Verpflichtungen gegenüber der Frau nachkam, mußte die scheidungswillige Frau erst den Beweis erbringen, daß ihr Gatte «sich herumtrieb» und sie vernachlässigte. Wurden die Beweise vor Gericht anerkannt, konnte sie ihre Mitgift nehmen und ins Elternhaus zurückkehren. Bei Krankheit oder Unfruchtbarkeit der Ehefrau durfte der Ehemann eine Nebenfrau heiraten. Hatte die kinderlose Ehefrau ihrem Gatten allerdings eine Sklavin geschenkt und hatte diese ihm Kinder geboren, sollte es dem Mann nicht gestattet werden, eine Nebenfrau zu ehelichen. Da es aber auch eine Bestimmung (§ 170) für den Fall gab, daß sowohl die Ehefrau als auch eine Sklavin einem Manne Kinder geboren hatten, kann davon ausgegangen werden, daß zumindest in bessergestellten Kreisen dem Manne neben seiner Ehefrau mit seinen Sklavinnen und bei dem reichen Angebot an «Inannas Kühen» ein üppiger Acker zum Pflügen bereitstand.

Der eigentliche und aus der Sicht des Mannes meist wohl einzige Sinn der Ehe, wie er sich in diesen rechtlichen Bestimmungen offenbart, war die Aufzucht von Kindern – seinen Kindern. Die Ehefrau war in erster Linie Mutter. Ihre Rolle war die der ihr Kalb stillenden Kuh, «eines der populärsten Themen der altorientalischen Kunst überhaupt» (Winter S. 404).

Europa: Göttin der Mütter und Huren

Am Anfang dieses Kapitels über die Große Göttin, die orientalische Venus, stand der Mythos vom stiergestaltigen Zeus, der Europa, die Tochter des phönizischen Gott-Königs Agenor, ent- und verführte. Diese Vorstellung vom göttlichen Stier bzw. dem stiergestaltigen Gott Baal, der sich mit einer Göttin oder einer irdischen Frau paarte, war im Alten Orient und vor allem im syrisch-phönizischen Raum allgegenwärtig und schon ausgeformt, bevor die indogermanischen Griechen zu Beginn des 2. Jahrtausends v. Chr. an den Küsten des östlichen Mittelmeers auftauchten, wo sie sich von den kleinasiatischen und orientalisch-semitischen Kulturen tiefgreifend prägen ließen. Sie erlernten von ihnen u. a. die Bearbeitung von Kupfer und Bronze, übernahmen aber auch einen reichen Schatz an Mythen. Der syrische Mythos vom stiergestaltigen Gott, der eine Frau/Göttin verführte, blieb ihnen nicht fremd.

Von den Phöniziern erwarben die Griechen Ende des 2. Jahrtausends v. Chr. auch die Kenntnis des Alphabets. Aus archäologischen Funden weiß man dies inzwischen, aber schon den Alten Griechen war es durchaus bewußt. Nach dem Mythos war es der Phönizier *Kadmos*, der ihnen die Buchstabenschrift beibrachte. Kadmos aber galt ihnen als Bruder der Europa, der von seinem Vater ausgeschickt worden war, um seine Schwester zu suchen und zurückzubringen. Von einer Kuh (!) wurde er in der Landschaft Böotien, dem «Kuhland», zu einer Stelle geführt, wo er die Burg Kadmeia mit der umliegenden Stadt Theben begründete. Tatsächlich hat man in Theben babylonische Siegelzylinder gefunden.

Das Beispiel des Kadmos-Mythos veranschaulicht bestens, wie historische Wahrheit in Mythen ihren Niederschlag fand. Warum sollte der Mythos von der Schwester des Kadmos, Europa, nicht ebenfalls die eigentliche historische Nachricht, nämlich die Namensgebung unseres Kontinents, korrekt bewahren?

In typisch eurozentrischer Manier haben Generationen von europäischen Philologen versucht, den Namen Europa aus dem Griechischen zu erklären, weil der Mythos bisher nur aus griechisch geschriebenen Quellen bekannt war – doch ohne überzeugenden Erfolg. Die Schöne aus dem Orient bzw. ihr Name blieb ein Geheimnis.

Der einzige griechische Göttername, der sprachlich eindeutig griechisch ist, ist Zeus, und *zeus* bedeutet ursprünglich nichts anderes als «Gott», so wie das semitische *ba'l* (= Baal) schlicht «Herr» heißt. Alle anderen griechischen Götternamen haben ihre Wurzeln in den Sprachen der vorgriechischen Bevölkerung der ostmediterranen Inselwelt sowie in Kleinasien, in Ägypten und im semitischen Sprachraum. So hat man für den Namen Kadmos u. a. eine Herkunft von einer semitischen Wortwurzel vorgeschlagen, die aus den Konsonanten *qdm* besteht und wovon im Hebräischen und Syrisch-Aramäischen u. a. Wörter abgeleitet sind, die «Morgen» und «Osten» bedeuten. Eine entsprechende Herleitung ist auch für Europa vorgeschlagen worden, und zwar von der semitischen Wortwurzel *'rb* oder *ghrb*, die «Sonnenuntergang» und «Abend» bedeuten kann. In der Tat tauchten, wie bereits gezeigt, Morgen- und Abenddämmerung als mythische Geschwister schon sehr früh im syrisch-palästinensischen Raum auf, allerdings unter anderen Namen. Der Stern dieser beiden Tageszeiten war par excellence die Venus. Und da auch Athtart, die kanaanitische Ischtar, einen Bruder namens Athtar hatte (wobei dieser die Venus als Morgenstern, seine Schwester den Planeten als Abendstern repräsentierte), ist mythologisch somit sowohl die Vorstellung von der Göttin auf dem Stier als auch das venusische Götterpaar Morgen- und Abendstern im syrischen Raum bestens belegt. Was fehlt, ist der Name Europa für die Venus.

Dieses Problem klärt ein Sprung in die letzte Phase des semitischen Heidentums und zur Wiege aller semitischen Kulturen, nämlich nach Zentralarabien, und zwar ins 6. Jahrhundert n. Chr., also in die Zeit unmittelbar vor dem Auftreten Mohammeds. Dazu ist kulturgeschichtlich ein kleiner Umweg vonnöten.

Zu den frühen Errungenschaften, die Europa dem Orient verdankt, gehört auch die *Siebentagewoche*. Das älteste Zeugnis ist die Schöpfungswoche im Alten Testament. Die Hebräer wie auch später die muslimischen Araber benannten die Wochentage mit Zahlen, also Sonntag = «Erster Tag», Montag = «Zweiter Tag» usw. Um die Zeitenwende übernahmen die Römer die Siebentagewoche von den Juden, benannten die einzelnen Tage aber nicht mehr mit Zahlen, sondern mit den Namen der damals bekannten fünf Planeten zuzüglich Sonne und Mond. Es wird dazu noch einiges zu sagen sein (vgl. Kap. IX.). Hier sei nur in Erinnerung gerufen, daß der Freitag zum Tag der Venus, dem *Veneris dies*, wurde, was sich im Italienischen noch als *venerdí*, im Deutschen als Freitag, als Tag der germanischen Göttin Freyja, erhalten hat.

Auch die Araber in Mekka kannten in vorislamischer Zeit die Siebentagewoche, benannten die einzelnen Tage aber nicht mit Zahlen wie ihre jüdischen Nachbarn, sondern mit Bezeichnungen, deren ursprüngliche Bedeutung ihnen selbst im sechsten Jahrhundert nicht mehr geläufig war, so wenig sich etwa Deutsche über die ursprüngliche Bedeutung z. B. des Wortes «Freitag» Gedanken machen. Bei den heidnischen Arabern hieß der Freitag *yaum ʿaruba al-kubra*, «Tag der großen ʿAruba». Für *ʿAruba* gibt einer der ältesten arabischen Philologen aus dem 8./9. Jahrhundert n. Chr. als Bedeutung an: «die ihren Mann liebende und ihm gehorchende, auch die sich gegen ihren Mann auflehnende und ihn mit ihrer Scheide betrügende, durch und durch verdorbene Frau». Welche Beschreibung könnte besser auf die große altorientalische Göttin mit ihren beiden Aspekten der liebenden Gattin und Mutter einerseits und der maßlosen Hure andererseits zutreffen. Somit war der Freitag, der *dies Veneris* der Lateiner, auch bei den vorislamischen Arabern der Tag der Venus.

Nun ist das arabische *'aruba* aber exakt das Wort, das von den Alten Griechen als «Europä» umschrieben worden wäre und – so ist anzunehmen – auch umschrieben worden ist. Die Sprache der Phönizier, die wie auch das Hebräische dem Arabischen eng verwandt war, ist nur aus wenigen Inschriften bekannt. Wenn phönizische Priester in Sidon dem griechisch schreibenden Lukian gegenüber die Göttin ihres Tempels bald Astarte (nordwestsemitisch Athtart), bald Europa (also wahrscheinlich 'Aruba) nannten, meinten sie dasselbe: das eine war der Name, das andere ein Beiname der Syrischen Göttin.

Europa, der Name unseres Kontinents, ist demnach nicht mehr und nicht weniger als der Name der großen semitischen Göttin, der Göttin der Mütter und Huren. Diesen Umstand sollten wir uns anläßlich von Europatagen, von Gedenken an antisemitische Exzesse und angesichts orientfeindlicher Propaganda ins Gedächtnis rufen. Im Korb der Gaben, den wir vom Orient gratis erhalten haben, lag auch der Name Europa. Ob wir uns mehr mit der Großen Mutter oder der Großen Hure identifizieren, hängt vom Standpunkt des Betrachters – oder der Betrachterin – ab.

II. Jahwe bleibt ledig

Zur Frau sprach er:
Zahlreich will ich deine Beschwerden machen
und deine Schwangerschaften: unter Schmerzen
sollst du Kinder gebären. Und doch steht dein Begehren
nach deinem Manne, er aber soll herrschen über dich.
GENESIS 3,16

Der Großen Göttin erwuchs im Orient während des ersten vorchristlichen Jahrtausends ein erbitterter Gegner: Der kompromißlose, patriarchalische Monotheismus der Juden erschien auf der Bühne, doch nicht plötzlich wie ein *deus ex machina*, sondern in einem auch innerhalb des Judentums immer wieder in Frage gestellten, Jahrhunderte währenden Prozeß. Die Juden des Alten Israel pflegten ursprünglich ähnliche Glaubensvorstellungen wie die anderen, ihnen eng verwandten semitischen Völker in ihrer Nachbarschaft – sie besaßen demnach auch eine entsprechende Einstellung zu weiblichen Gottheiten und damit zur Sexualität. Ferner machten sich in Israel, je nach politischer Konstellation, religiöse und kulturelle Einflüsse aus Ägypten und Mesopotamien bemerkbar.

Von der Königin der Himmel ...

Noch in der ersten Hälfte des 2. Jahrtausends dominierten in Israel eindeutig weibliche Gottheiten. Häufig wurde eine nackte Göttin mit betonter Schamgegend dargestellt, wie sie sich auch in Syrien und Mesopotamien fand. Gelegentlich trug sie Hörner, wobei in Israel meist Ziegenhörner an die Stelle von Kuhhörnern traten. Häufig wurden

Zweige neben ihr abgebildet, die sie als Vegetationsgöttin kenntlich machten. Besonders erotisch geprägt sind jene Darstellungen, auf der sich die Göttin dem Wettergott anbot, indem sie vor ihm ihre Scham entblößte.

In der zweiten Hälfte des 2. Jahrtausends wurden derartige sinnliche Abbildungen immer seltener. Oft wurde die Göttin nur noch durch einen Baum (mit oder ohne Ziegen) symbolisiert oder als säugendes Muttertier bildlich wiedergegeben. Das weiblich-göttliche Element trat zunehmend gegenüber dem männlichen und kriegerischen zurück. Diese Entwicklung setzte sich im 1. Jahrtausend v. Chr. zunächst fort, bis Darstellungen der Göttin überhaupt nur noch am Rande Israels auftauchten. *Jahwe*, nun als Sonnengott, war zum alleinigen göttlichen Herrscher geworden.

Im 8. Jahrhundert. v. Chr. kam es unter dem wachsenden politischen und kulturellen Einfluß Assyriens nochmals zu einer einschneidenden Wende. Die mesopotamische Ischtar oder Athtart und die alte israelitische *Aschera* erlebten als «Königin der Himmel» (*melket ha-schemayim*) eine tiefgehende Renaissance. Sofern nicht schon früher auch in Palästina die Große Göttin mit dem Planeten Venus identifiziert worden war, so geschah dies jetzt unter mesopotamischem Einfluß um so deutlicher. Sie erschien auf Abbildungen als Frau in assyrischer Tracht, begleitet von ihrem Symbol, dem (meist) achtstrahligen Stern. In gleicher Größe wie sie, also offensichtlich gleichrangig, trat oft mit ihr zusammen eine männliche Gestalt auf, der Herr des Himmels, der die Mondsichel zum Symbol hatte, also auch Mondgott war. Jahwe hieß nun meist *El*, «Gott», oder *Elohim*, «Götter», worin sich das Verschmelzen der männlichen Gottheiten zu einem einzigen Gott dokumentiert. Ihm gegenüber stand der Plural von Ischtar bzw. Aschtart: Aschtarot in der Bedeutung von «die Göttinnen» bzw. «die Kultbilder der Göttin(nen)».

Die Symbolik, die in dieser Zeit, also dem 7. und beginnenden 6. Jahrhundert v. Chr., die Große Göttin in Israel umrankte, bietet den katholischen Christen einige Überraschungen. Nicht nur ihr hebräischer Beiname «Königin der Himmel» ist eine wörtliche Vorwegnahme des lateinischen Beinamens Marias *regina coelorum*, sondern auch ihre Darstellung als das göttliche Kind stillende Mutter, als Göttin im Sternenkranz und als Venusstern mit der Mondsichel zeigen die Quelle auf, die dann Jahrhunderte später die Vorstellungen von der «Gottesmutter» Maria speiste.

... zum Inbegriff der Schändlichkeit

Die Reaktion der orthodoxen – heutige Medien würden sagen: fundamentalistischen – israelischen Propheten und auch mancher Könige auf die Wiederkehr der Großen Göttin, die selbst im Tempel von Jerusalem höchste Verehrung genoß, war heftig. Die Konfrontation schildert das Alte Testament (2 Kg 21) recht eindrucksvoll. König Manasse hatte getan, «was dem Herrn mißfiel»: «Er [...] errichtete dem Baal Altäre, ließ eine Aschera [d. h. ein Kultbild der Göttin] verfertigen, [...] betete das ganze Heer des Himmels [d. h. die Sterngottheiten] an und diente ihm [...]. Das Bild der Aschera, das er angefertigt hatte, stellte er in den Tempel.» Erzürnt über dieses Treiben ließ Jahwe durch seine Diener, die Propheten, verkünden: «Manasse, der König von Juda, hat Untaten verübt, hat die ganze Bosheit der früheren Amoriter noch übertroffen und auch Juda mit seinen Götzen zur Sünde verführt. Darum spricht der Herr, der Gott Israels: ‹Siehe, ich bringe Unheil über Jerusalem und Juda, daß allen, die davon hören, beide Ohren gellen. Ich werde [...] Jerusalem fortwischen, wie man eine Schüssel auswischt und dann nach unten kehrt.›»

König Josia versuchte, das angedrohte Unheil abzuwenden, indem er alle Götzenpriester absetzte und den Tempel von allen heidnischen Darstellungen und Utensilien räumte. «Er ließ die Aschera aus dem Tempel des Herrn und aus Jerusalem hinaus an den Kidronbach bringen und verbrannte sie im Kidrontal, zermalmte sie zu Staub und streute ihre Asche auf die Gräber des einfachen Volkes. Dann ließ er die Gemächer der Weihedirnen im Tempel des Herrn niederreißen, wo die Frauen Schleier für die Aschera webten. [...] Desgleichen entweihte der König die Opferhöhen östlich von Jerusalem, südlich vom Berg des Verderbens, die Salomo, der König von Jerusalem, für die Astarte, das Scheusal der Sidonier, [...] errichtet hatte. Er zerbrach die Weihesteine, hieb die Kultpfähle um und häufte deren Stätte mit menschlichen Gebeinen an.»

«Jedoch der Herr ließ nicht von seiner gewaltigen Zornesglut ab», zumal die beiden Nachfolger König Josias wieder taten, «was dem Herrn mißfiel», d. h. wohl wieder die Kultpfähle aufrichten und die Prostituierten in den Tempel zurückkehren ließen. Jahwes Rache gipfelte in der Zerstörung Jerusalems und des Tempels durch Nebukadnezar, den König Babylons. Ein Großteil der israelischen Bevölkerung wurde 586 v. Chr. ins Exil nach Babylonien verschleppt, andere flohen nach Ägypten, darunter auch der Prophet *Jeremias*. Während die Juden in Babylon nun endgültig zum patriarchalischen Monotheismus fanden, hielten jene in Ägypten an den alten Vorstellungen fest. In flammenden Reden forderte Jeremias seine Landsleute auf, von den heidnischen Umtrieben zu lassen, doch diese weigerten sich geschlossen und erklärten: «Vielmehr werden wir unbedingt all das tun, was wir gelobt haben, nämlich der Himmelskönigin Rauch- und Trankopfer darbringen, wie wir, unsere Väter, unsere Könige und Fürsten in den Ortschaften Judas und auf den Gassen Jerusalems es getan haben. Da hatten wir Brot, uns zu sättigen, es ging uns gut, und wir mußten kein Unheil erleben. Seit wir aber aufhörten, der Himmelskönigin zu räuchern und Trankopfer zu spenden, leiden wir Not an allen Dingen und kommen durch Schwert und Hunger um.»

Daß vor allem die Frauen an der Himmelskönigin hingen und sich mit ihr identifizierten, wie es Jahrhunderte später die christlichen Frauen mit der neuen Himmelskönigin Maria taten – und dies durchaus nicht gegen den Willen ihrer Männer – zeigt die Antwort, die die jüdischen Frauen dem Jeremias gaben: «Wenn wir der Himmelskönigin Rauch und Trankopfer darbringen, geschieht es dann etwa ohne Einverständnis unserer Männer, daß wir ihr Kuchen backen nach ihrer Gestalt und ihr Trankopfer spenden?» (Jer. 44). Es wäre kulturgeschichtlich gewiß sehr aufschlußreich, wenn sich solche Backförmchen mit der Gestalt der Göttin finden sollten, die man eindeutig in die Zeit des Jeremias datieren könnte. War es noch die nackte erotische Göttin oder «nur noch» die stillende Mutter? Oder diente nur mehr die Form des Sterns als Symbol? Beispiele für die Sitte, Gebäck mit der Gestalt der nackten, ihre Brüste umfassenden Göttin zu zieren, fanden sich in Mari am Euphrat, allerdings aus viel älterer Zeit, nämlich um 2000 v. Chr. Sie sind heute im Museum in Aleppo (Syrien) zu bewundern.

Wie dem auch sei, der Widerstand der jüdischen Frauen in Ägypten gegen die Abschaffung der Göttin zeitigte keinen dauerhaften Erfolg. Nach der Rückkehr der Juden aus dem babylonischen Exil 538 v. Chr. setzten sich in Israel endgültig die fundamentalistischen Verfechter der patriarchalisch-monotheistischen Richtung durch. Als in der Folgezeit die einzelnen Teile des Alten Testaments zusammengestellt und redaktionell bearbeitet wurden, fanden es die Schreiber originell, den hebräischen Namen der Astarte/Aschtart als *Aschtoret* wiederzugeben und diesen damit, d. h. durch die lautliche Angleichung an das hebräische Wort *boscheth* («Schändlichkeit»), herabzuwürdigen. Aus den «geweihten» Frauen im Tempel waren ruchlose Huren geworden.

Einige Propheten des Alten Testaments scheinen geradezu besessen gewesen zu sein, das Buhlen und Huren im wörtlichen wie übertragenen Sinne zu geißeln. Als «Weghuren» von Jahwe galt ihnen der Dienst für andere Gottheiten, vornehmlich der Kult für Baal und seine Gefährtin Aschtart im benachbarten Kanaan und für Ischtar in Mesopotamien, der Hure Babylon.

«Komm, mein Geliebter!»

Das Weiblich-Göttliche und damit auch jegliche Vergöttlichung von Sexualität war durch den Sieg Jahwes endgültig aus dem Judentum getilgt. Die Fundamentalisten hatten gewonnen. Um so erstaunlicher ist, daß sich dennoch im Alten Testament mit dem *Hohenlied*, dem Lied der Lieder, auch ein Stück wunderschöner erotischer Literatur erhalten hat. Mit keinem Wort werden darin Jahwe oder El/Elohim erwähnt. Der Verfasser, der zwischen 400 und 200 v. Chr. gelebt haben muß, ist unbekannt. Daß der Text nicht aus dem Alten Testament verbannt wurde, dürfte darauf zurückzuführen sein, daß es schon früh gelang, ihn in grotesk-theologischer Rabulistik als Allegorie für die Liebe Gottes zu seinem Volk umzudeuten.

Noch die Christen indes hatten Schwierigkeiten mit dem Text. Sie mühten sich, das Hohelied als Ausdruck der gegenseitigen Liebe von

Christus und seiner Kirche oder gar zwischen Christus und Maria zu interpretieren. Noch in der von V. Hamp 1962 «neu überarbeiteten» Übersetzung für die katholische Kirche findet sich die Warnung: «Freilich soll man dann das Thema ‹Liebe› im ganzen übertragen und nicht jeden einzelnen dichterischen Vergleich phantasievoll auslegen [...]. Praktisch muß man sagen, daß unser Buch für körperlich und geistig unreife Menschen nicht geeignet ist.»

Aufgeklärtere Theologen haben inzwischen die These aufgestellt, daß das Hohelied aus dem Kult der Astarte stamme und das altorientalische Thema der Heiligen Hochzeit zum Inhalt habe. Liest man den Text als «geistig unreifer Mensch», kann man in der Tat nur zu diesem Schluß gelangen. Eine der schönsten Passagen lautet:

«Wie sind deine Schritte so schön in den Sandalen, du Fürstentochter! Der Bug deiner Hüften gleicht einem Geschmeide, einem Werk von Künstlerhänden. Dein Schoß ist ein rundes Becken, es mangle ihm nie der gewürzte Wein! Dein Leib ist ein Weizenhaufen, von Lilien umhegt. Deine beiden Brüste sind wie zwei Kitzlein, wie Zwillinge einer Ricke. Dein Hals ist wie ein Elfenbeinturm [...]. Wie bist du so schön und so lieblich, o Liebe in Wonnen! Deine Gestalt ist der Palme gleich, deine Brüste sind wie Trauben. Ich dachte: Ich will auf die Palme klettern, will pflücken die Dattelrispe, und deine Brüste sollen mir sein wie Trauben des Weinstocks, der Duft deines Atems wie Apfelduft! Und dein Mund soll mir sein wie der edelste Wein, der glattweg fließt zu meinen Liebkosungen, meine Lippen und Zähne benetzend.» – «Ich gehöre», sagte daraufhin die Angebetete, «meinem Geliebten an, und nach mir hat er Verlangen. Komm, mein Geliebter, wir gehen aufs Land und nächtigen in den Dörfern! Früh wollen wir zu den Weinbergen aufbrechen, wollen sehen, ob der Weinstock schon treibt, die Rebblüte aufspringt, die Granatbäume blühen. Dort will ich meine Liebe dir schenken» (Hoheslied 7,2–13).

In solche Zeilen eine Beschreibung der – dann ja wohl inzestuösen – Beziehung zwischen Jesus und seiner Mutter Maria hineininterpretieren zu wollen, ist – gelinde ausgedrückt – abwegig. Das Hohelied ist nichts anderes als ein unverfälscht schöner, aber kümmerlicher Rest altorientalischer Religiosität, in der die sexuelle Lust *beider* Geschlechter einen zentralen, d. h. ihren natürlichen Stellenwert innehatte.

«Die erste Sünde kam von einer Frau»

Aber nicht das Hohelied, sondern ein anderer Abschnitt in der Bibel hat fortan das Bild von der Frau in Juden- und Christentum geprägt: die Verführung Adams durch Eva zum Sündenfall.

Die Schöpfungsgeschichte im Alten Testament bietet zwei Versionen der Erschaffung von Mann und Frau. Zunächst heißt es (Gen 1,27): «So schuf Gott den Menschen nach seinem Abbild, nach Gottes Bild schuf er ihn, als Mann und Frau erschuf er sie.» Gott gab dann auch ausdrücklich beiden den Auftrag, sich die Erde untertan zu machen. Diese Formulierung liefert der feministischen Theologie den Rettungsanker, um die gottgewollte Gleichberechtigung der Geschlechter zu untermauern. Doch gibt es im Alten Testament noch eine zweite Version von der Entstehung des Menschen, eben jene, derzufolge zunächst Adam und nach ihm die Tiere geschaffen wurden, bevor Gott eine Rippe Adams «zu einer Frau» «ausbaute» (Gen 2,22). Theologinnen versuchen, diese Geschichte dahingehend zu interpretieren, daß die Frau als zuletzt geschaffenes Wesen der «Höhepunkt» der Schöpfung sei (Trible S. 100). Konsequent weitergedacht, käme eine Rangordnung – von unten nach oben – zustande, die Mann, Tier, Frau lauten und das Herz jeder radikalen Feministin höher schlagen lassen würde. Doch die Geschichte im Alten Testament geht noch weiter.

«Beide aber, der Mann und seine Frau, waren nackt; aber sie schämten sich nicht voreinander»(Gen 2,25). Diese paradiesisch schamlose Zeit währte bekanntlich nicht lange. Gott hatte Adam, noch bevor Eva geschaffen war, bei Todesstrafe verboten, vom Baum der Erkenntnis im Paradies zu essen. Der Schlange, später als Teufel interpretiert, gelang es, die zunächst zögernde Eva davon zu überzeugen, dem Verbot zuwiderzuhandeln. Das Argument der Schlange: «Gott weiß, daß euch, sobald ihr davon esset, die Augen aufgehen, und ihr wie Gott sein werdet, indem ihr Gutes und Böses erkennt» (Gen 3,5). Doch das einzige, was sie nach dem Bruch des Verbots erkannten, war, «daß sie nackt waren» (Gen 3,7). Die Erkenntnis von Gut und Böse reduzierte sich insofern auf das Erkennen der Nacktheit und der durch diese hervorgerufenen sexuellen Lust.

Die Strafe für diese Entdeckung fiel bekanntlich hart aus: Adam und

Eva mit Granatapfel im Paradies in islamischer Vorstellung. Türkische Buchmalerei, frühes 17. Jahrhundert.

Adam und Eva im Paradies. Miniatur aus einer persischen Bilderhandschrift, frühes 14. Jahrhundert.

Eva wurden aus dem Paradies vertrieben. Vorher ließ Gott sie noch wissen, daß ihr Los künftig «mühsam» sein werde. Besonders heftig aber wurde Eva und damit alle künftigen Frauengenerationen abgestraft: «Zahlreich will ich deine Beschwerden machen und deine Schwangerschaften: unter Schmerzen sollst du Kinder gebären. Und doch steht dein Begehren nach deinem Manne, er aber soll herrschen über dich» (Gen 3,16).

Damit war im Judentum die Herrschaft des Mannes über die Frau festgeschrieben. «Logische» Folge war, daß der Mann, je nach Besitzstand, mehrere Frauen gleichzeitig heiraten und sich dazu auch noch mit Kebsweibern vergnügen durfte, während die Ehefrau zu strengster Treue verpflichtet war. Erst um 1000 n. Chr. wurde durch *Rabbi Gerschom ben Jehuda* aus Mainz die Einehe zumindest für die europäischen Juden verpflichtend. Doch noch heute bedanken sich orthodoxe Juden im Morgengebet ausdrücklich bei Gott, daß er sie nicht als Frauen erschaffen hat. Den orthodoxen Jüdinnen bleibt nur die resignierende Formel: «Gelobt seist du, Ewiger, unser Gott, Herr der Welt, der mich geschaffen hat nach seinem Willen.»

Die patriarchalische Sicht gegenüber der Frau geht letztlich auf den Mythos der Verführung Adams durch Eva im Paradies zurück bzw. wird damit begründet. So sagte z. B. Jesus Sirach aus dem zweiten vorchristlichen Jahrhundert nicht nur: «Kaum eine Bosheit gleicht der Bosheit der Frau», sondern er stellte auch fest: «Die erste Sünde kam von einer Frau, und alle müssen wir um ihretwillen sterben» (Sir 25, 19 bzw. 24).

Jahwe bleibt ledig

Wo sich im Alten Testament und in anderen jüdischen Quellen positive Urteile über Frauen finden, geht es um das Lob der tugendsamen, sprich, sich dem Mann unterordnenden, Haushalt und Kinder versorgenden Gattin. Von Gleichberechtigung kann in einer solchen Gesellschaft, «wo die Frau zum Mobiliar des Gatten gehörte» (Winter S. 75), nicht die Rede sein. Zu heiraten war und ist für den gläubigen Juden religiöse Pflicht. Um Rabbi zu werden, ist es Voraussetzung. Die Absicht dahinter ist jedoch nicht etwa die Erkenntnis, daß die sexuellen Bedürfnisse der Geschlechter befriedigt werden müßten, was dem Mann ja ohnehin reichlich möglich war. Einziges Ziel war vielmehr die Fortpflanzung, wobei der Mann gesichert haben wollte, daß seine Kinder auch wirklich seine Kinder waren. Eine Frau, die über Jahre hinweg kinderlos blieb, konnte verstoßen werden und wurde es offenbar auch meist.

Angesichts dieser Situation der Frauen in der alten jüdischen Gesellschaft ist es nicht weiter verwunderlich, daß sie religiösen Halt anderswo suchten. Und was lag näher als die Kulte der benachbarten semitischen Völker, allen voran der Kanaaniter, in deren Pantheon die Frauen noch etwas zu sagen hatten und wo Götter sexuelle Partnerinnen, sei es als Gemahlinnen oder als Geliebte, an ihrer Seite hatten. In der alttestamentlichen Forschung ist viel Gelehrtenschweiß vergossen worden, um Spuren einer ehemaligen göttlichen Partnerin Jahwes nachzuweisen. Doch auch schon vor dem babylonischen Exil, als in Israel durchaus Göttinnen nicht nur bekannt waren, sondern auch verehrt wurden, blieb Jahwe ledig.

Nur in der Symbolsprache des Propheten *Ezechiel* nahm sich Jahwe eine Braut: Jerusalem, die Tochter Zions. Er fand sie als nach der Geburt ausgesetztes Mädchen und sorgte dafür, daß sie am Leben blieb. «Wie eine Blume auf der Wiese ließ ich dich wachsen. Und du bist herangewachsen, bist groß geworden und herrlich aufgeblüht. Deine Brüste wurden fest; dein Haar wurde dicht. Doch du warst nackt und bloß. Da kam ich an dir vorüber und sah dich, und siehe, deine Zeit war gekommen, die Zeit der Liebe. Ich breitete meinen Mantel über dich und bedeckte deine Nacktheit. Ich leistete dir einen Eid und ging mit dir einen Bund ein – Spruch Gottes des Herrn –, und du wurdest mein.» Sodann schmückte er sie mit kostbaren Gewändern, Gold und Silber und machte sie zur Königin. Aber die Schöne dankte es ihm nicht. «Doch dann hast du dich auf deine Schönheit verlassen, du hast deinen Ruhm mißbraucht und dich zur Dirne gemacht. Jedem, der vorbeiging, hast du dich angeboten, jedem bist du zu Willen gewesen. Du hast deine bunten Gewänder genommen und dir an den Kulthöhen ein Lager bereitet und darauf Unzucht getrieben [...]. Du hast dich den Ägyptern, deinen Nachbarn mit dem großen Glied, hingegeben und mit ihnen unaufhörlich Unzucht getrieben [...]. Dann hast du dich mit den Assyrern eingelassen, weil du noch nicht genug hattest. Du hast dich mit ihnen eingelassen, doch auch dann hattest du noch nicht genug. Immer mehr Unzucht hast du getrieben und bist sogar den chaldäischen Krämern nachgelaufen; doch auch dann hattest du noch nicht genug [...].» Jahwe drohte ihr dafür schwerste Strafe an, doch am Ende gab er sich versöhnlich: «Ich selbst gehe einen Bund mit dir ein, damit du erkennst, daß ich der Herr bin. Dann sollst du dich erinnern, sollst dich schämen und vor Scham nicht mehr wagen, den Mund zu öffnen, weil ich dir alles vergebe, was du getan hast.»

Diese Parabel, die drastisch die politische und religiöse Buhlerei Jerusalems mit den umliegenden Mächten geißelte, beinhaltet nochmals eine klare Absage an die polytheistische Götterwelt der Nachbarvölker und an die erotischen Züge in deren Kulten. Zugleich wird die tiefe Abscheu deutlich, die man – trotz des hier angekündigten *happy ends* – für die untreue Ehegattin hegte. Und auch der bestrafende und – zuweilen – verzeihende Gott, sprich: der Ehemann, manifestierte sich hier in seiner Herrschaft gegenüber der Ehefrau, die sich vor allem nach einem Fehltritt wortlos und schamvoll dem männlichen Verdikt – sei es Strafe oder Gnade – zu beugen hatte. Auf eine göttliche Fürsprecherin konnte sie nicht hoffen, sofern sie nicht in den Nachbarreligionen mit ihren Ascheras, Ischtars usw. fremdging, denn die Geschichte des Propheten Ezechiel über Jahwes Verhältnis mit der Tochter Zions ist eben nur eine Parabel. Jahwe hatte mit Baal und Zeus nichts gemein und blieb ein keuscher Single.

III. Aphrodite, die vergöttlichte Lust

Was der Mann im Hause entbehrt,
sucht er sich außerhalb.
EURIPIDES, MEDEA, UM 430 V. CHR.

Wenn man die Frauen aufrufen würde, nach dem
Bacchustempel oder dem Pan-Heiligtum
oder dem Tempel der Aphrodite zu ziehen,
dann wäre vor Handpauken nicht mehr durchzukommen.
ARISTOPHANES, LYSISTRATA, 411 V. CHR.

Quod licet Iovi ...

Eines der hervorstechenden Wesensmerkmale des Olympiers *Zeus* ist seine Aktivität auf sexuellem Gebiet – der Mythos will es so. Die Zahl der Frauen, darunter die eigene Mutter und etliche Schwestern, mit denen er sich ehelich oder nicht-ehelich geschlechtlich verband, ist kaum anzugeben; zudem schwankt sie entsprechend den verschiedenen Versionen, die darüber erzählt wurden. Und unsicher bleibt bei vielen seiner göttlichen und auch halbgöttlichen Nachkommen, ob er zu Recht als deren Vater gelten durfte.

Doch weit erhaben über alle Kritik, die schon antike Gelehrte an dieser vermenschlichten Göttervorstellung anbrachten und modernen Zynikern den Olymp als eine einzige erogene Zone erscheinen läßt, will auch hier der Mythos, der nie zum Zweck kurzweiliger Unterhaltung oder billiger Belustigung entstand, ernst genommen werden. Mythen erklären menschliches Instinkt- und Triebverhalten, indem sie Erscheinungsformen der menschlichen Psyche symbolisch Gestalt annehmen lassen. Wie der immer wieder, in allen Mythen dieser Welt erzählte Vatermord das irritierende Phänomen des Ödipuskomplexes aufgriff, so wird im Mythos auch die Sexualität als eine der zentralen Ausdrucksformen menschlicher Natur angesprochen und problematisiert.

Zeus' Omnipotenz äußerte sich in erster Linie als sexuelle. Die Frage nach seiner Vaterschaft war sekundär. Damit stellte der Mythos aber Promiskuität als wesentliches Prinzip einer prähistorischen Gesellschaft vor, in welcher Zeugungs- und Gebärfähigkeit für den Sippenverband überlebensnotwendig war. Erst als einzelne Personen individuellen Besitz beanspruchten und es notwendig wurde, im Interesse des Erhalts des sozialen Friedens innerhalb des Sippenverbandes die Besitznachfolge zu regeln, mußte zwischen legitimen und illegitimen Kindern unterschieden werden. Diese Festlegung diente zunächst einmal dem Interesse der erbberechtigten Nachkommenschaft, brachte jedoch für die Frauen notgedrungen auch eine Kontrolle ihres Sexualverhaltens mit sich: Allein die sexuell auf *einen* Mann ausgerichtete Lebensweise, d. h. die Monogamie der Frau, bot die zweifelsfreie Gewähr über die Vaterschaft der Kinder.

Im Mythos, der auch Geschichte reflektiert, findet sich dieser Vorgang als chronologischer Prozeß wieder. Bezeichnenderweise vertrat die Gestalt der *Hera*, die Schwester *und* Gattin des Zeus, noch die Zulässigkeit nicht tabuisierter inzestuöser Sexualität; andererseits kam bei ihr als der *letzten* Zeus-Gattin als wesentliche Charaktereigenschaft eine bis dahin nicht gekannte Eifersucht auf die zahlreichen Liebschaften ihres Ehemannes hinzu. Damit hatte der Mythos den Wandel im Sexualverhalten und gleichzeitig die Schwierigkeiten bei der Durchsetzung eines für beide Geschlechter verbindlichen monogamen Verhaltens festgehalten.

Die Erkenntnis, daß eine zweifelsfreie Vaterschaft Monogamie voraussetzte, verrät der Mythos von *Kekrops*, dem sagenhaften ersten König von Athen: Er entdeckte als erster, daß es nicht nur Mutter, sondern auch Vater gebe, und führte deshalb die Monogamie ein. Schlüsselt man die einzelnen Elemente des Mythos auf, bestätigt sich folgender Hergang: Aus Gründen der Besitz- bzw. Machtnachfolge wurde für das Kind die Klärung des Kind-Vater-Bezuges relevant. Da diese im Nachhinein nicht zu erbringen war, mußte sie vorab sichergestellt werden. Die zwangsläufige Folge war die Absonderung der Frau im Sinne einer exklusiven Geschlechtsverbindung mit nur *einem* Mann – eine Monogamie, die, um die Vaterschaft namentlich jeden Zweifels zu entheben, einzig die Treue der Ehefrau erforderlich machte. Exakt dieser Zustand größter sexueller Libertinage für den Mann und sexueller Restriktion für die Ehefrau begegnet uns nun in der griechischen Welt des ersten vorchristlichen Jahrtausends.

Lust für jedermann

Wer hat sie nicht schon gesehen: jene griechischen Schalen und Vasen aus dem 6. und 5. Jahrhundert v. Chr., Gebrauchsgeschirr, das in allen guten griechischen Haushalten anzutreffen war. Die darauf abgebildeten Personen legen eine sexuelle Freizügigkeit an den Tag, die zwar an das Treiben manch eines Olympiers erinnert, indes, da eindeutig Sterbliche bei ihrem fröhlichen Tun wiedergegeben sind, befremdlich erscheint. Denn nach heutiger Auffassung sind die Darstellungen schlichtweg pornographisch: In nicht zu überbietender Hemmungslosigkeit wird, zumeist *en groups*, anal und vaginal penetriert, masturbiert und fellationiert.

Die *edlen* Griechen – sittenlos? Die Antwort, wenn nicht schon die Frage selbst, verrät mehr über die Moralvorstellungen des Antwortenden bzw. Fragestellers als über die Moral der Griechen. Insofern wird erst seit wenigen Jahrzehnten unbefangen mit dem Material umgegangen, nachdem die Forschung über das antike Griechenland zweihundert Jahre lang versucht hatte, besagte Darstellungen, die nicht ins hehre Griechenbild paßten, mit Schweigen zu übergehen, zu verbrämen oder umzudeuten. Noch in den zwanziger Jahren wagte man es allenfalls unter Pseudonym, das Material unvoreingenommen vorzustellen.

Es war nicht einfach, über den Schatten der eigenen Moralvorstellungen zu springen und die antike Realität wahrzunehmen, d. h. den nahezu tabulosen Umgang mit Sexualität, den man verschämt als «Sinnenfreude» oder als «Natürlichkeit» des archaischen, ergo heidnischen und damit eben nicht-christlichen Menschen umschrieb, als Faktum anzuerkennen, ohne zu einer echten Würdigung zu gelangen. Eine solche hätte immerhin das positive Ergebnis erbracht, daß den «sinnenfreudigen» Griechen sadomasochistische Praktiken fremd waren. Die Verklemmtheit der Historiker erlaubte es ihnen nicht, mit jener sexuellen

Eine Orgie, wie sie bei einem Symposion mit Hetären gefeiert wurde. Griechische Trinkschale, um 510–500 v. Chr.

Toleranz an das Material heranzugehen, die den Griechen eigen war. Daß der Reformer Solon in Athen die ersten Bordelle einrichtete oder Männer wie Sokrates oder Perikles einen ausgeprägten Hang zu Hetären an den Tag legten, versuchten sie eher zu entschuldigen als zu erklären. Folgerichtig sah man in diesen Hetären edle, gebildete Damen, die der gepflegten Unterhaltung besagter Männer dienten.

Erst moderne Publikationen vergleichen diese *Hetären* zutreffend mit Kurtisanen bzw. «Edel-Prostituierten» und unterscheiden sie von den zahlreicheren billigeren Huren, den *pornai* (davon abgeleitet «Pornographie»), die sich in Bordellen oder an öffentlichen Straßen anboten. Besonders Hafenstädte wie Korinth waren berühmt wegen ihres Angebots an Prostituierten. Der Umgang mit ihnen galt nicht als anstößig. Das überwiegend positive Bild von den Hetären beruht aber auch darauf, daß Literaten, Philosophen und Bildhauer zu ihren Verehrern zählten; durch ihre Werke haben sie sie bis auf unsere Tage verewigt. Die Hetären begleiteten die Künstler zu den hinter Häusermauern verborgenen und im Schutz der Nacht abgehaltenen *Symposien*, jenen weinseligen, exzessiven und orgiastischen Gelagen. *Diogenes* «in der Tonne» machte sich über diese «Heimlichtuerei» lustig und meinte, daß das, was man zur Nachtzeit tue, durch die Ausübung am hellichten Tag nicht verwerflicher werde, und urinierte und onanierte in aller Öffentlichkeit; dies trug ihm den Spitznamen *Kyon* (= Hund) ein, wovon sich der Begriff «Kynismus» zur Bezeichnung seiner Philosophie bzw. das Wort «Zynismus» herleitet.

Hetären erfuhren Kritik nur, wenn sie ihr Gewerbe allzu öffentlich betrieben, die Prostitution zur Erpressung nutzten oder sich zur Erhöhung ihres Anreizes als verheiratete Frauen ausgaben. Dieser letzte Fall belegt, daß Frauen nicht immer nach dem von Männern entworfenen Sittenkodex handelten, der bestimmte: Hetären dienten dem besonderen, d. h. sexuellen wie intellektuellen Vergnügen, Sklavinnen dem täglichen geschlechtlichen Gebrauch und Ehefrauen der Zeugung legaler, erbberechtigter Kinder, der Haushaltsführung und der gemeinsamen Verwaltung des Besitzes. Es erklang manche Klage über ehebrecherische Gattinnen, die Mittel und Wege fanden, der Ehesexnorm zu entrinnen. Als Ehefrauen allerdings, so wie sie sein sollten bzw. die (eigenen) Männer sie sich wünschten, hatten sie zu den Gruppensex-Zusammenkünften der oben genannten Art keinen Zutritt; sie scheinen sich in der Tat in ihren Gemächern aufgehalten zu haben, während die Ehemänner sich einige Zimmer weiter im Verein mit Freunden an Hetären gütlich taten.

... non licet bovi

Diesem Verhalten, das Männern alle Freiheiten sexueller Betätigung einräumte und auf der anderen Seite Ehefrauen konsequent davon ausschloß, lagen weder Prüderie noch – zumindest ursprünglich – männlicher Vorherrschaftsdünkel zugrunde. Es war, wie oben bereits ausgeführt wurde, die Sorge der Ehemänner, nur auf diese Weise sicherstellen zu können, daß die von ihren Ehefrauen Geborenen auch tatsächlich *ihre* Kinder waren. Es ist müßig, darüber zu spekulieren, wie die Situation gewesen wäre, wenn es zuverlässige Verhütungsmittel gegeben hätte und ob auch in diesem Fall die Frau zum abgeschirmten, bewachten Besitz des Ehemannes degradiert worden wäre. So aber führte die Begrenzung der Ehefrauen-Sexualität auf den Ehemann zu Affektstau und Frustration und verschlechterte das Verhältnis zwischen den (verheirateten) Geschlechtern.

Gerade zahlreichen gebildeten Griechen erschien die Ehe als unerfreuliche, wenngleich gesellschaftlich notwendige Einrichtung. Der Zank zwischen *Xanthippe* und ihrem Gatten *Sokrates*, der den Umgang mit Hetären rühmte, ist in die Literatur eingegangen. Der Komödiendichter *Aristophanes* charakterisierte Ehefrauen als streitsüchtig und habgierig, der Tragödienschreiber *Euripides* dieselben als bösartig und untreu. Umgekehrt hielten die Frauen ihre Ehemänner, sofern ein anderer Mann (mindestens) denselben Status und Besitz vorzuweisen vermochte, mehrheitlich wohl durchaus für ersetzbar. Lustvolle Sexualität, die ja doch auch den keineswegs immer begrüßten «Kindersegen» zur Folge haben konnte, brachte, jedenfalls in der Regel, keines der beiden Geschlechter mit Ehe in Verbindung.

Die damit einhergehenden Normen drückt der geflügelte Satz *Quod licet Iovi, non licet bovi* in zweifacher – man könnte auch sagen verräterischer – Weise treffend aus. Wörtlich übersetzt heißt er: «Was dem Jupiter (Zeus) erlaubt ist, ist dem Rind nicht erlaubt.» Heute wird er gebraucht, um unterschiedliche Verhaltensnormen als schichtenspezifisch zu begründen; auf anderer Ebene korrespondiert er mit einem Satz wie «Die Kleinen hängt man, die Großen läßt man laufen». Der Antike indes bedeutete er Konkreteres.

Dem geflügelten Wort liegt die Vorstellung vom stiergestaltigen Zeus und seiner Gattin Hera zugrunde, die zur Kennzeichnung des weiblichen Prinzips häufig in Gestalt einer Kuh (lat. *bos*; Dativ: *bovi*) wiedergegeben wurde, so wie schon im Alten Orient die Große Göttin als himmlische Kuh erschien. Dem gegenüber stand sowohl im Alten Orient als auch in Griechenland der Stier für den obersten männlichen Gott Baal/Hadad bzw. Zeus. Die Legende von der Entführung Europas auf dem Stier bzw. Zeus ist nur das bekannteste Beispiel (vgl. Kap. I). Das geflügelte Wort «Was Jupiter erlaubt ist, ist der Kuh nicht erlaubt» beschrieb somit nichts anderes als das geforderte Verhältnis zwischen den Geschlechtern: «Was dem Mann erlaubt ist, ist der Frau nicht erlaubt.»

Diese Feststellung wurde zum sexualmoralischen Postulat ganz allgemein. Die männlich gedeutete Aktivität und die weiblich verstandene Passivität wurden die moralischen Kriterien, welche die Grenzen zwischen erlaubtem und unerlaubtem Sex bestimmten. Am allerdeutlichsten läßt sich diese Differenzierung aus dem Bereich der Homosexualität belegen, die gleichzeitig die plausible Erklärung für ihre weite Verbreitung abgibt. Als schändlich galt beim homosexuellen Verkehr einzig die passive Rolle, der penetrierte Partner, dessen Stelle beim heterosexuellen Verkehr die Frau einnahm. Daraus resultierte, daß «Herren» Homosexualität nur aktiv ausübten und ihre Geliebten aus der Schar der Sklaven rekrutierten. Eine krasse Abgrenzung zwischen Homo- und Bisexualität erübrigte sich für den aktiven Geschlechtspartner u. a. aufgrund der Tatsache, daß in jedem Fall – beim Verkehr mit Frauen aus Gründen der Empfängnisverhütung – eine Vorliebe für Analverkehr bestand (so wie sie heute durch Erhebungen an Colleges in den Vereinigten Staaten bestätigt wird). Indem die Vorstellung von der Niederrangigkeit des passiven Geschlechtspartners auf die Frauen generell übertragen wurde, war ihre gesellschaftliche Herabwürdigung vorgezeichnet. Sie traf nicht nur Ehefrauen. Auch die vielgerühmten Hetären wurden nicht als Frauen als solche, sondern wegen ihrer erotischen Ausstrahlung, ihrer ständigen Verfügbarkeit und ihrer bezahlbaren Bereitschaft zu gewünschten Sexualpraktiken wie Analverkehr und Fellatio geschätzt.

Insofern wird man den Kunsthistorikern glauben können, die behaupten, daß die pornographischen Darstellungen auf Vasen und Schalen ausschließlich Hetären und Sklavinnen und deren Liebhaber zeigen, eventuell auch noch unverheiratete, sogenannte Philosophenhetären, unter welchen man sich keine Prostituierte vorzustellen hat. Bei diesen handelte es sich wohl um die wenigen Frauen, die sich offen über gesellschaftliche Normen hinwegsetzen konnten und sich nicht dem üblichen Ehelos unterwarfen, sondern es statt dessen wagten, ein freies, auch um Bildung bemühtes Leben zu führen, das sie zwar einerseits in das Umfeld gebildeter, kritischer Männer und zu deren Lebenshaltung brachte, das ihnen aber andererseits den Schimpf, eine Hetäre zu sein, eintrug.

Prostitution als Gottesdienst

Als *Solon* in der ersten Hälfte des 6. Jahrhunderts v. Chr. in Athen einen Aphrodite-Tempel errichten ließ, finanzierte er den Bau aus den staatlichen Einnahmen, welche die von ihm zuvor eingerichteten Bordelle einbrachten. Dieser Vorgang, der sich später in Rom ähnlich wiederholen sollte, belegt auf sehr direkte Art die Auffassung der Zeit von der Wirkungsweise der Liebesgöttin *Aphrodite*. Noch unmittelbarer erscheint sie im Zusammenhang mit der sogenannten Tempelprostitution. Bei dieser verkörperten die Frauen, die sich zum vorehelichen oder auch außerehelichen Geschlechtsverkehr anboten, die Göttin selbst und erlaubten den Männern eine quasi-göttliche Vereinigung, so wie sich Aphrodite als einzige Göttin einem sterblichen Menschen – nämlich dem Anchises, dem sie den Aeneas gebar – hingegeben hatte.

Verfolgt man den Mythos, stößt man unschwer auf die orientalische *Astarte* (*Ischtar*) als Vorbild. Die an ihren Kultplätzen ausgeübte Tempelprostitution wurde im griechischen Kulturraum an Aphrodite-Tempeln übernommen; es gab sie in Korinth ebenso wie auf Zypern und Sizilien, bezeichnenderweise an Aphrodite-Kultplätzen der ältesten Schicht. Ob Herodot sie um die Mitte des 5. Jahrhunderts selbst noch an diesen Orten kannte bzw. in ihr nur mehr eine entmythologisierte Prostitution der ganz profanen Art erblickte, ist nicht sicher zu sagen. Jedenfalls verwies er die Tempelprostitution nach Babylon in das Umfeld der Ischtar (bei ihm: der babylonischen Aphrodite) und bezeichnete sie als anstößigen Brauch (vgl. Kap. I).

Davon ausgehend nimmt es kaum wunder, daß griechische wie später auch römische Denker in Verkennung des sublimeren Mythengehalts den anthropomorphen Göttergestalten mit Häme begegneten, hinter den Protagonisten der tradierten Göttersagen bisweilen gar historische Menschen wähnten und mit Aphrodite die erste Hure der Welt benannt zu sehen glaubten. Bereits Xenophanes behauptete um 500 v. Chr., daß es nur eine einzige, zeitlich unbegrenzte, gestaltlose Gottheit geben könne. Und einem Platon gereichte die Vielzahl der Götter allenfalls zu Allegorien, zu Paradigmen, um Naturerscheinungen und menschliche Verhaltensweisen erklären zu können. Doch die Philosophen blieben unter sich. Ihre abstrakten Deutungen der Göttergeschichten erreichten die Masse der Bevölkerung nicht, die sich gerade auf sexuellem Gebiet herausnahm, was die Götter «vorlebten», und Lust, sinnliches Vergnügen als «göttlich» erlebte. Wie der in der Tempelprostitution ritualisierte Mythos die Sexualität in eine sakrale Dimension erhoben hatte, nahm sie für die Menschen der klassischen Epoche in der entsprechenden Göttin, in Aphrodite, täglich erfahrbare Gestalt an.

Aphrodite

Von der als göttlich empfundenen Kraft der aphrodisischen Sexualität waren sämtliche Lebewesen und alle Frauen unterschiedslos abhängig. Ehefrauen versprachen sich nicht anders als Prostituierte von der Göttin jene erotische Anziehungskraft, die ihre Ehemänner oder Liebhaber an sie binden sollte. So waren es in erster Linie Frauen, die sich an Aphrodite wandten, um ihre Hilfe nachsuchten und sich, nach entsprechender Gewährung, bei ihr bedankten. Exemplarisch findet sich der Vorgang dieser Wechselbeziehung in einer Anekdote wieder, die Herodot erzählte. Sie handelt von dem ägyptischen König *Amasis*, der die Griechin *Ladike* geheiratet hatte; doch während ihn seine Manneskraft bei all seinen anderen Frauen noch nie im Stich gelassen hatte, erwies er sich bei ihr als impotent:

«Als das längere Zeit so ging, ließ Amasis Ladike rufen und sagte zu ihr: ‹Weib, du hast mir einen Zaubertrank gegeben; auf der Stelle sollst du den schmachvollsten Tod unter allen Frauen sterben.› Als Amasis trotz ihres Leugnens sich nicht beruhigte, betete Ladike still zu Aphrodite: Wenn Amasis sie in der nächste Nacht begatten würde – das rettete sie vom Tode –, werde sie der Göttin eine Statue nach Kyrene schicken. Nach dem Gebet verband sich Amasis sogleich mit seiner Gattin. Von da an konnte er den Verkehr vollziehen, sooft er zu ihr kam, und gewann sie nunmehr von Herzen lieb. Ladike entrichtete der Göttin ihr Gelübde. Sie ließ eine Statue fertigen und schickte sie nach Kyrene. Sie war noch zu meiner Zeit unversehrt erhalten und stand außerhalb der Stadt Kyrene.»

Aus ähnlichen Beweggründen hatten zwei Schwestern den ältesten Aphrodite-Tempel der griechischen Stadt Syrakus auf Sizilien errichten lassen. Beide hatten ihre glücklichen Ehen auf die erotische Ausstrahlung ihrer «Kehrseiten» zurückgeführt und dem Tempel ein bezeichnendes Standbild gestiftet, nämlich eine Aphrodite *Kallipygos*, d. h. eine Statue der Liebesgöttin «mit den schönen Hinterbacken». Sie läßt sich

In dieser Aphrodite Kallipygos widerspiegelt sich das weibliche Schönheitsideal, das während der griechischen Epoche auf Sizilien galt, aber auch die Wertschätzung der «Kehrseite» im besonderen durch die häufig bisexuellen Männer.

heute noch im Nationalmuseum in Neapel bewundern und gibt unter dem neckisch aufgehobenen Kleid nicht nur besagtes erotisches Detail, sondern wohl allgemeingültig für jene Zeit das angestrebte weibliche Schönheitsideal preis.

Ähnlich verlockend wie die der Göttin zugedachte, von ihr erhoffte Wirkungsweise waren also auch ihre bildnerischen Darstellungen durchaus erotisch. Die ältesten Statuen in Athen zeigen sie in nackter, sinnlicher Schönheit. Da die griechischen Männer «im wirklichen Leben» ihre Vorstellung vom weiblichen Schönheitsideal an den erotischsten Damen ihrer Gesellschaft schulten, verfiel der berühmte Bildhauer Praxiteles darauf, für seine Aphrodite-Statuen die nicht weniger berühmte Hetäre Phryne Modell stehen zu lassen.

Die vergöttlichte Lust

In der griechischen Mythologie ist, grob gesprochen, zwischen einer älteren und einer jüngeren Sagenbildung zu unterscheiden; die ältere findet sich bei Hesiod, die jüngere bei Homer wiedergegeben. Bezüglich der Geburt Aphrodites differieren die Darstellungen erheblich.

Bei *Hesiod* fällt der Vorgang noch mit in die Anfänge der Welt, als es nur zwei Gestalten und zwei Gewalten gab: *Uranos*, den zeugenden Himmel, und *Gaia*, die gebärende Erde, die alles hervorbrachte, was Tiere und Menschen zur Ernährung benötigten. Sie gebar Titanen, Riesen und Kyklopen. Da sie dem Uranos zu mächtig erschien und er die Riesen und Kyklopen in Gaias Schoß zurückstieß, rief diese wegen der ihr angetanen Gewalt die Titanen zu Hilfe. Einer von ihnen, Kronos, lauerte dem Vater Uranos auf, als dieser sich zu Gaia legte, und schnitt ihm mit einer Sichel das Glied ab. Dieses fiel ins Meer und zeugte mit dem Samen, der ihm entströmte, die Göttin Aphrodite, die «aus dem Schaum – griechisch *aphros* – des Meeres Geborene». Sie gelangte – nach einer abweichenden Version in einer Muschel – zunächst zur Insel Kythera und darauf nach Zypern. Diesen ersten Stationen verdankte Aphrodite die entsprechenden Beinamen *Kythereia* und *Kypris*. Die älteste Bezeichnung als *Urania,* «die Himmlische», die Aphrodite als einzige griechische Göttin trug und die sie im Mythos als Tochter eben des Uranos auswies, belegt, daß sich hinter Aphrodite die ebenfalls als «Himmlische» bezeichnete orientalische Astarte (bzw. Ischtar) verbarg.

Schon Herodot, der «Vater der Geschichte», berichtete weitgehend korrekt, wie der Aphrodite-Kult aus dem Vorderen Orient nach Hellas gelangt war: Der älteste aller Aphrodite-Tempel habe in Askalon an der palästinensischen Küste bestanden (ca. 200 km südlich von Sidon, woher die Europa kam). Von dort sei der Kult durch die Phönizier nach Zypern und weiter westwärts gebracht worden. Aphrodite-Tempel waren ihm ferner aus Aterbechis und Memphis (im Viertel der Phönizier aus Tyros) in Ägypten bekannt. Auch Assyrer, Perser und Araber, so Herodot, verehrten die Aphrodite unter verschiedenen Namen. Darüber hinaus hätten die Araber eine Gottheit gekannt, die dem griechischen Dionysos entsprach.

Dionysos war als Pendant zu Aphrodite in das griechische Pantheon aufgenommen worden und stand ihr in der erotischen Kraft in nichts nach. Er verkörperte das männliche, darum für Frauen noch attraktivere Prinzip der sinnlichen bis ekstatischen Liebe. Sein Kult war aus Kleinasien zugewandert. Gemäß griechischem Mythos war er der Sohn von Zeus und Semele, als deren Vater Kadmos, der Bruder der Europa (!), angegeben wurde. Damit aber war Dionysos der einzige der olympischen Götter, der eine Sterbliche zur Mutter hatte – ein Moment, das mithalf, gerade Frauen unter seine große Anhängerschaft zu versammeln. Er verkörperte phallische Potenz in Reinkultur, erweckte geistentrückte Triebhaftigkeit und forderte auf, Fesseln wie Ehe oder feste Bindung zu sprengen. Der matte Abglanz als Gott des Weines, den er im Wissen unserer Tage noch abgibt, erinnert allenfalls an Formen des Sinnenrausches, den Griechen wie Römer durchaus bewußt durch Weingenuß herbeizuführen und zu steigern trachteten. Der Einsatz von Alkohol als Mittel zur Enthemmung war der Antike sehr wohl bekannt, wurde entweder bewußt vorgenommen oder, um seine Kraft wissend, von den Gegnern entschieden verdammt. Im Zusammenhang mit Dionysos- wie Aphrodite-Festen wird stets von Weingenuß, Rausch und Orgien gesprochen. Die alljährlich zur Wintersonnenwende zu Ehren Dionysos' abgehaltenen Feiern, bei welchen ein Phallus im Zentrum der Verherrlichung stand, sollen regelmäßig zu sittenwidrigen

Skandalen ausgeartet sein. Zunächst nur als Fest von Frauen für Frauen und unter dem Schutz der Todesstrafe abgehalten, die teilnehmenden Männern drohte, gerieten die Dionysien schließlich zum Ventil für den Triebstau, der sich in den Gemächern und Betten gerade der Ehefrauen angesammelt hatte – und dies selbstverständlich unter männlicher Beteiligung; von der Verurteilung eines an den Festen beteiligten Mannes zum Tod ist nichts überliefert.

Ähnlich wurden die Feiern, die zu Ehren von Aphrodite/Venus auf Sizilien stattfanden, abends oder nachts abgehalten. Sie wurden von mystischen, ekstatischen Tänzen begleitet, deren Charakter durch die Dunkelheit und den Lichterschein der Ölbrände und Fackeln erotisch eingefärbt war. In seiner «Ermahnung an die Griechen» geißelte der wohl um 150 n. Chr. in Athen geborene, christliche *Clemens von Alexandria* die Feste zu Ehren der «Schaumgeborenen» als unzüchtige Ausschweifungen und ehebrecherische Orgien: Die in die Aphrodite-Mysterien Aufgenommenen brächten ihr – wie Freier einer Prostituierten – Geld dar und erhielten einen Salzkuchen sowie einen Phallus, womit an die Geburt der Göttin aus den salzigen Fluten und aus dem ins Meer gefallen Penis des Uranos erinnert wurde.

Auf den Altären der Aphrodite befanden sich Myrthe und Äpfel; mit letzteren hängt wohl zusammen, daß ein Verliebter zum Zeichen seiner Werbung um ein Mädchen diesem einen Apfel reichte. So wie Paris der Aphrodite jenen goldenen Apfel als Zeichen dafür reichte, daß er sie – im Streit der Göttinnen darum, welche die Schönste sei – für die Siegerin hielt (vgl. S. 60). Und so wie die schöne Helena «die Äpfel ihres Busens» entblößte.

Bezüglich der Eigenschaften, die man Aphrodite zudachte, lassen die ihr wie anderen Gottheiten auch speziell beigesellten Tiersymbole in der bildenden Kunst an Eindeutigkeit nichts zu wünschen übrig: der Bock und der Widder als Verkörperung der Zeugungskraft, aber auch der Hase, wohl wegen der Schnelligkeit, mit der er sich paart. Neutraler gibt sich die Taube, die den Griechen als «Vogel der Ischtar» und damit auch der Aphrodite bekannt war; sie erinnert an eine orientalische Variante ihres Geburtsmythos, wonach Aphrodite in einem Ei von einer Taube ausgebrütet worden sei.

Aphrodite, die ehebrecherische Göttin

So wie die Griechen sich ihre Götter(biographien) nach menschlichen Vorbildern zurechtlegten, lag es auf der Hand, Aphrodite und Dionysos auch als – ehebrecherisches – Paar zueinander in Beziehung zu setzen. Dies war allerdings nur auf der Grundlage der Göttergeschichten möglich, die *Homer* verbreitete. Danach war Aphrodite die Tochter des Zeus und der Dione. Sie wurde verehelicht mit dem Gott Hephaistos, den sie alsbald mit ihrem eigenen Bruder, dem Kriegsgott Ares, betrog. Übel nahm man es ihr im Olymp nicht; im Gegenteil: Als Hephaistos den Geschwistern beim Liebesakt auflauerte, sie «in eindeutiger Position» in ein metallenes Netz einschmiedete und die anderen Götter herbeirief, um diesen das schändliche Gebaren seiner Gattin vor Augen zu führen, erntete er Spott und Hohn, und in anzüglichen Reden unterstellten sich die Götter gegenseitig, der Aphrodite einmal so beiliegen zu wollen. Einer von diesen war *Hermes*, der Götterbote. Er wurde danach in der Tat von Aphrodite verführt. Ihm gebar sie ein männlich-weibliches Zwitterwesen; nach dem Namen des Vaters und nach ihrem eigenen nannte sie es *Hermaphroditos*. Danach verliebte sie sich in den hübschen Adonis. Ares, mit dem sie weiter ein Verhältnis unterhielt und mit dem sie den Sohn *Eros* hatte, war darüber sehr erbost; er verwandelte sich in einen Eber und brachte den Nebenbuhler um. Doch daraus entstand neuer Hader. Denn bei den Toten in der Unterwelt geriet Adonis in die Fänge von Aphrodites Schwester *Persephone*. Da beide den Begehrten für sich haben wollten, entschied Zeus, daß Adonis während der warmen Jahreshälfte Aphrodite und während des Herbstes und Winters der Persephone in der Unterwelt zustehen sollte.

An dieser Stelle verrät der Mythos mit seiner «Erklärung» für das in der Natur zu beobachtende Ersterben und Wiedererblühen im Jahreskreislauf etwas von der Funktion als Fruchtbarkeitsgöttin, die von der kleinasiatischen Kybele und der Großen Göttin des Alten Orients auf Aphrodite übertragen worden war.

Aphrodites Verhältnis schließlich mit ihrem Stiefbruder Dionysos, den Zeus mit Semele gezeugt hatte, entsprang der etwas grobschlächtige Sohn *Priapos*, den vor allem die Griechinnen als Verkörperung des männlichen Glieds, als «Lustspender», verehrten.

Direkt zum Ehebruch stiftete Aphrodite den bereits erwähnten *Paris* der homerischen Sage an. Dieser war von den Göttinnen Hera, Athene und Aphrodite ausersehen worden, zu beurteilen, welche von ihnen die Schönste sei. Nachdem ihm von Hera Macht, von Athene Kriegsruhm und von Aphrodite die schönste irdische Frau als Belohnung für die Wahl zur himmlischen «Schönheitskönigin» in Aussicht gestellt worden war, erkannte er Aphrodite den begehrten Titel zu. Da der Preis in *Helena*, der Frau des Königs Menelaos bestand, schlich sich – der verheiratete – Paris bei diesem als Gast ein. Von Aphrodite hemmungslos entflammt, brach Helena mit ihm die Ehe und ließ sich nach Troja entführen. Was danach kam, war der berühmte Trojanische Krieg. Als eine seiner Folgen sollte Aeneas, geleitet von seiner Mutter Aphrodite, nach Italien auswandern und dort zum Urvater der Römer werden.

IV. Venus, Liebesgöttin mit gebremstem Schaum

Das ist Venus für uns, die als Liebe erscheint:
Nur ein Tropfen venusischen Begehrens,
der unser Herz getroffen hat,
und schon ist aller Kummer dahin.

Lukrez, Über die Natur der Dinge
(De rerum natura), 1. Jahrhundert v. Chr.

Aphrodites Zug nach Westen

Als Aphrodite – im mythologischen Gepäck griechischer Kolonisten – ihren Zug westwärts antrat, traf sie auf der Insel Sizilien, genauer auf dem Berg *Eryx*, nördlich von Trapani, auf eine Vorläuferin. Das sagenhafte Volk der Elymer, das nach Thukydides von den Trojanern abstammte, wohl aber aus Phönizien gekommen war, hatte hier bereits am Platz einer namentlich unbekannten mediterranen Fruchtbarkeitsgöttin ein Astarte-Heiligtum eingerichtet.

Die griechischen Siedler, die sich ab der Mitte des 8. Jahrhunderts v. Chr. auf der Insel einrichteten, hatten mit dem Namen der Astarte keine Probleme. Aufgrund ihrer östlichen Heimat waren sie mit den charakteristischen Eigenschaften der im Vorderen Orient verehrten Göttin vertraut und hatten diese als orientalische Spielart ihrer Aphrodite verstanden. Für den Gründer des Heiligtums hielten sie den von Herakles im Kampf getöteten Eryx, einen Sohn des einheimischen Königs Butes, den dieser – nach einer anderen Version Poseidon – mit Aphrodite gezeugt haben sollte. Was lag darum näher, als dem vorgefundenen Halbgott Herakles zu huldigen und die Eryx-Mutter als *erycinische Aphrodite* zu feiern. Neugründungen von Aphrodite-Tempeln leisteten sie sich in zahlreichen sizilianischen Städten; den von Palermo pries bereits die Dichterin Sappho (um 600 v. Chr.) als eines der bedeutendsten Heiligtümer der Göttin.

Die Phönizier, die an der nordafrikanischen Küste im Raum des heutigen Tunis eine neue Heimat gefunden hatten und danach als Punier bzw. Karthager das westliche Mittelmeer, darunter Sizilien, beherrschten, verehrten die Göttin auf dem Eryx weiterhin als *Astarte* oder auch *Tannit* – und wußten sicher die dabei praktizierte Tempelprostitution zu schätzen (vgl. S. 67f.).

Inzwischen hatte Aphrodite auch auf dem italienischen Festland Fuß gefaßt. Von mehreren griechischen Küstensiedlungen aus verbreitete sich ihre Verehrung über Apulien und Kampanien; dies um so leichter, weil sie ebenfalls auf die phönizische Astarte oder eine dieser ähnliche, auf jeden Fall orientalische, in Bronzestatuetten des 7. Jahrhunderts v. Chr. nackt dargestellte Göttin sowie auf einheimische Fruchtbarkeitsgöttinnen traf, deren Platz sie einnehmen konnte. Im 6. Jahrhundert v. Chr. war Aphrodite bis auf latinisches Gebiet vorgedrungen. In Lavinium, südlich von Ostia, wurde sie in einem Zentralheiligtum der Latiner verehrt; dieses wurde *Aphrodisium* genannt, das mit dem älteren *Frutinal*, dem Heiligtum einer Göttin *Frutis*, identisch sein dürfte. Dabei bezeichnete das Wort *frutis* wie auch das ebenso verwendbare Wort *venos* jenen Zustand des «Heißwerdens», den man im Deutschen mit «Brunst» wiedergibt.

Die benachbarten Etrusker, die von den Römern als lebensfrohe und wenig sittenstrenge Menschen angesehen wurden, hatten an Aphrodite unter der Bezeichnung *Turan* Gefallen gefunden. Ihr Mythos war ihnen spätestens seit dem 5. Jahrhundert v. Chr. geläufig. Die Umbrer, die östlichen Nachbarn der Etrusker, kannten eine Göttin mit dem ungewöhnlichen Namen *Cupra*. Dieser Name war aber wohl nichts anderes als ein Beiname der Aphrodite, der auf Zypern, griech. *Kypros*, die Heimat der Göttin, verwies und «die Zyprische» bedeutete. Daß man Gottheiten nach dem Ausgangsort ihres Kultes benannte, ist häufig zu beobachten. Ganz entsprechend nannten die Römer die Aphrodite vom Berg Eryx kurz *Erucina*.

Aphrodite wird Venus

Eine andere Möglichkeit, Gottheiten zu benennen, bestand darin, sie nach ihren wesentlichen Wirkungsmerkmalen zu bezeichnen. Aufgeklärte Geister waren sich auch damals schon bewußt, daß der Mensch dazu neigte, unerklärliche oder abstrakte, nicht oder nur kaum beeinflußbare Erscheinungen und Vorgänge zu vergöttlichen. So tat etwa *Cicero* wie seine griechischen Vordenker die Vorstellungen des Volksglaubens als Humbug und die Göttergeschichten als Kindermärchen ab und erklärte seinen Landsleuten das Phänomen folgendermaßen:

«Alles, was dem Menschengeschlecht großen Nutzen gewährte, konnte nach ihrer Meinung nicht ohne göttliche Güte gegen die Menschen zustande kommen. Deshalb benannte man bald das, was der Gott hatte entstehen lassen, mit dem Namen des Gottes selbst [...]; bald wird jedoch auch die Sache selbst, der eine größere Kraft innewohnt, so benannt, daß die ihr innewohnende Kraft dann selbst als Gott bezeichnet wird, wie z. B. *Fides* (die Treue) oder *Mens* (der Verstand); diesen beiden ist ja, wie wir sehen, erst kürzlich [...] auf dem Kapitol ein Tempel geweiht worden [...]. Du siehst den Tempel der *Virtus* (Tapferkeit) und den [...] Tempel des *Honos* (der Ehre) [...]. Wozu soll ich noch den der *Ops* (der Hilfe), der *Salus* (des Heils), der *Concordia* (der Eintracht), der *Libertas* (der Freiheit) und der *Victoria* (des Sieges) nennen; denn weil die Kraft dieser Begriffe so groß war, daß nur ein Gott eine jede lenken konnte, hat eben der Begriff selbst den Namen eines Gottes erhalten. Auf diese Art sind auch die Bezeichnungen *Cupido* (Verlangen), *Voluptas* (Genuß) und *Venus Lubentina* (sinnliche Lust) zu Namen göttlicher Wesen gemacht worden, wenn es sich hier auch um tadelnswerte und nicht mehr rein natürliche Eigenschaften handelt» (Vom Wesen der Götter II, 60f.).

Bis zum 4. Jahrhundert v. Chr. hatten die Römer bzw. Latiner ihre Gottheiten meistens entsprechend ihren Funktionen bezeichnet. Eine Henne-oder-Ei-Frage wäre hier also einmal eindeutig zu beantworten: Zuerst war der sprachliche Begriff für ein diesseitiges Phänomen oder Gefühl – dann kam die damit assoziierte Göttergestalt. Überhaupt besaßen die Römer im Gegensatz zu den Griechen ein rationaleres Verständnis von ihren Gottheiten und verehrten diese zunächst ohne Götterbilder und ohne Tempel. Deren «Vermenschlichung» fehlte völlig: Es wurden über sie keine frivolen Geschichten erzählt; sie wurden nicht geboren und starben nicht; sie trieben keinen Ehebruch und zeugten nicht, und mit Menschen pflegten sie keinen Umgang – sie waren schlichtweg existent in ihrer Wirkungskraft. Bei der «importierten» Aphrodite bezeichneten die Latiner diese Kraft nun – geschlechtlich neutral – als *venos*, d. h. als Begierde zur geschlechtlichen Vereinigung. Es ist dasselbe Wort, das sich über den gemeinsamen indogermanischen Ursprung auch im deutschen «gewinnen» (altsächsisch *winnan*; englisch *to win*), «Wonne» und «Wunsch» erhalten hat; und auf denselben Wortstamm führt sich im übrigen auch *venenum*, «Gift», zurück. Dieses nämlich konnte nicht nur als Heiltrank oder magischer Zauber, sondern auch als Liebeselixier, eben als «Aphrodisiakum», Verwendung finden. Ohne zu solchen Hilfsmitteln greifen zu müssen, erblickte der Dichter in «Lebensalter, zartem Körper und Bereitwilligkeit» die natürlichen «Zauberkräfte» hübscher Frauen.

So hatten die Latiner und ihre Nachbarn dieser mystischen, rational nicht erklärbaren, «gewinnenden» *venos*-Kraft bereits vor dem Eintreffen der Aphrodite einen göttlichen Platz zuerkannt, der freilich zweit- oder gar drittrangig geblieben war. In den klassischen Zwölfgötterhimmel war sie nicht erhoben worden, und sie fristete nicht anders als eine der zahlreichen «Wald- und Wiesen»-Göttinnen ein bescheidenes, noch am ehesten von den sogenannten einfacheren, weniger vernunft- als triebbestimmten Leuten gewährtes Dasein.

Als die Römer in das bereits «aphroditisch» besetzte Umland ausgriffen, trafen sie darum nicht mehr auf eine Göttin Aphrodite, sondern auf eine – bis spätestens um die Mitte des 4. Jahrhunderts v. Chr. latinisierte – Gottheit *Venus*. Ihr Achtung entgegenzubringen, schien zunächst wenig angebracht. Nicht daß es mit der Moral in Rom, der man enge Grenzen gezogen hatte, allenthalben bestens bestellt gewesen wäre; die den Römern – durch sich selbst wie durch spätere Bewunderer – stets bereitwillig zuerkannte Sittenstrenge läßt sich leicht als äußerer Ausdruck exakt des Gegenteils, als Verbrämung und Unterdrückung jener Kraft entlarven, die ihnen durch Aphrodite bzw. Venus geradezu verkörpert schien. Deshalb trat man ihr zunächst mit Zurückhaltung entgegen, wenigstens offiziell. Schließlich war die in Lavinium verehrte *Frutis* bzw. Aphrodite als *Aphrodite porne*, als «geile Aphrodite», in aller Munde. Offenbar versprach man sich von ihr *venos*, «Begierde zur geschlechtlichen Vereinigung», und deren Befriedigung.

Lavinium

Die Anlage von Lavinium mit ihren dreizehn riesigen, in einer Reihe nebeneinander aufgestellten Altären fungierte als zentrales Bündnisheiligtum der Latiner, Römer (im engeren Sinn als Bewohner der Stadt Rom) inbegriffen. Letztere versammelten sich mit den Vertretern der anderen verbündeten latinischen Städte zu festgelegten Terminen beim Heiligtum. Seine Bedeutung bezog es aus der Aeneas-Sage, nach welcher der Trojaner unweit von Lavinium die italienische Küste betreten hatte und zum Ahnherrn der Latiner – und damit der Römer – geworden war. Er genoß gottähnliche Verehrung. Als sein Sohn oder Enkel galt Romulus, der erste König von Rom.

Gewaltigen Zuspruch fand am selben Platz Aeneas' Mutter Aphrodite. Nach römischer Überlieferung soll er ihr Kultbild vom Berg Eryx hierher gebracht haben. An den zu ihren Ehren in Lavinium abgehaltenen Festlichkeiten und orgiastischen Gelagen nahm die römische High Society regelmäßig teil. Man darf darüber spekulieren, ob anläßlich solcher Gelegenheiten der Wunsch erwuchs, die Göttin nach Rom zu holen.

Aphrodite kommt als Venus nach Rom

Im Jahre 295 v. Chr. wurde die Aphrodite/Venus von Lavinium oder einem anderen Ort in der Nachbarschaft nach Rom verpflanzt. Es spricht vieles dafür, daß die Stadtrömer zur weiteren Steigerung ihres Selbstwertgefühls und politischen Ansehens ein so attraktives Heiligtum nicht dem Umland überlassen wollten. Religiöse Probleme hatten sie damit nicht. Denn es war ein wesentliches Merkmal des römischen Polytheismus, alle möglichen Erscheinungsformen göttlicher Existenzen anzuerkennen und ihre Anzahl beliebig zu erweitern. Ohne dieses grundsätzlich vorhandene «Entgegenkommen» wäre der Einzug der Aphrodite/Venus wie auch etlicher weiterer, vornehmlich orientalischer Kulte nach Rom und Italien später nicht möglich gewesen.

Zumindest unterschwellig dürfte für die Einholung der Aphrodite/Venus nach Rom zu diesem Zeitpunkt nicht unwesentlich eine gewisse gesellschaftliche Aufwertung der Frau mitgewirkt haben, die eine größere Zurkenntnisnahme ihrer Vorstellungs- und Gefühlswelten implizierte. Bis dato standen Frauen den männlich-abstrakten, unpersönlichen Ausformungen des Götterverständnisses weitgehend verständnislos bis ablehnend gegenüber; die Götter waren «leblos und starr, geistlos und langweilig» (Bender S. 401). Erst infolge einer entsachlichten, über Personifizierungen, d. h. gestaltgebende Vergöttlichungen emotional nutzbaren Mythologie – Götterbilder, Gemeinschaftsriten inklusive – konnten größere Teile der Bevölkerung, darunter eben auch der weibliche, religiös eingebunden, gesellschaftlich verankert (und damit, wie der entsprechende Kult selbst, politisch kontrolliert) werden.

Ob damit die Anzahl der Motive für die Einholung der Venus erschöpft ist, sei dahingestellt. Auch originär männliche Interessen ließen sich zugrundelegen. Tacitus hat die Psychologie eines solchen Vorgangs (in anderem Zusammenhang) sehr wohl zu deuten verstanden, nämlich daß «unter feierlichem Deckmäntelchen oft liederliches, nutzloses Zeug verbreitet wurde». Auf den Import der Venus nach Rom bezogen, könnte man folgern, daß die Männer aus der Oberschicht ihren politischen Einfluß nutzten, unter religiösen Vorwänden der «Göttin der Lustgewährung» einen Platz in ihrer unmittelbaren Nähe einzuräumen.

Gewisse Vorbehalte müssen tatsächlich existiert haben. Man wagte es nicht, einen Tempel der Venus in der direkten Nachbarschaft der ehrbaren alten Gottheiten im Herzen der Stadt zu plazieren. Das hätte wohl der moralische Anspruch, den die Herren der Stadt nach außen erhoben, nicht zugelassen. Sie bedienten sich eines gedanklichen Umwegs: Wenn *venos* die Kraft der sinnlichen, sexuellen Begierde war, wenn Venus die Göttin darstellte, die über die Gewährung dieses Triebs verfügte, dann mußte sie ebenso – quasi durch Passivität – seine Eindämmung und Erlahmung veranlassen können. Unter dieser Prämisse konnten selbst Moralisten gegen den Bau eines Tempels in der Nähe des Circus Maximus nichts einwenden, den man der *Venus Verticordia* weihte, also einer Venus, «die die Herzen wendete» bzw. Lust in Unlust verkehrte: Venus, in Umwertung ihrer ursprünglichen Aufgabe, als Tugendwächterin! In einem Gebet wandte man sich folgerichtig an sie mit der Bitte, daß «die Gesinnung der unverheirateten Mädchen wie der Ehefrauen statt auf sinnliche Lust auf Sittsamkeit ausgerichtet werde». Einblick in diese Vorstellung gewährt noch Horaz, der Venus bat, ihn angesichts der zahlreichen jugendlichen Verehrerinnen nicht in Unruhe zu versetzen.

Es entbehrt nicht einer gewissen Pikanterie, daß es Damen der ehrenwerten Gesellschaft waren, die zur Finanzierung des Tempels herangezogen wurden: Er wurde mittels der Strafgelder errichtet, die Ehefrauen zahlen mußten, die der Prostitution nachgingen. Es scheinen nicht eben wenige gewesen zu sein, die der «venusischen» Macht der ganz herkömmlichen Art in sich nachgegeben und jenen Männern zu lustvoller Freude verholfen hatten, die diese durch die Venus Verticordia – vorgeblich – eindämmen wollten.

Dieser Venus-Tempel blieb nicht der einzige. Ein zweiter entstand nach der Niederlage gegen Hannibal am Trasimenischen See im Jahr 217 v. Chr. Da man diese als Zeichen göttlichen Zorns begriff, wurden die sibyllinischen Bücher befragt, die verlangten, den Gottheiten Mens und Venus einen Tempel zu geloben. In dem frommen Versprechen kam die Wertschätzung der Venus als Mutter des Aeneas und somit als Urmutter der Römer, die sich von ihm herleiteten, zum Ausdruck. Dementsprechend achtbar wurde der Tempel in engster Nachbarschaft zum Staatstempel Jupiters auf dem Kapitol errichtet; geweiht wurde er, in Anlehnung an den bedeutendsten Aphrodite-Venus-Kultplatz auf dem Berg Eryx, der *Venus Erucina*. Seit dem Eindringen der Römer nach Sizilien 263 v. Chr. bzw. der Einnahme des Berges 249 v. Chr. lag er im römischen Macht- und Einflußbereich; der Einfluß, der umgekehrt von dieser «speziellen» Venus auf die Römer ausging, scheint nicht weniger erheblich gewesen zu sein. Noch im 1. Jahrhundert v. Chr. schrieb der auf Sizilien lebende griechische Historiker Diodoros:

«Die Konsuln und Praetoren [...] und alle Römer, die sich dort in irgendeiner amtlichen Eigenschaft aufhalten, ehren, wann immer sie nach Eryx kommen, das Heiligtum mit kostbaren Weihegeschenken, ja sie legen ihre Strenge und auch ihre Würde ab, beteiligen sich an Sport und Spiel und unterhalten sich mit den Frauen in gehobener, fröhlicher Stimmung, im Glauben, daß sie auf diese Weise der Göttin gefallen.»

Erst Strabo, der weitgereiste Historiker und Geograph aus Kleinasien (gest. um 26. n. Chr.), verwies die Präsenz von Tempelsklavinnen am sizilianischen Aphrodite-Heiligtum auf dem Berg Eryx in die Vergangenheit, «in frühere Zeiten».

Gegenbewegung für Sitte und Moral

Es mutet daher wie eine Vorsichtsmaßnahme an, daß man der Venus sozusagen als Gegen-Gottheit *Mens*, den «Verstand», zur Verehrung im selben Tempel beigesellte. Da man aber anscheinend auch die erucinischen Kultformen samt (Tempel-) Prostitution übernommen bzw. sich eine solche angesiedelt hatte, geriet er vermutlich bald zum «öffentlichen Ärgernis»; das glaubt man jedenfalls aus dem Umstand ableiten zu können, daß bereits zwischen 184 und 181 v. Chr. der nächste Tempel für die erucinische Venus errichtet wurde, und zwar diesmal weit weg vom ehrbaren Kapitol, wo sich ein «Rotlichtviertel» nicht schickte, vor den Mauern, genauer vor der Porta Collina, und daß dieser Tempel zum Hauptheiligtum der römischen Huren wurde. Man wollte Sorge dafür tragen, daß «die venusische Lust nicht von den jungen Männern oder verheirateten Frauen Besitz ergriff», wie Vitruv in augusteischer Zeit meinte.

Sie schien den Verantwortlichen in Rom exakt in diesen Jahren nur zu berechtigt. Das öffentliche Leben der Stadt hatte sich dramatisch verändert. Seit dem Ende des Zweiten Punischen Kriegs verlor sich die Einsicht, Verzicht leisten zu müssen, «spartanisch» zu leben. Im Jahr 204 v. Chr. war zwar deswegen noch die *Magna Mater Kybele*, die göttliche «Urmutter der römischen Urheimat» Troja, in Gestalt eines Steines, des heiligen Meteoriten von Pessinus, feierlich nach Rom eingeholt worden und hatte auf dem Palatin einen Tempel erhalten; aber ihre Priester, aufgeputzte Eunuchen, allesamt Orientalen – den Römern war die Entmannung verboten – fielen unliebsam auf.

Die in Kleinasien, Griechenland und Ägypten verbreiteten, um 200 v. Chr. in Rom eingeführten Bacchus-Mysterien, die – im Gegensatz zum Dionysos-Kult bei den Griechen – nie offizielle Anerkennung, dafür aber immer mehr Anhänger gefunden hatten, hatten 186 v. Chr.

heftige Reaktionen des Senats ausgelöst, nachdem von lasterhaftesten sexuellen Ausschweifungen, Promiskuität und Vergewaltigungen bis hin zum Mord die Rede war. Man sah den Staat in seinen Grundfesten bedroht; in den dazu eingerichteten Vereinigungen erblickte man Geheimbünde bzw. Verschwörungen. Allein die Mitgliedschaft galt als strafbar.

Es wurden umfangreiche Untersuchungen eingeleitet, Beschuldigte zu Verhören vorgeladen bzw. für den Fall des Nichterscheinens mit Verurteilung ohne Verfahren bedroht. Es wurde ihnen untersagt, Eigentum zu verkaufen; trotzdem kam es zur Massenflucht. Aus allen Gegenden des Landes wurden Verdächtige nach Rom gebracht und inhaftiert. An die 7000 für schuldig erkannte Männer und Frauen wurden verurteilt, der Großteil zum Tod. Von Staats wegen tat sich dabei besonders – man ist geneigt zu sagen: natürlich – *M. Porcius Cato* hervor, dieser ab 184 v. Chr. als Censor für Sittenaufsicht und Hygiene zuständige «Vorzeigerömer», der nicht nur Karthago bis ins Mark haßte, sondern alles Fremde, alles Griechische zuvörderst, verachtete und sich als Feind der Frauen, die zunehmend aufbegehrten, hervortat. *Ennius*, der das um 300 v. Chr. entstandene Werk des Griechen Euhemeros übersetzte, in dem die griechischen Götter – darunter Aphrodite als älteste gewerbsmäßige Hetäre – verspottet wurden, war dem Cato Wasser auf seine Mühle.

Die *Bacchanalien* galten in der Tat – wie die griechischen Dionysos-Feiern – zunächst als Frauensache. Hatten Männer anfangs nur an drei Tagen im Jahr Zutritt zu den Riten, so wurden nun, und zwar an fünf Tagen im Monat, auch Männer zu den von den Tages- in die Nachtstunden verlegten Kultfeiern zugelassen, denen stets eine Priesterin vorstand. Im Zentrum des Ritus stand die Verehrung eines Phallus, durch dessen Berührung die Aufnahme in die Bacchus-Gemeinschaft erwirkt wurde. Die Gläubigen versprachen sich davon nach dem Tod einen Zustand ewiger Seligkeit. Neu, und die Attraktivität des Kults zum großen Teil ausmachend, war also für die Römer(innen) die Vorstellung einer Existenz nach dem Tod; alt hingegen war, über die sexuelle Komponente wirkend, die Nähe zum Venus-Kult, der, von sittenstrengen Männern «verstaatlicht», im öffentlichen Leben exakt diese Note zu verlieren begann.

Am 7. Oktober 186 v. Chr. erließ der Senat für Rom und alle Verbündeten in Italien strenge Regelungen für die Abhaltung der Bacchanalien. Zum ersten Mal war damit unter dem Vorwand, Sitte, Moral und religiöses Empfinden zu schützen, die Brutalität staatlicher Macht hervorgekehrt und der Vergöttlichung der Lust eine Grenze aufgezeigt worden. Polybios stellte treffend fest: «Gäbe es ein Staatswesen, das nur weise Männer enthielte, dann wäre eine solche Veranstaltung wie die Religion nicht nötig; da aber die Menge von allen möglichen schlechten Begierden und Leidenschaften beherrscht wird, braucht man ein geheimnisvolles Schreckmittel und eine derartige Vorführung grauenerregender Dinge, wodurch die Menge im Zaum gehalten wird.»

Der Kult der Venus Erucina, genauer seine Begleiterscheinungen, hatte wohl ähnlichen Unmut hervorgerufen. Die «sinnenfrohen» Kreise, die ihr wie ihrem Geliebten Bacchus huldigten, werden sich ohnehin überschnitten haben. Andererseits war im Gegensatz zu den ausschließlich privat organisierten Bacchus-Mysterien der Venus-Kult als Staatskult integrativer Bestandteil des religiösen Lebens geworden. Verbieten ließ er sich daher nicht, allenfalls zurückdrängen und umprägen.

Aber die Befriedigung eines menschlichen Grundbedürfnisses wie der Sexualität ließ sich durch keine noch so drakonischen Strafen reglementieren. Das antike Rom machte hier Erfahrungen wie später das christliche Rom aufgrund seines impertinenten Vorgehens bei der Verteufelung der Lust noch zuhauf. Dazu kamen die gesellschaftlichen Gegebenheiten, die Catos (und anderer Sittenwächter) Moralvorstellungen zum Scheitern verurteilten: Ehen wurden gerade in der «tonangebenden» Oberschicht aus Vernunftgründen geschlossen und hatten dem Zweck zu dienen, die führenden Familien im Sinn ihres Machterhalts fest aneinander zu binden und sich gegenseitig zu verpflichten. Daß dabei natürliche Bedürfnisse wie das nach Sexualität weitgehend auf der Strecke blieben, liegt ebenso auf der Hand wie die daraus resultierende Konsequenz einer verbreiteten Promiskuität. Schließlich trug die häufige, bisweilen jahrelange Abwesenheit der Ehemänner, die in entfernten Provinzen ihren Amtsverpflichtungen nachkommen mußten bzw. ihre politischen Karrieren verfolgten, nicht eben zur Stabilisierung von Ehegemeinschaften bei. Hier war auch die Venus mit ihren Einwirkungsmöglichkeiten überfordert.

Göttin für jede Frau – in jedermanns Sinn

Während der älteste Venus-Tempel in Rom noch anläßlich der *Vinalia rustica*, des «ländlichen Weinfests», am 19. August geweiht worden war, erfolgte die Weihe dieses dritten Tempels vor den Toren der Stadt schon zu den *Vinalia priora*, dem ersten Weinfest im Jahr, am 23. April, dem «Venus-Monat». Danach begingen später am 24. April die weiblichen und am Tag darauf die männlichen Prostituierten ihr jährliches Fest.

Von jenem ältesten Venus-Tempel hat sich neben dem kolossalen Kopf einer lächelnden Aphrodite ein Relief erhalten, bei dem es sich um eine griechische Arbeit bereits des 5. Jahrhunderts v. Chr. handelt. Es zeigt eine Braut, die ein Weihrauchopfer darbringt, und eine – bezeichnenderweise – nackte Hetäre beim Flötenspiel. Zweifelsfrei wurden dabei griechische Verhältnisse wiedergegeben. Doch ebenso eindeutig steht fest, daß diese von den Römerinnen adaptiert wurden. Von Ovid wissen wir, daß junge Frauen bzw. Bräute, Ehefrauen bzw. Mütter und Prostituierte gleichermaßen die Verehrerinnenschaft der Venus bildeten. Das vermeintlich Unvereinbare in der unterschiedlichen Zusammensetzung vertrug sich gut, wenn man sich die der Venus zugedachte «Gewährung von Liebesverlangen» in der Vorstellung der römischen Gesellschaft, d. h. als männliche, auch von den Frauen übernommene Projektion vergegenwärtigt: Alle drei Arten von Frauen erhofften sich von der Venus Beistand, erbaten aus verschiedenen Beweggründen von der Göttin dasselbe, nämlich daß der jeweilige Mann (Bräutigam; Ehemann; Kunde) ihrem Charme oder *sex appeal* verfiel und verfallen blieb.

Am 1. April, dem jährlichen Hauptfest des Venus-Kultes, wurde das Venus(stand)bild einer rituellen Waschung unterzogen. Anschließend ging es – myrtenbekränzt wie einst Venus, um sich vor den Blicken der Satyrn zu schützen – selbst ins Bad; bezeichnenderweise zeigen zahlreiche Statuen Venus in der Haltung einer Frau, die sich zum Baden entkleidet. Zur Erinnerung an die Hochzeit der Venus nahmen die an der Feier teilnehmenden Frauen ein Getränk aus Milch, Honig und Mohn zu sich. Als Brandopfer wurden Weihrauch und Myrrhe, nach einer alten Tradition vermutlich auch Lauch bzw. Knoblauch oder Zwiebeln dargebracht, vielleicht auch Opferkuchen, *liba* genannt (daher unser

«Leb»kuchen), jedenfalls unblutige Opfer. Ein gemeinsames feierliches Gebet schloß die Zeremonie ab. Und es war Sitte, daß die Prostituierten an diesem Tag von ihren Verehrern Geschenke erhielten.

Venus Genetrix

Eine Überhöhung, die mit Blick auf die spätere Ausformung des Marienbildes Beachtung verdient, erfuhr die Göttin durch *Julius Caesar*. Wurde sie auch schon seit Beginn des letzten vorchristlichen Jahrhunderts als Urmutter in Anspruch genommen und, in Konkurrenz zur *Roma*, beinahe zu *der* Stadtpatronin erhoben, blieb es letztlich Caesar vorbehalten, diesem Aspekt in besonderer Weise Rechnung zu tragen. Indem die Julier ihren Namen auf den Aeneas-Sohn Julus zurückführten und damit Caesar sich als direkten Nachkommen des Aeneas und damit auch dessen Mutter, der Aphrodite-Venus, betrachtete, ließ er ihr auf dem Caesarforum 46 v. Chr. einen eigenen Tempel errichten, den er mit einer vergoldeten Kleopatra-Statue schmückte. Er weihte ihn der Venus als «Mutter seines Geschlechts», der *Venus Genetrix*. Ob er damit gleichzeitig Kleopatra als seine «Venus» ehren wollte, im Vorgriff gewissermaßen auf ihre Rolle bei der Begründung einer neuen Dynastie Caesars, muß dahingestellt bleiben, genau so wie die Überprüfung des Wahrheitsgehalts lästerlicher zeitgenössischer Behauptungen nicht mehr zu leisten ist, die Caesar bezüglich des Tempelbaus wesentlich naheliegendere – sollte heißen: «venusische» – Motive unterstellten.

Rom: Hauptstadt im Zeichen der Venus

Denn daß Caesar durchaus – wie böse Zungen meinten – homosexuellen Neigungen frönte (nicht anders als Cicero, der von den Küssen seines Sekretärs schwärmte, oder die Kaiser Domitian und Hadrian oder die Dichter Vergil und Horaz, von deren männlichen Geliebten wir wissen) und dreimal die Ehe eingegangen war, wußte in Rom niemanden zu befremden. Er befand sich dabei in bester promiskuitiver Gesellschaft. Der gravierende Unterschied zu früheren Zeiten bestand darin, daß Frauen nun ihrerseits nicht weniger Aktivitäten entfalteten. Ehebruch, Scheidung, Feste in Bordellen, zu denen sich die feinere Gesellschaft einfand, waren an der Tagesordnung. Caesar lebte mit der bereits zweimal verheirateten Servilia zusammen, bevor er sich gegen sie, die Vierzigjährige, und für die achtzehnjährige Calpurnia als dritte Ehefrau entschied. Clodia aus der angesehenen Familie der Claudier unterhielt nach dem Tod ihres Gatten, des Konsuls Metellus Celer, eine leidenschaftliche, drei Jahre währende Liebesbeziehung zu dem Dichter Catull und danach, mit fünfunddreißig, zu einem Dreiundzwanzigjährigen, dem die Angelegenheit nach zwei Jahren zu strapaziös wurde. Ähnliches wird von etlichen anderen Frauen berichtet. Pech hatte der Historiker Sallust, der sich im Bett mit einer Frau überraschen ließ und dafür von deren Ehemann Prügel bezog. Trotz solcher Mißhelligkeiten und Gefahren, die mit amourösen Abenteuern verbunden sein konnten, vermochte kaum jemand in diesen Jahren der ausgehenden Republik dem Verlangen nach sexueller Betätigung Widerstand entgegenzusetzen. Es fehlte wohl auch an einer glaubhaften Begründung dafür.

Das hohe Lied der Venus

Ob im Volksglauben direkt, ob bei Intellektuellen wie Dichtern metaphorisch zum Ausdruck gebracht, war man sich nach wie vor über die sexuelle Macht der menschlichen Natur bzw. die Wirkung der Venus einig: Sie regte an und erregte, brachte die Geschlechter zueinander und stand selbst für Triebhaftigkeit und sexuelle Befriedigung. So las es sich bei *Lukrez*. Genoß ein Römer Sex, so vermochte er – wie Plautus – zu sagen, «ich mache die Venus», *Venerem exerceo*. Lukrez sah die «Übung» zwar ebenso körperlich, indes subtiler. Die Göttin verkörperte für ihn auch Harmonie, in der Weise, daß, wo sie wirkte, Streit keine Chance hatte, und wo in Liebe sich Menschen verbanden, Leere und Sorge sich in ihre Gegenteile verwandelten. Sie war für ihn die beste aller denkbaren Alternativen. «Das ist Venus für uns, die als Liebe erscheint: nur ein Tropfen venusischen Begehrens, der unser Herz getroffen hat, und schon ist aller Kummer dahin». Diese freimütige, bejahende, weil den von moralischen Verengungen und «schlechtem Gewissen» befreiten Genuß sexueller Lust wie die durch ihn gewonnene Erlösung und Glücksempfindung ins Auge fassende Akzeptanz ist nicht weit entfernt von der Feststellung des englischen Autors Anthony Burgess, wonach ein Mann in einer Frau Gott näher sei als in einer Kirche.

Ovid, Dichter der *Ars amatoria* und *Amores*, Künstler in Diensten der Venus, rief sie, die Mutter des Amor, an mit der Bitte, doch endlich zu gewähren, daß die von seiner Liebessehnsucht verfolgte schöne Corinna sein Werben erwiderte. Den zustimmenden Brief der Geliebten wollte er der Venus weihen und meinte, daß es der Liebe nützen würde, wenn im Haus die Venus herrschte, wenn die Venus ihr süßes Geschäft vollzöge, und daß man den Zorn der Betrogenen glättete, indem man ihr – jedoch nicht überstürzt – die Freuden der Venus gewährte. Leicht erkennbar, daß Ovid – «Glaube an Götter, wer mag!» – nicht vordergründig an eine Göttin dachte, die das Verlangte gewährte, sondern an das (vergöttlichte) Verlangen selbst; so wie ein römischer Liebhaber das Mädchen, das ihm dieses bereitete, *mea Venus*, «meine Venus», nennen konnte.

Der konservative Augustus

Dem Kaiser Augustus, der sich zum neuen Sittenwächter, Wiedererwecker alter römischer Tugenden und Erneuerer der Religion stilisierte, war Ovid mit seinen Anleitungen zum «liederlichen» Leben ein Dorn im Auge. Er ließ ihn verbannen. Genehmer erschien ihm Horaz. Dessen Äußerung, daß der Staat wegen der Vernachlässigung der Götter leide, paßte ihm besser ins Programm. Er hob alte Bräuche aus der Versenkung, ließ Tempel überholen und Priester einsetzen. Die äußeren Formen mochten danach wieder stimmen, die Inhalte blieben gleichwohl hohl und schal. Die überkommene Gläubigkeit war nicht mehr zu vermitteln. Epikureer und Stoiker hatten zu gründlich mit den simplen Gottheitsvorstellungen aufgeräumt. Die neuen Kulte aus dem Osten, denen die Herzen bzw. Seelen (vor allem der Frauen) trotz mehrfacher Verbote verstärkt zugeflogen waren, fanden vor Augustus so wenig Gnade wie vor seinem Nachfolger Tiberius.

Augustus' moralische Restaurationsbemühungen lesen sich wie ein

Lehrbeispiel aus einem Psychologie-Handbuch, und zwar bezüglich ihrer Intentionen wie Effekte gleichermaßen. Die Koinzidenz von politischem Konservatismus und patriarchaler Attitüde in seinem Handeln sowie, auf der anderen Seite, von zwangsläufigen Ausbruchsversuchen seiner Tochter Julia als Reaktion ist evident.

Die noch von modernen, wiewohl nicht weniger konservativen Historikern als vorbildlich gepriesene Sittenstrenge, die Augustus 19/18 n. Chr. mit der *Lex Julia* demonstrierte, war seine Sache in jüngeren Jahren beileibe nicht gewesen. 36 v. Chr. hatte er als Siebenundzwanzigjähriger die zuvor bereits zweimal verheiratete Scribonia geehelicht, ohne deswegen auf andere Liebschaften zu verzichten. Nachdem sie ihm im Jahr 39 sein einziges Kind, die Tochter Julia, geboren hatte, löste er zugunsten Livias, die er als schwangere Ehefrau des Tiberius Claudius Nero schon im Jahr zuvor ins Haus geholt hatte, die Ehe mit Scribonia auf. Daß die Ehe mit Livia bis zu seinem Tod 14 n. Chr. intakt blieb, ist keineswegs seiner Treue, sondern allein der Toleranz Livias zuzuschreiben, die großzügig über weitere Amouren ihres kaiserlichen Gemahls hinwegsah und ihm anscheinend bei der Ausübung seines größten Vergnügens Beistand leistete, das darin bestand, Jungfrauen zu deflorieren. Als seine Tochter Julia, die er dreimal verheiratet hatte, wegen unsittlichen Lebenswandels (u. a. wegen öffentlichen Geschlechtsverkehrs auf dem Forum) auffällig geworden war, klagte er sie selbst vor dem Senat an und ließ sie bis zu ihrem Lebensende verbannen. In solchem Licht betrachtet, bleibt von der Augustus so gern attestierten Größe nichts. Lernunfähig und den durch Venus verkörperten Aspekt der menschlichen Natur eigentlich pervertierend, ließ er zur Befreiung von dem, was er selbst als Schuld empfand, andere büßen und beschritt mit dieser Haltung einen Pfad, den die frühen Kirchenlehrer zur Straße verbreitern sollten (vgl. Kap. V). Julia im besonderen und das Imperium im ganzen wurden zur Tilgung eigenen Vergehens abgestraft. Die ihn persönlich (im Nachhinein) verwirrende freie, um ihrer selbst willen lustvolle Sexualität wurde stigmatisiert, in staatliche Pflicht (zur Zeugung künftiger Soldaten) genommen und in das Korsett von Zwangsehen gesteckt. Spätestens zu diesem Zeitpunkt wurde Venus der noch verbliebenen Reste ihrer angestammten Rolle beraubt.

So wie Pompeji unter Sulla als *Colonia Cornelia Veneria* firmierte, so trugen zahlreiche Städte innerhalb und außerhalb Italiens die Venus in ihren Namen. Die ältesten dürften die – vielleicht schon auf griechische Aphrodite-Gründungen zurückgehenden – «Venus-Häfen» sein, jene *portus Veneris*, die sich etwa als *Port Vendres* an der französischen Mittelmeerküste oder *Porto Venere* in Norditalien erhalten haben. Sie sind Relikte einer Referenz, die man Aphrodite-Venus als Beschützerin der Seefahrt entgegenbrachte.

Die der Venus vor allem in den eroberten Gebieten des weiteren Imperiums angehefteten Beinamen *Victrix* (= Sieggewährende), *Felix* (= Glücklichmachende) und *Caelestis* (= Himmlische) sind nicht allzu weit verbreitet und sind im wesentlichen eine Erscheinung des 2. und 3. Jahrhunderts n. Chr. Sie müssen hier auch nicht weiter interessieren, da sie kultisch allem Anschein nach nicht «venusisch» besetzt waren. Dennoch: Auch *Victrix* und *Felix* spiegeln Venus-Attribute aus explizit männlicher Sichtweise wider. Wie die Venus der Frau Begehrlichkeit verlieh, verhalf sie dem Mann zum Sieg nicht nur über die Frau und zum Glücksgefühl nicht nur durch die sexuelle Erfüllung. Diesen «venusischen» Aspekt des Kampfes und Besiegens verkörperten bereits Ischtar in Mesopotamien und die athenische Aphrodite; ähnlich zeigen archaische Darstellungen aus Italien Venus als Bewaffnete. Man denke auch an ihren Sohn Amor (Eros) mit dem Pfeil. Und nicht von ungefähr stellte man sie sich als «Buhlin» des Kriegsgottes Mars vor. Von hier war es, zumal nach ihrer Erhebung in den Staatskult, nur ein kleiner Schritt, ihr allgemein die Gewährung von Sieg und Glück zum Staatswohl zuzuschreiben.

Indem Caesar sie als Genetrix oder Victrix zur «persönlichen» Gottheit erhoben hatte, war ihre Verbreitung als solche gewährleistet. Als *Felix* wurde sie bereits von Sulla propagiert. Und ganz in augusteisch-restaurativer Tradition ließ Kaiser Hadrian den großartigen Doppeltempel errichten, der 135 n. Chr. für *Roma aeterna* und *Venus felix* gemeinsam geweiht wurde.

Anders verhält es sich mit dem Beinamen *Caelestis*. Er trat offensichtlich im Zusammenhang mit der Übernahme eines Astarte-

Tanit/Tinnit-Heiligtums (im vormals karthagischen Afrika) als Venus-Heiligtum auf. Für die Griechen war dieselbe die «himmlische» Aphrodite, *Aphrodite Urania*. Für die phönizischen Karthager stellte sie die Hauptgottheit dar; die Römer kamen mit ihr zum Ende des 2. Punischen Krieges in Berührung. Nach der totalen Zerstörung Karthagos ließen die Römer entgegen ursprünglichen Absichten eine *Colonia Iunonia* samt wiedererstelltem Tanit- bzw. Dea Caelestis-Tempel anlegen, wobei der Name der Kolonie verrät, daß zu diesem Zeitpunkt – wie auch bei anderen Gelegenheiten zu beobachten – Tanit als Juno identifiziert wurde; sie wurde mit den sich widersprechenden Attributen der Mütterlichkeit wie der Jungfräulichkeit belegt; manche Inschriften weisen sie als *Virgo Caelestis*, als «himmlische Jungfrau» aus.

Äußerungen bei den Christen Augustinus und Salvian haben früher zur Vermutung Anlaß gegeben, in der Umgebung der karthagischen Dea Caelestis noch im 4./5. Jahrhundert n. Chr. eine Tempelprostitution anzunehmen; sicher aber weiß man sie nur von der *Venus von Sicca* (Kef in Algerien), wo laut Valerius Maximus Mädchen vor ihrer Verheiratung ihre Unschuld offerierten. Der Brauch, sich durch Prostitution die Aussteuer zu verdienen, hielt sich in dieser Gegend bis ins 20. Jahrhundert.

In Rom selbst lag seit dem 2. Jahrhundert n. Chr. das Interesse an der Venus in ihrer ursprünglichen Gestalt völlig darnieder. In der Figur der *Venus Genetrix* wurde sie kaum noch als Göttin, sondern quasi als das kaiserliche Rom selbst verstanden. Als solche war sie zur Mutter nicht nur der Römer im engeren Sinn, sondern aller Neugeborenen im Reich geworden. Dieser beträchtliche Ansehenswandel schlug sich in den Münzen der Zeit nieder, auf welchen sich die *Venus Genetrix* als Frau mit einem Wickelkind im Arm dargestellt findet.

Konkurrentin Isis

Eine absolute Neuerung stellte die göttliche Mutter-Kind-Komposition im Mittelmeerraum nicht dar, und man muß annehmen, daß die ägyptische Göttin Isis Modell stand. Ihr Kult verbreitete sich – vergleichbar dem der «Syrischen Aphrodite», der *Dea Syria* – ab dem 3. Jahrhundert v. Chr. in der griechisch-römischen Welt und folgte dabei den durch die Handelsbeziehungen vorgegebenen Wegen bzw. den Ägyptern, die in der Fremde ansässig geworden waren und auf ihren Isis-Dienst nicht verzichten wollten. Vor allem ab dem 2./1. Jahrhundert v. Chr. entstanden zu ihren Ehren an allen bedeutenden Plätzen eigene Tempel. Wenngleich Herodot in ihr die Göttin *Demeter* wiederzuentdecken glaubte, ließ der sexuelle Teilaspekt der ihr zugedachten Wirkungskräfte auch die Gleichsetzung mit Aphrodite zu. Nackte, am Vorbild der Aphrodite orientierte Isis-Statuen und die an Isis-Heiligtümern von Frauen mit der Bitte um Fruchtbarkeit als Votivgaben abgelegten *Phalloi* sprechen eine eindeutige Sprache. Der römische Dichter Juvenal sah in Isis eine «Puffmutter», der streitbare Bischof von Salamis, Epiphanios, eine Hure. Ferner barg die Gleichartigkeit in der bildlichen Darstellung die Möglichkeit, Aphrodite in Isis wiederzuerkennen: So wie Aphrodite sehr häufig mit dem kleinen Eros abgebildet wurde, so zeigen zahlreiche Kultbilder eine auf einem Thron sitzende Isis, die den kleinen Horus auf ihrem Schoß stillt. Und wie die Liebesgöttin den Griechen als «Himmlische» geläufig war, so verehrten die Ägypter ihre Isis als «Himmelskönigin».

Die Römer brachten dem Isis-Kult zunächst erheblichen Widerstand entgegen. Er erinnert an die Unterdrückung der Bacchus-Mysterien 186 v. Chr. Wie in diesem Fall fühlten sich insbesondere Frauen der Oberschicht zum Isis-Kult hingezogen, der ebenfalls in Mysterien gefeiert wurde und die Bildung einer Glaubensgemeinde mit Initiationsriten, geheimen Feiern, hierarchischem Priesterstand etc. bedingte. Isis bildete als Mutter, die ihren nicht leiblich, da vom toten Osiris gezeugten Sohn Horus ohne männlichen Beistand aufzog, Frauenalltag real nach und bot damit ein ideales Identifikationsmodell. Des weiteren galt sie, wie gezeigt, bis hin zur Gleichsetzung mit Aphrodite bzw. Venus durchaus als erotisch, wenngleich der Unterschied zu dieser in einem wesentlichen Punkt gravierend war, einem Punkt, den die frühchristlichen Simplifizierer in ihrer zänkischen und haßerfüllten Ablehnung alles Heidnischen geflissentlich übersahen: In Isis wurde beileibe nicht Sexualität generell vergöttlicht, sondern allein – und das ist der entscheidende Wandel! – die Sexualität zwischen Eheleuten gepriesen.

Trotzdem: Auch der Ausübung des Isis-Kultes wurde «unsittliches Treiben» unterstellt, wie sich die römische Männergesellschaft – Philo-

Die sogenannte Isis von Byblos, 1. Jahrhundert n. Chr., dokumentiert den Darstellungswandel der Göttin, die mit den Namen Astarte, Aphrodite, Venus, Isis und zuletzt als Maria verehrt wurde. Das abgebildete Beispiel zeigt den Übergang von der syrischen Astarte, die von den Griechen mit Aphrodite gleichgesetzt wurde, zur Isis: Der nackten Gestalt und den Attributen (Kugel, Apfel oder Kamm in der Rechten; Spiegel in der Linken) nach ist sie eine klassische Aphrodite. Doch der oberste Teil des aufwendigen Kopfputzes mit Kuhgehörn und Sonnenscheibe weist sie eindeutig als Isis aus.

sophen wie beispielsweise Seneca inbegriffen – grundsätzlich darin gefiel, jeglichen Emanzipationsbestrebungen von weiblicher Seite, allen Bemühungen um gesellschaftliche Aufwertung und Gleichstellung mit dem Mann, die auch die billige Forderung nach Zärtlichkeit und Sex in der Ehe beinhaltete, dieses Verdikt der «Unsittlichkeit» anzuheften, und es aufgrund dieses «Urteils» für rechtens und geboten hielt, dagegen einzuschreiten. Jedenfalls ließ der römische Senat in dem Jahrzehnt zwischen 59 und 48 v. Chr. mehrfach die Isis-Verehrungsplätze zerstören. Daß auch der «sittenstrenge» Kaiser Augustus nicht anders handeln konnte, liegt auf der Hand. Und unter Kaiser Tiberius entdeckte man dann endlich – wie vor der Unterdrückung des Bacchus-Kultes – den – gewiß erwünschten – Skandal: Eine gewisse *Paulina*, Ehefrau aus gutem Haus, ließ sich im Isis-Tempel von einem als Anubis verkleideten römischen Ritter verführen, wobei die reizvolle Pointe darin bestand, daß gemäß ägyptischem Mythos Anubis einer ehebrecherischen Beziehung des Osiris, des Gatten der Isis, entsprossen war. Die Priesterschaft des Tempels soll sich bestechen haben lassen, der Untat im wahrsten Sinn des Wortes Raum zu gewähren. Der Verführer, der den Mund nicht halten konnte, so daß die Sache ruchbar wurde, mußte in die Verbannung gehen; die Priester wurden zusammen mit einer Frau, die ebenfalls mitgewirkt hatte, gekreuzigt und Tausende von Isis-Anhängern nach Sardinien ausgewiesen.

Erst unter Kaiser Caligula wurde der Isis-Kult offiziell zugelassen, unter Kaiser Domitian beträchtlich gefördert und im 3. Jahrhundert durch Kaiser Caracalla unter die Staatskulte aufgenommen – zu spät, als daß der Isis-Kult, der bis Spanien, Germanien und Britannien Verbreitung gefunden hatte, angesichts des nahenden Christentums noch eine echte Chance hätte haben können, sich im ganzen Abendland zu stabilisieren. Doch transponiert ins Marienbild sollte der Phänotyp der Isis bis heute weiterexistieren.

Lust am Lustverzicht

Nicht weniger Unrecht geschah von frühchristlicher Seite dem Verkünder einer Lehre, die sich in der Antike großen Zuspruchs erfreute: *Epikur*. Der 341 v. Chr. auf der Insel Samos geborene Grieche, der hernach in Athen zu den Lehren Platons ein Gegenmodell entwarf und für die gesamte Dauer der Antike präsent war, galt als Verfechter der Lust an sich, als Vertreter des Hedonismus schlechthin:

«Keine Lust ist an sich ein Übel. – Ich aber rufe die Menschen zu andauernden Lustempfindungen auf und nicht zu leeren und sinnlosen Tugenden [...] – Lust ist der Ursprung und das Ziel des glücklichen Lebens.»

Gerade von den christlichen Apologeten wurde dabei das auf Selbstgenügsamkeit und Askese ausgerichtete Moment seiner Überlegungen negiert: Denn Epikurs auf den Stoikern aufbauende Lehre von der Lust, der erst in den folgenden Jahrhunderten eine verbreitete Aufmerksamkeit zuteil wurde, verordnete keineswegs die rastlose Suche nach sexueller Befriedigung. Er rief andererseits auch nicht zu ihrer unbedingten Unterdrückung auf – «nicht vergewaltigen sollen wir unsere Veranlagung, sondern überreden» –, aber er verherrlichte die Befreiung und Lossagung von ihr – «Liebesgenuß hat noch nie genutzt, man darf zufrieden sein, wenn er nicht schadet» – als den höherrangigen Lustzustand. Die distanzierte Betrachtung resultiert aus der empirischen Erkenntnis, daß Sexualität und Erotik (als Metapher für «Liebe») im Spannungsfeld gesellschaftlicher Normen für Unfrieden sorgen konnte. Dasselbe Verlangen, das den Menschen veranlaßte, sich den Regeln der Ehe zu unterwerfen, vermochte es, dieselben wieder zu sprengen. «Liebe, wenn sie in Stürmen weht: nimmer bringt sie dem Menschengeschlecht Segen und Ehre», hatte schon Euripides um 430 v. Chr. in seiner «Medea» den Chor verkünden und ihn Aphrodite bitten lassen, «Zank und Hader und böse Zwietracht» vom Menschen abzuhalten. Im «Hippolytos» hatte derselbe Autor vom «herben Liebeswahnsinn», von der «unheiligen Leidenschaft Aphrodites» gesprochen.

Diesen pessimistischen Leitfaden, den die Antike spann, sollten die christlichen Kirchenväter zum kaum mehr zu lösenden, verhängnisvollen Knoten festzurren.

V. Christliche Wende: Die Lust geht zum Teufel

Gefesselt von der Krankheit des Fleisches,
schleppte ich in todbringender Lust meine Ketten

AUGUSTINUS, CONFESSIONES VI,12,
ENDE 4. JAHRHUNDERT

Der Sieg des Christentums

Die Kirchenlehrer des 2. bis 5. Jahrhunderts legten mit ihren Schriften die bis heute tragenden Fundamente für Bibelexegese und Theologie. Ihre Biographien weisen neben zeitbedingten Übereinstimmungen auch Ähnlichkeiten auf, die in den gleichartigen Charakteren, Bildungsgängen und Lebenserfahrungen der beschriebenen Persönlichkeiten zu suchen sind. Ihre gleichgesinnte Einstellung zu Frauen ließ sie die christliche Sexualmoral für alle Zeiten festschreiben.

Die Männer, die zu Kirchenvätern avancierten, standen noch ungebrochen in antiker Tradition und formten ihren Geist an den heidnisch-philosophischen Strömungen der Zeit. Sie erhielten durchweg eine gute Ausbildung, die sie für eine Karriere im Staatsdienst prädestinierte. Sie kannten «gelebtes Heidentum» aus eigener Erfahrung oder zumindest Anschauung und waren Frauen durchaus zugetan. Erst nach ihrer Entscheidung für eine entschieden christliche Lebensweise gingen sie daran, den heidnischen Götterglauben heftigst zu kritisieren, und wandelten sich zu Keuschheitsfanatikern, die Sexualität grundsätzlich für ein Übel hielten und in jeder Frau eine Epigonin der biblischen, vom Teufel verführten Eva sahen.

Die meisten dieser frühen Kirchenväter waren Zeugen von Christenverfolgungen und hatten sich der Anfeindung ihrer Lehre zu erwehren. Dies ließ sie oft hart und unnachgiebig auftreten. Selbst im eigenen Lager gingen sie nicht eben sanft miteinander um; der heilige Hieronymus nannte den heiligen Ambrosius auch schon mal eine «häßliche Krähe» und einen «laut krächzenden Raben». Nach der linken

Backe noch die rechte hinzuhalten, war ihre Handlungsmaxime nicht. Die Höhe des angestrebten, zum Muß deklarierten Ziels, sprich die Durchsetzung des Christentums in einer feindlichen Umgebung, prägte ihr Verhalten.

Als das Christentum im 4. und 5. Jahrhundert die Oberhand gewann, gingen seine Vertreter so gnadenlos gegen die Anhänger des alten Götterglaubens vor, wie sie zuvor von diesen verfolgt worden waren. Da jedoch die Sieger die Geschichte schrieben und das christliche Europa noch heute davon überzeugt ist, das Heidentum zu Recht radikal ausgemerzt zu haben, sind die von den Christen unternommenen Heidenverfolgungen in der historischen Erinnerung völlig verblaßt und bis zur Unkenntlichkeit verharmlost.

Den «alten Römern» stellte sich die Auseinandersetzung zwischen ihrem überlieferten Polytheismus und dem «alleinseligmachenden» Christentum wahrlich anders dar, als die durchweg christlichen Handbücher bis heute suggerieren. Die heidnische Religionsauffassung hatte problemlos zahllose Gottheiten nebeneinander ertragen. Die von Philosophen vorgebrachte, mitunter vernichtende Kritik an den vermenschlichten Göttergestalten war nicht nur großmütig geduldet worden. Es hatte den Gelehrten Anerkennung eingetragen, daß sie nicht nur platt mit den allenfalls von der Volksfrömmigkeit geschätzten Göttermärchen aufgeräumt hatten, sondern zu einer metaphysischen Gottheitsvorstellung gelangt waren. Die Glaubensvorstellungen, die von Epikureern oder Stoikern, von Pythagoreern oder Neuplatonikern als unverbindlich zur Wahl gestellte Unterweisungen angeboten wurden, waren für Intellektuelle attraktive Alternativen zur simplen Auffassung von den Göttern und deren Wirkweisen. Sie boten ein anspruchsvolleres Verständnis des Göttlichen wie auch der menschlichen Psyche und verhalfen der Lebensgestaltung zu neuer Sinngebung.

Die christlichen Lehrer, die in erheblichem Umfang vom Fortschritt der heidnischen Philosophie profitierten, fanden diese Akzeptanz bei den gebildeten Schichten lange nicht. Dies lag daran, daß das Christentum mit einem aggressiven Alleinvertretungsanspruch auftrat, der neben der eigenen Lehrmeinung keine weitere zuließ und den Menschen eine Lebensführung einzig in den Grenzen christlicher Wertvorstellungen zugestand. Demgegenüber stellten der Polytheismus selbst wie die freigeistige, auf keine Allgemeingültigkeit pochende Kritik an seinen überkommenen Glaubensvorstellungen einen Hort der inneren, persönlichen Freiheit und geistigen Toleranz dar. Ein Sieg des Christentums mußte ihn unweigerlich gefährden. Die heidnischen Intellektuellen müssen früh erfaßt haben, daß der christliche Rigorismus mit seiner Lebensverachtung und Kulturfeindlichkeit eine revolutionäre Neuerung bedeutete, die nichts beim Alten belassen würde. Lebensbejahung und Daseinsfreude, naturwissenschaftliche Erkenntnislust und hochentwickelte spekulative Intellektualität standen wie der harmlose Hang zum *Laissez-faire* auf dem Spiel, sofern sich die Lehre jenes unehelich geborenen, jüdischen Aufrührers durchsetzte, der am Kreuz geendet war.

Aus einer solchen Einschätzung resultierten die Unerbittlichkeit, mit der die Antike Welt das Christentum klein zu halten versuchte, und der verzweifelte Kampf gegen den Verlust all dessen, was ihr – im profanen wie übertragenen Sinn – als heilig galt. Sie verlor den Kampf, weil sie für die Fragen des Lebens, vor allem nach dessen Sinn, nach sozialer Gerechtigkeit und nach den irritierenden Ausdrucksformen der menschlichen Psyche keine einfachen, d. h. der breiten Bevölkerung verständlich zu machenden Wahrheiten parat hatte, die mit den schlichten Gedankengebäuden und den zu Theoremen aufgeplusterten Platitüden der christlichen Lehrer hätten konkurrieren können. Die heidnischen Philosophen hockten größtenteils in den Elfenbeintürmen ihrer Akademien, mieden weitgehend das öffentliche Leben und die Politik als geistfeindlich und überließen das Feld den populistischen Verkündern einer neuen Sittlichkeit.

So durfte der Mailänder Bischof *Ambrosius*, vermutlich von intellektuellen Einwänden unbehelligt, im 4. Jahrhundert fragen: «Was aber ist die jungfräuliche Keuschheit anderes als makellose Unversehrtheit? Und wen sonst können wir uns als deren Urheber denken als den makellosen Gottessohn [...], dessen Gottheit von Befleckung unberührt blieb? So seht denn, welch großer Auszeichnungen die Jungfräulichkeit gewürdigt wurde: Christus vor der Jungfrau, Christus aus der Jungfrau [...].»

Mit Zweiflern machte er kurzen Prozeß. Er gab ihnen zu überlegen, daß Jungfräulichkeit sogar «bei den Geiern wahrgenommen werden kann», indem diese «keinem Geschlechtsverkehr huldigen. Ihre Empfängnis soll ohne Begattung, ihre Zeugung ohne Männchen vor sich gehen [...]. Was sagen dazu die Spötter, die so gern unsere Geheimnisse verlachen, wenn sie hören, daß eine Jungfrau geboren hat, und die die Geburt durch eine Unvermählte, deren Scham durch keines Mannes Beischlaf verletzt wurde, für unmöglich halten? Für unmöglich will man bei der Gottesmutter halten, was man bei Geiern nicht in Abrede stellt? Ein Vogel gebiert ohne Männchen, und niemand widerspricht dem; doch bei Maria, die als Verlobte geboren hat, stellt man ihre Keuschheit in Frage.»

Die heidnischen Philosophen an den Akademien in Alexandria oder Athen ließen sich auf eine solche Argumentation nicht ein. Sie hatten inzwischen selbst positive Vorstellungen über Askese und sexuelle Enthaltsamkeit entwickelt und von diesen auch ehe- sowie frauenfeindliche Schlüsse zu einer Lebensführung abgeleitet, die auf eine philosophische, rein geistige Betätigung ausgerichtet sein sollte. Sie waren dabei mit einer intellektuellen Tiefe und brillanten Logik zu Werke gegangen, die ihnen eine Auseinandersetzung auf dem Niveau des zitierten Ambrosius verbot.

Die Last mit der Lust

Ähnlich simpel, wie Ambrosius die Jungfräulichkeit der Jesus-Mutter begründete, räumten die Kirchenväter mit den alten Göttern auf, für deren Mythen sie nur Hohn und Spott übrig hatten. Sie negierten dabei bewußt, daß das kritisierte Götterverständnis längst nicht mehr dem intellektuellen Stand der Zeit entsprach, und übersahen geflissentlich, daß heidnische Philosophen wie z. B. Plotin einen Monotheismus propagierten, der mit irgendwelchen Anekdötchen aus dem Olymp nichts mehr gemein hatte. Insofern trieben die Kirchenväter, bildlich gesprochen, einen Hund durch die Gassen, der gerade an Altersschwäche einging. Noch einmal mußten die Affären der Venus herhalten, um die heidnische Religion ins Lächerliche ziehen zu können, noch einmal wurde Zeus als omnipotenter Lüstling vorgestellt, um die herrschende Sexualmoral zu brandmarken. Der alexandrinische Bischof *Athanasios* zog um die Mitte des 4. Jahrhunderts den Schluß: «Wenn man den Ehebruch des Ares mit der Aphrodite sieht [...], muß man da nicht spotten und deren Verkommenheit verdammen?» Er war davon überzeugt, daß sich die Nichtchristen bei ihrem Hang zu Knabenschändung, Ehebruch und Unzucht vom Vorbild eines Zeus oder einer Aphrodite leiten ließen.

Der nordafrikanische Kirchenvater *Tertullian* hatte um die Wende vom 2. zum 3. Jahrhundert entrüstet darauf verwiesen, «daß in den Tempeln Ehebrüche verabredet, zwischen den Altären Kuppeleien verhandelt, ja unter den Zelten der Tempelhüter und Priester selbst [...] bei brennendem Weihrauch die Wollust befriedigt wird». Wohl wahr – doch genauso geschah es wenig später in den christlichen Klöstern auch.

Kaum eine Frage bewegte die Kirchenväter so sehr wie die nach der christgemäßen Sexualität. Immer wieder stellten sie als typischste menschliche Schwäche «die unersättliche Begierde des Fleisches» (Tertullian) fest, das «sich in keiner Weise dem Gesetz Gottes unterwerfen kann» (Origenes), und daß Jungfräulichkeit «über die Kraft des Menschen geht» (Hieronymus), weshalb Gott sie nicht zum Gebot erhoben habe; denn ein solches hätte bedeutet, dem Menschen «einen widernatürlichen Zwang aufzuerlegen» (Hieronymus). Und: «Daß wir nicht in Versuchung geraten, das ist unmöglich» (Origenes).

Die Zitate belegen, daß ihre Urheber wußten, wovon sie schrieben. Das Dilemma zwischen der Forderung nach Keuschheit einerseits und der Stärke des Sexualtriebs andererseits hatten sie am eigenen Leib erlebt. Aus dieser Selbsterfahrung bezogen sie ihre Erkenntnisse über die Schwierigkeit, die angeborene Sexualität zum Erliegen zu bringen oder wenigstens steuern zu wollen. Da zudem für den christlichen Mann eine geschlechtliche Beziehung nur mit einer Frau als zulässig galt, wurde letztere schließlich selbst ins Zentrum aller Betrachtungen über Sexualität gestellt und ihre Rolle bei der Wechselwirkung zwischen beiden Geschlechtern einer strengen Beurteilung unterzogen.

Aus *Tertullians* Schriften spricht seine panische Angst, daß sich seine Frau nach seinem Tod noch einmal verheiraten könnte. Er wurde zum glühenden Verfechter der Einehe und darüber hinaus einer keuschen Witwenschaft. Er geißelte die Wiederverheiratung von Witwen als gottlose Hurerei, den Wunsch nach Kindern als im Grunde unchristlich und hätte die Ehe am liebsten überhaupt verboten. *Hieronymus*, der zeitlebens unter einer wohl mit einem Priester verübten «sittlichen Verfehlung» seiner Schwester litt, suchte geradezu die Gesellschaft vornehmer römischer Damen, um sie vom Wert der Keuschheit zu überzeugen. Um seine Witwenkontakte über jeden Verdacht zu erheben, war es ihm ein besonderes Anliegen zu betonen, daß eine Frau nach dem Ausbleiben der Monatsblutung nicht mehr als Frau anzusehen sei; denn «sie schmachtet nicht mehr nach dem Mann». *Origenes* dagegen wußte den Kampf gegen die eigene Triebhaftigkeit nicht anders zu bestehen, als sich, noch keine zwanzig Jahre alt, zu entmannen. Dies trug ihm heftige Vorwürfe ein: Sich den «Versuchungen» auszusetzen und trotzdem standhaft zu bleiben, darin bestehe die wahre Christenprüfung. Er sah dies später ebenso: «Deshalb wollen wir um die Erlösung von der Versuchung nicht in dem Sinn beten, daß wir nicht versucht würden [...], sondern in dem Sinn, daß wir der Versuchung nicht erliegen.» Hieronymus traf auf ähnliche Vorbehalte, nachdem er bekannt hatte, «Verlockungen» auszuweichen. Hinter die Mauern eines Bethlehemer Klosters zurückgezogen, räumte er freimütig seine «Schwachheit» ein und erklärte: «Ich will nicht kämpfen in der Hoffnung auf Sieg, um am Ende um den Sieg zu kommen. Fliehe ich, dann gehe ich dem Schwert aus dem Wege. [...] Man hat keine Sicherheit, wenn man in der Nähe einer Schlange schläft. Es ist möglich, daß sie mich nicht beißt, es ist jedoch möglich, daß sie mich einmal beißt.»

Im christlichen Sinne vorbildhaft verlief dagegen der Sinneswandel des *Augustinus*, den er selbst in seinen *Confessiones* (= «Bekenntnisse») schilderte. Er scheint seine Sexualität ab dem Eintritt in die Pubertät ausgelebt zu haben, d. h. ab «jenem sechzehnten Jahre meines Lebens, als die Wollust Gewalt über mich erhielt und ich mich völlig der Sinnenlust auslieferte». Als Siebzehnjähriger tat er sich während seines Studiums in Karthago mit einer Frau zusammen, ohne sie zu ehelichen: «So stürzte ich in ein Liebesverhältnis hinein, in dessen Fesseln ich verstrickt zu werden wünschte. [...] Ich wurde geliebt, gelangte zu sündhaftem Genuß [...].» Sie gebar im Jahr darauf den gemeinsamen Sohn Adeodatus (= «von Gott gegeben») und begleitete Augustinus zehn Jahre später zu seinen Lehrtätigkeiten in Rom und Mailand, wo er weiter «in der Krankheit des Fleisches» verharrte. Er verspürte «Lust am Schmerz, freilich nicht an solchem, der imstande war, mich tiefer zu verwunden; ich liebte es mehr, solche Schmerzen anzusehen als sie zu erdulden.» Seine Eheabsichten, welche die aus Nordafrika nachgekommene Mutter Monica durch eine standesgemäße Verbindung zu realisieren trachtete, waren «hauptsächlich und heftig» von dem Wunsch diktiert, «die unersättliche Begierde zu sättigen». Da die Ehe mit einem Mädchen vereinbart wurde, das erst nach zwei Jahren in das heiratsfähige Alter kommen sollte, und seine vermutlich nicht standesgemäße Lebensgefährtin wegen seiner Hochzeitspläne nach Karthago zurückkehrte, nahm er sich – dreißig Jahre alt und an regelmäßigen Sex gewöhnt – eine neue ins Haus. Seinen Freund Alypius, der ihm beständig aus «Liebe zur Weisheit» von der Ehe abriet, fand er «so keusch, daß es zum Verwundern war». Die Hochzeit fand in der Tat nicht mehr statt. Nach einem erneut heftigen «Kampf zwischen Geist und Fleisch» und einem Bekehrungserlebnis ließ er sich in der Osternacht des Jahres 387 taufen. Er nahm vom bisherigen Leben und von Italien Abschied, bezog im nordafrikanischen Thagaste ein Kloster und wurde acht Jahre später Bischof von Hippo Regius (= Bône in Algerien), wo er im Jahr 430 während der Belagerung der Stadt durch die Vandalen hochbetagt verstarb.

Augustinus vermochte nachvollziehbar aus Erfahrung zu schöpfen, wenn er seinen Lesern die Last mit der Lust zu erläutern versuchte. Wie seine Kollegen ging er vom Bibelwort aus und erkannte in Eva, die sich vom Teufel in Versuchung führen ließ, und in dem danach mit Adam vollzogenen Geschlechtsakt – ein Vorgang, der seitdem die Christenheit als «Erbsünde» belastet – den Ursprung allen Übels. Augustinus meinte: Adam und Eva hätten sich bis zu jener teuflischen Versuchung ihrer Nacktheit nicht geschämt, sollte heißen: sie hätten gegenseitig keine erotische Anziehungskraft wahrgenommen und somit keine «sündhaften» Vorstellungen gehegt; wäre der Fehltritt Evas und demzufolge die Vertreibung aus dem Paradies nicht geschehen, wären sie in der Lage gewesen, dem biblischen Gebot des «Mehret euch!» ohne sündige Gedanken nachzukommen und zu einer lustlos-sittsamen Zeugung zu schreiten. Erst durch die «Erbsünde» und die Vertreibung aus dem Paradies sei die «Wollust» – gemeint war immer die des Mannes –

als *conditio sine qua non* für Geschlechtsverkehr und Fortpflanzung hinzugekommen.

Augustinus war zu diesem Schluß einer «paradiesischen Lustlosigkeit» gelangt, nachdem ihn in erheblichem Maß irritiert hatte, daß der Vollzug des Beischlafs zwingend eine erotische Erregung voraussetzte. Ohne «sündige Begierde» oder, anders ausgedrückt, allein mit dem sachlichen Willen zur Kindeszeugung war die erforderliche Erektion nicht herbeizuführen. Da Augustinus andererseits von einer grundsätzlichen Steuerbarkeit der Emotionen überzeugt war, hatte sich durch die Feststellung, daß mit reiner Vernunft das Glied zur Zeugung nicht zu bewegen war, ein empfindlicher Widerspruch aufgetan. Um diesen aufzuheben, hatte er sich folgender Überlegung bedient: Er verglich Sexualität mit anderen Emotionen, z. B. mit dem Zorn, und stellte die emotional bewegten Körperglieder gegenüber, konkret gesprochen das Zeugungsglied und die vom Zorn bewegte, zuschlagende Hand. Aus dieser vergleichenden Gegenüberstellung leitete er ab, daß im Gegensatz zum Zeugungsglied, das dem Willen nicht gehorcht und nur der Emotion folgt, die Hand oder die Zunge zwar ebenfalls unüberlegt, doch andererseits auch völlig willentlich und von Vernunft diktiert bewegt werden können. Deshalb, so Augustinus weiter, schäme sich der Mensch beim Vollzug des Geschlechtsverkehrs. In der – für heutige Leser ein wenig umständlichen – Diktion des Kirchenvaters lautet der zentrale Passus im Zusammenhang, bis hin zu dem Schluß, daß der Mensch, sofern ihm die Vertreibung aus dem Paradies erspart geblieben wäre, die Zeugung völlig emotionslos hätte vollziehen können:

«Die Wollust hat die Geschlechtsteile dermaßen mit Beschlag belegt, daß sie nicht bewegt werden können, wenn jene fehlt und nicht – sei es von selbst, sei es irgendwie angereizt – in Erregung versetzt ist. Das ist es, dessen man sich schämt und weswegen man errötend den Blicken anderer ausweicht; und leichter erträgt jemand eine Zuschauermenge, wenn er gegen einen Mitmenschen ungerechten Zorn ausläßt, als einen einzigen Zuschauer, wenn er von seinem Gattenrecht Gebrauch macht.

Die Fleischeslust [...] wird darum als so beschämend empfunden, weil hier der Geist weder sich selbst so wirksam Befehl erteilt, daß sie sich überhaupt nicht regt, noch auch dem ganzen Leibe, so daß auch die Schamglieder mehr vom Willen als der Lust beherrscht werden; denn wäre das der Fall, brauchte man sich ihrer nicht zu schämen. Nun aber muß der Geist sich schämen, daß ihm der Körper Widerstand leistet, der ihm doch wegen seiner niederen Natur unterworfen ist. [...] Diesen Zwiespalt, diesen Widerstand, diesen Streit des Willens und der Begierde und günstigenfalls dies Zurückweichen der Begierde vor dem stärkeren Willen hätte die paradiesische Ehe ohne Frage nicht gekannt [...], alle Glieder wären dann ohne Ausnahme dem Willen gefügig gewesen. Das zu diesem Werk geschaffene Glied würde das Zeugungsfeld ebenso besät haben wie die Hand des Sämanns den Acker [...].

Es würde also der Mann Nachkommenschaft erzeugt und das Weib sie empfangen und sich dazu der Zeugungsglieder bedient haben, die, wann und soweit nötig, durch den Willen bewegt, nicht durch Lust erregt worden wären. Denn nicht nur solche Körperteile bewegen wir nach Belieben, die durch feste Knochen gegliedert sind, wie Hände, Füße und Finger, sondern auch die, welche nur mit weichen Sehnen ausgestattet und schlaff sind. Wir bewegen sie, so oft wir wollen, hin und her, dehnen sie aus, drehen und wenden sie und versteifen sie durch Zusammenziehung, zum Beispiel Teile unseres Gesichts und Mundes, die der Wille mehr oder weniger zu bewegen vermag. [...] So konnte auch der Mensch sich [im Paradies] des Gehorsams der niederen Glieder [= Geschlechtsteile] erfreuen, der ihm dann freilich durch eigenen Ungehorsam verlorenging. Denn für Gott war es nicht schwer, ihn so zu schaffen, daß auch jener Körperteil, der jetzt nur noch durch Begierde erregt wird, bloß durch den Willen bewegt wurde.

Besitzt doch auch, wie wir wissen, die Natur mancher Menschen von der Regel weit abweichende Eigenschaften, die wir wegen ihrer Seltsamkeit anstaunen. Denn sie können mit ihren Gliedern allerlei verrichten, was anderen ganz unmöglich ist [...]. So können einige ihre Ohren bewegen, entweder nur eins oder beide zugleich. Andere gibt es, die die ganze Kopfhaut, so weit die Haare reichen, zur Stirne vorschieben und wieder zurückziehen, so oft sie wollen, ohne den Kopf zu bewegen. [...] Auch solche gibt es, die nach unten hin ohne üblen Geruch, wie es ihnen beliebt, so zahlreiche Töne hervorbringen, daß man meint, sie könnten auch mit diesem Körperteil singen. [...] Wenn also auch jetzt noch manchen Leuten [...] der Leib in allerlei Bewegungen und Regungen, dem gewohnten Lauf der Natur zuwider, wunderbar zu Diensten steht, warum sollten wir dann nicht glauben, daß vor der Sünde des Ungehorsams und der deswegen verhängten Strafe die menschlichen Glieder ohne Wollustgefühl dem menschlichen Willen hätten dienstbar sein können? So ward denn der Mensch sich selbst überlassen, da er Gott verließ und an sich selbst Gefallen hatte, und, ungehorsam geworden gegen Gott, vermochte er nun auch sich selbst nicht mehr zu gehorchen» (Augustinus, De civitate Dei XIV, 19; 23; 24).

Augustinus, der sich gegenüber der menschlichen Not mit der Sexualität sehr verständnisvoll zeigte, ist sicher zugute zu halten, daß er mit solchen Ausführungen die Schuldgefühle manches Mitmenschen graduell minderte und die Pein, die mancher Christ beim Geschlechtsverkehr verspürte, linderte. Andererseits rief er den Zusammenhang zwischen dem Verlust des Paradieses und – ab diesem Zeitpunkt – der Sündhaftigkeit jeder geschlechtlichen Verbindung in Erinnerung, damit aber auch die Verführbarkeit Evas durch den Teufel wie die des Mannes durch die Frau. Von dieser Überlegung ausgehend war es nur ein kleiner Schritt, Sexualität und Frau(en) generell zu «verteufeln».

Von der teuflischen Eva zum asexuellen Wesen

Die Deutung des biblischen Schlange/Eva/Adam-Mythos erbringt als grundlegendes Element den natürlichen Zusammenhang von Zeugung bzw. Geburt und Tod, eine Erkenntnis, die bereits Jahrhunderte vor Christus Buddha zu der lapidaren Feststellung «Die Geburt ist die Ursache des Todes» veranlaßt hatte. Gemäß der biblischen Legende folgte auf die Entdeckung der Lust, daß der Mensch sterblich wurde, und auf die lustvolle Zeugung, daß die Frauen unter Schmerzen gebären sollten. Das war die Erblast, die «Erbsünde», die der patriarchalisch-jüdische Gott den Menschen aufbürdete: Sexualität als schuldhaftes, sündhaftes Vergehen.

Nach Kirchenväterlogik ließ sich die Schuld an der Gestalt der Eva festmachen, «die dem Teufel Eingang verschafft» und Adam «betört hat, dem» – wie Tertullian meinte – «der Teufel nicht zu nahen vermochte». Seitdem müßten alle Frauen dieser Welt unter Schmerzen gebären, so wie es Gott als Strafe für ihre Nachgiebigkeit gegenüber dem Teufel und ihre Verführung Adams verhängt habe. Die Tatsache aber, daß sich an dem schmerzlichen Geburtsvorgang nichts geändert habe, lehre jede Frau ihre Eva-Natur. Und da aufgrund ihres Verhaltens nicht nur die Vertreibung aus dem Paradies und der Verlust einer «unschuldigen» Sexualität erfolgt sei, sondern darüber hinaus der Mensch mit (im Paradies nicht gekannter) Sterblichkeit behaftet worden sei, habe schließlich aufgrund dieses weiblichen Fehlverhaltens sogar der menschgewordene Gottessohn Jesus den Tod erleiden müssen.

Nun kannten bereits die antiken Mysterien des Dionysos-/Bacchus- oder Isis-Kults die Verbindung von Sexualität bzw. Geburt und Tod, von Phallusverehrung und Jenseitserwartung. Doch die Stigmatisierung, die dadurch die Frau als solche erfuhr, war eine Eigentümlichkeit der patriarchalisch-jüdischen Religion und deren christlichen Fortführung. Der Jude Philo hatte sie noch vorchristlich an den Tag gelegt, als er in Evas Unfähigkeit, ihre sexuelle Begierde zu unterdrücken, die menschliche Gebotsübertretung schlechthin witterte. Die Kirchenväter trieben sie auf die Spitze, allerdings nicht ohne den Frauen einen Ausweg aus ihrem Dilemma aufzuzeigen. Er bestand einzig darin, daß sie ihr Geschlecht – im wahrsten Sinn des Wortes – negierten, d. h. jungfräulich oder zumindest, nach dem altersbedingten Verlust der Gebärfähigkeit bzw. erlangter Witwenschaft, sexuell enthaltsam lebten. Den ersten Fall stellte sich Tertullian so vor, daß sie «nach der Taufe sofort ihr Fleisch versiegeln», den zweiten, daß sie, was sie «in der Ehe nicht vermochten, in der Witwenschaft erreichen» und nicht mehr «der Begehrlichkeit des Fleisches folgen». Äußeres Ziel war es, dem Verdikt Gottes vom «Gebären unter Schmerzen» zu entgehen und sich damit einer Gleichsetzung mit Eva zu entziehen. Insofern entsagte die Jungfrau dem Geschlechtsverkehr, der sie zur Eva und Mutter gemacht hätte, von Geburt an und die auf die Monogamie verpflichtete Witwe ab dem Tod ihres Mannes. Auch die Frau nach der Menopause unterlag nach Auffassung der Kirchenväter nicht mehr der göttlichen Strafsentenz und hatte Evas Los hinter sich gelassen. «Sie, die nichts mehr zu tun hat mit den Beschwerden und Schmerzen der Geburt, die nach dem Ausbleiben der Menstruation aufgehört hat, eine Frau zu sein, wird frei vom göttlichen Fluch», meinte Hieronymus.

Göttliche Jungfräulichkeit

Die unter Bezug auf Genesis 3,16 an Frauen gerichtete Aufforderung zu sexueller Enthaltsamkeit wurde zum Grundpfeiler praktizierter Askese. Sie diente der Vermeidung von Mutterschaft, der Aufhebung der Weiblichkeit, der Ablösung von Schuld, der «Wiedergutmachung». Sie verlangte die «Abtötung des Fleisches», die Geringschätzung alles Körperlichen – wie sie übrigens schon im Platonismus ausgebildet war – und eine bewußte, bisweilen extrem geübte Vernachlässigung des Äußeren, die jegliche erotische Ausstrahlung von vornherein verhindern sollte.

Von den aus der Antike bekannten, religiös motivierten, institutionalisierten wie persönlich gewählten Formen des Sex-Verzichts grenzten die Kirchenväter die christliche Jungfräulichkeit entschieden ab. Ihrer Meinung nach leisteten jene enthaltsamen Frauen wie etwa die römischen Vestalinnnen den Verzicht gegen Geld und andere Vergünstigungen, vor allem aber im Dienst einer heidnischen Gottheit. Da jedoch Götzendienst als Teufelsdienst galt und, wie in der Bibel nachzulesen (vgl. Sap. 14,12), die Erfindung der Götzen der Anfang der Unzucht war, brachten diese Frauen das Opfer ihrer Jungfräulichkeit dem Satan dar.

Christliche Jungfräulichkeit dagegen stand in der Nachahmung Gottes selbst, d. h. der «jungfräulichen Reinheit» Christi (Ambrosius), sowie der Gottesmutter Maria; sie wies den sicheren Weg zu gottgefälliger Heiligkeit, die wiederum den Eintritt ins Paradies garantierte, in dem man sich jede Differenzierung nach Geschlechtern aufgehoben dachte. Solchermaßen erhöht, wurde sexuelle Enthaltsamkeit als gottgemäß empfunden, Asexualität zum eigentlich paradiesischen Zustand erklärt.

Die Sorge, daß die Menschheit infolge konsequent gelebter sexueller Enthaltsamkeit bzw. Heiligkeit aussterben würde, belastete die Kirchenväter nicht. Mit Verweis auf die Bibel mahnten sie, sich nicht um die Zukunft zu kümmern, um irdische Güter und Erben. Wie könne sich ein Christ, für den es kein Morgen gebe und der sich als Knecht Gottes selbst enterbt habe, Leibeserben wünschen, entrüstete sich Tertullian. Ambrosius zitierte Lukas 23,29: «Es werden aber Tage kommen, da sie ausrufen: Selig die Unfruchtbaren und die Leiber, die nicht geboren haben!» Und Hieronymus problematisierte gar die drohende Überbevölkerung: «Schon ist die Welt voll, die Erde faßt uns nicht mehr. Täglich mähen uns Kriege hinweg, Krankheiten raffen uns dahin, Schiffbrüche fordern ihre Opfer: und da streiten wir uns noch herum über Enthaltsamkeit?»

Sofern sich die frühchristlichen Unterweiser allerdings nicht ganz den Blick auf die Realität verstellt hatten, konnte ernsthaft keine Angst aufkommen, daß sich die ganze Menschheit, ja nicht einmal die ganze Christenheit eines Tages dem Triebverzicht verschreiben würde. Sie dürften sich trotz ihrer fest vorgetragenen, gegenteiligen Forderung eher sicher gewesen sein, daß nur wenige zu diesem *non plus ultra* der absoluten Keuschheit und damit des heiligmäßigen Lebenswandels berufen waren. Mit der Institutionalisierung der christlichen Ehe schufen sie den Mittelweg, der es auch «Sexisten» gestattete, sich als Christen fühlen zu dürfen.

Wenn's denn sein muß: Sex in der Ehe

Wem die Fähigkeit zu sexueller Enthaltsamkeit nicht gegeben war, der mußte heiraten. Allein in der Ehe war nach Kirchenväterlehre Sex gestattet. Einzig zur Abfuhr des Triebstaus ließen sie die Einrichtung der Ehe überhaupt gelten. Mehr noch: In erstaunlicher Übereinstimmung mit modernsten Untersuchungen, die Liebesbeziehungen und Ehen zu rein biologischen Phänomenen reduzieren und damit deren zeitliche Begrenztheit begründen, sagten die Kirchenväter allen Ehewilligen auf den Kopf zu, daß der Sex das *agens movens* ihrer angestrebten Beziehung sei. Paaren, die bereits verheiratet waren, und Witwen riet Hieronymus daher dringend vom Geschlechtsverkehr ab, sofern sie gute Christen sein wollten. Denn das Verlangen nach Nachkommenschaft, das natürliche Bedürfnis nach Sexualität gerade jüngerer Menschen oder gegenseitige Versorgungssicherheit für Ehepartner ließen die Kirchenväter als ehebegründende Argumente nicht gelten und erklärten sie zu Vorwänden. Daß gar Faktoren wie emotionale Geborgenheit und gegenseitige Wertschätzung zweigeschlechtliche Paarbeziehungen auslösen und tragen können sollten, war den gelehrten christlichen Vordenkern fremd. Daß der Gefühlshaushalt auch «Liebe» beinhalten könnte, wurde von ihnen nicht einmal thematisiert. Wo einmal, was selten genug geschah, unter Berufung auf die entsprechenden Sätze aus dem Paulus-Brief an die Epheser (5,22–28) tatsächlich von «lieben» – im lateinischen Text bezeichnenderweise *diligere* = «schätzen» und nicht *amare*) die Rede ist, dienten die Ausführungen einzig dem Zweck, die Hegemonie des Mannes über die Frau zu untermauern.

In den Lehrgebäuden der Kirchenväter rangierte die Lebensform Ehe also, gemessen an ihrem sittlichen Wert, klar hinter dem sexlosen Single-Dasein. Zwar verwarfen sie die eheliche Verbindung von Mann und Frau nicht *expressis verbis*, jedoch ließen sie keine Gelegenheit aus, den Ehealltag in den ernüchterndsten Farben zu schildern. Ambrosius etwa hatte mit einer seiner Werbepredigten für ein jungfräuliches Leben einen derartigen Erfolg, daß sich die Mailänder Patrizierinnen veranlaßt sahen, ihre Töchter zu Hause einzusperren. Den Frauen wurden die mit Geburten verbundenen Gefahren und Schmerzen drastisch vor Augen geführt; sie wurden daran erinnert, daß Kindersegen keineswegs nur Glück, sondern auch Belastung und Sorge bedeute, daß sie ihre Zeit mit Gedanken um Kleidung und Schmuck vergeudeten, um sich für ihre Männer herauszuputzen, und überhaupt den ganzen Haushalt zu besorgen hätten. Die Männer aber sollten begreifen, «daß kein weiser Mann aus freien Stücken nach Kindern verlangt» (Tertullian), und sie wurden gewarnt, daß das Eheleben jegliche geistige Betätigung beende. Wahre Religiosität habe in der Ehe, wo permanent «das Fleisch gegen den Geist und der Geist gegen das Fleisch gelüste» (vgl. Gal 5,17), keinen Platz. «Betrachten wir nur unser eigenes Inneres», behauptete Tertullian von sich, «wie ganz anders sich der Mensch fühlt, wenn er zufällig von seiner Frau getrennt ist: Er denkt geistlich!» Und: «Entsagen wir den fleischlichen Dingen, um endlich einmal geistige Früchte zu bringen!» Hieronymus ergänzte: «Weil derjenige, der ohne Gattin ist, an das denkt, was Gottes ist und wie er Gott gefalle.» Und er argwöhnte: «Solange die eheliche Pflicht geleistet wird, leidet die Beharrlichkeit im Gebet.»

Die Ansicht über die Ehe gipfelte in der These, daß allein der gesetzliche Rahmen, der Eheleuten Geschlechtsverkehr gestatte, den Unterschied zur «Hurerei» ausmache. Als Hort der – wenn auch legalisierten – Unzucht galt die Ehe allemal, da sie «auf demselben Akt wie die Hurerei» basiere. Bei Tertullian hieß dies:

«Wie es scheint, begründen nur die Gesetze die Verschiedenheit zwischen Ehe und Hurerei, und zwar wegen des Unterschieds im Unerlaubten, nicht wegen der Beschaffenheit der Sache an sich. Was führt Mann und Frau zum Vollzug der Ehe wie zur Hurerei? Nur die fleischliche Vereinigung! Nach ihr zu verlangen, hat der Herr als Hurerei erachtet. [...] Darum ist es für den Menschen das beste, keine Frau zu berühren, und darum ist die Heiligkeit der Jungfrau die vorzüglichste, weil sie jeder Verwandtschaft mit der Hurerei fernsteht.»

Augustinus, der vor seiner Wende zum Christentum mehr im Leben stand und für solcherlei Nöte ein größeres Verständnis entwickelt hatte, gab sich der Ehe gegenüber konziliánter: Besser Sex in der Ehe als außerhalb, doch statthaft einzig zur Kinderzeugung. Seine Ehebestimmungen – Nachwuchs; Treue; Unauflöslichkeit (auch bei Scheidung wegen Ehebruchs) – blieben für die katholische Kirche bis heute gültig. Doch bezeichnenderweise ließ er auf seine Schrift über «Das Gut der Ehe», in der er bewußt um einen Mittelweg zwischen der die Ehe bevorzugenden Position eines Jovinian und der ehekritischen Haltung eines Hieronymus gerungen hatte, auch selbst nochmals im selben Jahr 401 eine Arbeit über die «Heilige Jungfräulichkeit» folgen, die dem Eindruck entgegenwirken sollte, daß er die Ehefrau mit einer Jungfrau auf eine Stufe gehoben hätte. Ihm galt «die Enthaltsamkeit von jeglichem Geschlechtsverkehr gewiß höher zu bewerten als selbst der eheliche, der Zeugung dienende Liebesakt».

Lustfeind Paulus

In den Evangelien war – abgesehen von der Ausführung Jesu zum mosaischen Scheidungsrecht und seiner vagen Empfehlung zum Eheverzicht («Wer es fassen kann, der fasse es»; vgl. Mt 19,3–12) – um Sexualität kein Aufhebens gemacht worden. Dies wurde von der prüden Fraktion der jungen Christenheit immer als Manko empfunden.

Daher beriefen sich die Kirchenväter zur Begründung ihrer Forderung nach einem totalen oder zumindest weitestgehenden Verzicht auf

Sex auf Paulus als Autorität. An seiner sexualfeindlichen Haltung gab es nichts zu deuteln. Um seine folgenden, hier zum Thema Ehe und Sex zusammengestellten Sätze aus den Briefen an die Korinther, Galater, Römer und Kolosser sowie an Timotheus drehten sich sämtliche Diskussionen pro und contra Ehe, d. h. – in der verengten Sichtweise der Kirchenväter wie wohl schon Paulus' selbst – pro und contra Sex:

«Es ist für den Menschen [!] gut, keine Frau zu berühren [1 Kor 7,1] – Wenn sie sich aber nicht enthalten können, so laßt sie heiraten; es ist besser zu heiraten als an der Lust zu leiden [1 Kor 7,9] – Aber wegen der Hurerei habe ein jeder seine Frau und eine jede habe ihren eigenen Mann [1 Kor 7,2] – Entziehe sich nicht eins dem andern, es sei denn eine Zeitlang mit beider Zustimmung, damit ihr zum Fasten und Beten Muße habt; und kommt wieder zusammen, auf daß euch der Satan nicht versuche um eurer Unkeuschheit willen [1 Kor 7,5] – Bist du an eine Frau gebunden, dann trachte nicht danach, von ihr wegzukommen; hast du die Frau los, dann bemühe dich um keine mehr [1 Kor 7,27] – Falls du jedoch heiratest, begehst du keine Sünde; auch wenn eine Jungfrau heiratet, sündigt sie nicht. Doch werden solche leibliche Not erfahren, weshalb ich euch gerne verschonen würde [1 Kor 7,28] – Wer [eine Jungfrau] verheiratet, tut wohl; wer sie aber nicht verheiratet, der tut besser [1 Kor 7,38] – Die Zeit ist kurz, weswegen ich der Meinung bin: Die da Frauen haben, sollen sich verhalten, als hätten sie keine [1 Kor 7,29] – Ich wollte aber lieber, alle Menschen wären wie ich; doch ein jeder hat seine eigene Gabe von Gott, einer so, der andere so [1 Kor 7,7] – Ich sage allerdings den Ledigen und Witwen: Es ist gut für sie, wenn sie auch bleiben wie ich [1 Kor 7,8] – Eine Frau ist gebunden durch das Gesetz, solange ihr Mann lebt; wenn ihr Mann aber gestorben ist, ist sie frei und kann heiraten, wen sie will [1 Kor 7,39] – Das ist aber eine rechte Witwe, die einsam ist [1 Tim 5,5] – Welche aber in Wollüsten lebt, ist lebendig tot [1 Tim 5,6] – So will ich nun, daß die jungen Witwen heiraten, Kinder zeugen [1 Tim 5,14] – Aber fleischlich gesinnt sein ist der Tod, und geistlich gesinnt sein ist Leben und Friede [Röm 8,6] – Welche aber Christo angehören, die kreuzigen ihr Fleisch samt den Lüsten und Begierden [Gal 5,24] – Denn das Fleisch gelüstet wider den Geist, und der Geist wider das Fleisch [Gal 5,17] – Offenbar sind aber die Werke des Fleisches, als da sind: Ehebruch, Hurerei, Unreinheit, Unzucht

[Gal 5,19] – So tötet nun eure Glieder, die auf Erden sind: Hurerei, Unreinheit, schändliche Brunst, böse Lust [Kol 3,5].»

Mit Hilfe dieser Statements (eines Nichtverheirateten) gelangten die Christenherren zu ihren unterschiedlich harten Urteilen über die Verwerflichkeit bzw. Gestattung von ehelichem Sex. Bevor sich Augustinus' Kompromißformel durchsetzte, bewegte zwei Jahrhunderte lang die junge Kirche keine Frage heftiger. Zwischen Fleisch und Geist, konkret zwischen menschlichem, das hieß auch sexuellem Leben auf der Erde und einem auf Gott ausgerichteten, nach dem Jüngsten Gericht im Himmel zu erwartenden Fortleben tobte eine unerbittliche Auseinandersetzung. Tertullian und Hieronymus legten Paulus spitzfindig dahingehend aus, daß einzig der Verzicht auf Sexualität und damit auch auf die Ehe himmlische Seligkeit verspreche. Wie könne Ehe etwas gutes sein, da sie allein der sexuellen Not gehorche, fragten sie. Daß es besser sei zu heiraten als «Brunst zu leiden», kam ihnen so lächerlich vor wie die Feststellung, daß es besser sei, nur auf ein Auge verzichten zu müssen als auf zwei. Abweichler wie Jovinian hielten mit Argumenten aus dem Alten Testament dagegen und weigerten sich, die Ehe gegenüber der Jungfräulichkeit als minderwertig anzusehen; *Jovinian* büßte seine Auffassung, daß die Jesus-Mutter Maria bei der Geburt ihres Sohnes die Jungfräulichkeit verloren habe, im Jahr 390 mit dem Ausschluß aus der Kirche.

Die Rolle der Männer: Christliche Monogamisten oder beschnittene Polygamisten

Jovinian hatte sich nicht ohne Grund auf das Alte Testament bezogen, das – im Gegensatz zum Neuen Testament und der aus diesem ableitbaren Unauflöslichkeit der Ehe – mit seinem Sexual- und Ehekodex für erhebliche Verwirrung sorgte. Am Anfang stand Gottes Auftrag zum «Mehret euch!» (Gen 1,28). Daß dieser nicht an ein lustvolles Sexualleben gekoppelt war, meinten die Kirchenväter mit ihrer Vorstellung von einem – theoretischen, auch gemäß der Bibel zwischen Adam und Eva nie stattgefundenen – paradiesisch-lustlosen Geschlechtsverkehr hinreichend erklärt zu haben. Doch konfrontiert mit dem Hinweis, daß sich die Kinder des ersten Menschenpaares nur mittels Inzest fortpflanzen konnten, gerieten sie in arge Bedrängnis. Über verwaschene Erklärungen kamen sie nicht hinaus. Sie verwiesen auf den unterschiedlichen heilsgeschichtlichen Charakter von Altem und Neuem Testament oder auf die vom jeweiligen göttlichen Auftrag abhängigen divergierenden Zeitbedingtheiten. Jedenfalls zogen sie das Fazit, daß Geschwisterehen, die es, so räumten sie ein, zu Beginn der von Gott geschaffenen Menschheit gegeben haben müsse, nicht mehr gestattet seien.

Ein weiteres Problem stellten die Mehrfachehen bzw. Konkubinate der alttestamentlichen Patriarchen dar. *Abraham* etwa hatte, nachdem seine Frau Sara von ihm nicht schwanger geworden war, mit ihrer Billigung erfolgreich die Magd *Hagar* begattet. Erst danach zeugte er auch mit der Gattin noch Nachwuchs. Dieser und zahlreiche ähnliche Belege für die Promiskuität der Patriarchen beschäftigte die Kirchenväter erheblich. Denn unleugbar bestand zu Abrahams Zeiten Gottes Gebot zur Monogamie. Das Genesiswort «Sie werden zwei sein in einem Fleisch» war nicht anders auszulegen. Auch die göttliche Bekundung «Es ist nicht gut, daß der Mensch allein ist; ich will ihm eine ihm [gestaltmäßig] ähnliche Stütze [lat. *adiutorium*, also nicht «Gehilfin», wie Luther übersetzte] schaffen» wurde als Auftrag zur Monogamie verstanden, so daß Tertullian schlußfolgern konnte:

«Als er nämlich den Menschen geformt hatte und ihm die notwendige Gehilfin geben wollte, nahm er eine von dessen Rippen und bildete daraus für ihn nur *eine* Frau, obwohl gewiß weder der Schöpfer noch die Materie erschöpft waren. Denn Adam hatte noch mehr Rippen [...]. Daher haben Adam, der gottgeschaffene Mann, und Eva, die gottgeschaffene Frau, in einmaliger Ehe miteinander lebend, der Menschheit die Ordnung vorgezeichnet. [...] Gott erschuf für den Mann nur ein weibliches Wesen, indem er eine von dessen Rippen wegnahm, und zwar eine von mehreren. In den einleitenden Worten zu dieser Handlung sagt er [Gen 2,18]: ‹Es ist nicht gut, daß der Mensch allein sei; wir wollen ihm eine Gehilfin schaffen.› Er hätte aber von ‹Gehilfinnen› gesprochen, wenn er mehrere Frauen für ihn bestimmt hätte.»

Augustinus' Verteidigung der polygamen Patriarchen fiel entsprechend dünn aus. Er konnte lediglich – unbeweisbar – ins Feld führen, daß jene ohne unzüchtige Lust dem Fortpflanzungsauftrag nachgekommen seien; er deklarierte die Mehrehe schlichtweg zur «damaligen Notwendigkeit für die Fortpflanzung», setzte ihre Statthaftigkeit unter der Bedingung, daß die rechtmäßige Gattin ihr *Placet* erteilte, als gegeben voraus und attestierte den Patriarchen ein rein «geistiges Verlangen» beim Geschlechtsverkehr. Immerhin hätten sie sich, so Augustinus, in den Dienst der göttlichen Verheißung gestellt, die, um in Erfüllung gehen zu können, zwingend nach dem Erhalt des Stammes Abrahams verlangte, da aus diesem Jesus hervorgehen sollte. Indem dieser göttliche Plan jedoch inzwischen erledigt sei, seien Mehrehen oder Konkubinate natürlich nicht einmal mehr zum Zweck der Fortpflanzung gestattet. Hätte Augustinus voraussehen können, daß *Ismael*, den Abraham mit der Sklavin Hagar als ersten Sohn gezeugt hatte, eines Tages den muslimischen Arabern als ihr Urahn gelten sollte, hätte er dies gewiß als Grund dafür angesehen, daß der Islam die Polygamie weiterhin erlaubte.

Als nicht unwesentliches Moment führte Tertullian zur Aufhellung des Patriarchenverhaltens die Beschneidung Abrahams an. Er meinte, daß Abraham zunächst monogam gelebt habe und erst infolge der in göttlichem Auftrag an sich selbst vorgenommenen Beschneidung zum «Digamisten» (aus griech. *di* = «zwei» und *gamein* = «heiraten») geworden sei. In der Tat wird in der Genesis von einer zweiten Heirat Abrahams nach Saras Tod berichtet. Doch Augustinus griff Tertullians Argumentation, die sich später zur Diffamierung von beschnittenen Juden und Muslimen und zum Beleg ihrer «Geilheit» nutzbar machen ließ, mit keiner Silbe auf. Denn so formal richtig Tertullian zwar herausstellte, daß Abraham erst nach der Beschneidung – und erst nach dem Tod seiner ersten Ehefrau – ein zweites Mal die Ehe eingegangen sei, so hielt er es doch nicht einmal der Erwähnung wert, daß Abraham bereits vor seiner Beschneidung mit Hagar, der Magd seiner Ehefrau, den ersten Sohn gezeugt hatte. Tertullian mochte dem Vorgang keine Bedeutung beigemessen haben, da es sich bei der kurzfristigen, zeugungsbedingten Verbindung Abrahams mit Hagar nicht um eine Ehe, sondern allenfalls um ein nur Minuten währendes Konkubinat gehandelt hatte. Tertullian erblickte darin so wenig Verwerfliches wie später die mittelalterliche Kirche, die Kaiser Karl den Großen ungeachtet seiner zahlreichen «Nebenfrauen» heiligsprach. Auch Augustinus störte sich nicht an

Abrahams außerehelichem Verkehr mit der Magd. Er würdigte vielmehr die «Lustlosigkeit» des Patriarchen beim Zeugungsvorgang (*De civitate Dei* XVI, 25): «Willig, nicht gierig, hingegangen, aber nicht angehangen, Samen gespendet, aber keine Liebe verschwendet.»

Tertullian wollte mit seiner Beschneidungsthese auch nicht die Kritik an Abrahams nebenehelichem Zeugungsdrang erwidern. Er gab sie als Mahnung auf, daß wahre Christen sich nicht beschneiden ließen, so wie er umgekehrt – völlig konsequent und wohl ein wenig hämisch – nur einem Beschnittenen das Recht auf eine zweite Ehe zuerkennen wollte: «Willst du die Digamie annehmen, dann mußt du dir auch die Beschneidung gefallen lassen. Hältst du aber das Recht aufrecht, in der Vorhaut zu leben, dann bist du an die Monogamie gebunden.»

Die Frau ist das Übel

Für Frauen kam nach der sittenstrengen Auffassung der Kirchenväter eine zweite Ehe kaum mehr in Frage. Selbst die milde Empfehlung des Paulus, wenigstens die jungen Witwen wieder zu verheiraten, wurde kontrovers diskutiert. Vogelfreund Ambrosius führte das Liebesleben der Turteltauben bzw. seine Beobachtung, daß das Taubenweibchen dem Männchen über dessen Tod hinaus die Treue halte, als natürliches Beispiel für einmalige Eheschließung an.

Daß wie den alttestamentlichen Patriarchen auch Frauen das Recht auf eine Mehrfachbeziehung zugestanden haben und noch zustehen könne, hielt Augustinus für abwegig. Ausgehend von der als natürlich empfundenen, auch im Neuen Testament immer wieder reklamierten Hegemonie des Mannes über die Frau entwickelte er als logisches Prinzip, daß etwas Übergeordnetes zum Untergeordneten immer im Verhältnis von Eins zum Mehrfachen stehe: Wie ein Herr mehrere Diener haben könne, so könnten doch diese nie mehreren Herren dienen. Und so könne es nur einem Mann gestattet gewesen sein, mehrere Frauen zu haben, «wenn es die Gesellschaftsform eines Volkes zuließ oder die Zeitverhältnisse es ratsam erscheinen ließen».

Frauen dürften selbst solche Gedanken nicht zugestanden haben. Gerade die frömmsten unter ihnen hatten wohl eher Sorge, sich dem Eva-Stigma und damit dem Ruch zu entziehen, teuflischen, sprich sexuellen Anfechtungen allzu leicht zu erliegen sowie Männer zu verführen. Eine echte Chance, sich gegen das christmännliche Vorurteil zur Wehr zu setzen, besaßen sie nicht. Auf dem Rücken der Frauen, besser in ihrem Schoß, wurde durch eine männliche, mit Schuldkomplexen behaftete Mystifikation der Sexualität eine inhumane, d. h. die menschliche Natur negierende und die Psyche deformierende Herabwürdigung der «natürlichsten Sache der Welt» und gleichzeitig der Frauen betrieben. Die moralisierende Schwarzweißmalerei erlaubte angesichts des in Kürze erwarteten Jüngsten Gerichts keine Grautöne. Die Erfahrung, daß der Sexualtrieb nicht der Vernunft gehorchte und der Geschlechtsverkehr nicht als emotionslose, allein über den Verstand und Willen zu steuernde Übung bewerkstelligt werden konnte, sowie die nicht vorhandene Kenntnis über das Zusammenspiel biochemischer und psychischer Wirkungsweisen im Menschen führten zwangsläufig zu einer neuerlichen mythischen «Erklärung» des irritierenden Vorgangs. Doch anders als in der Antike mit ihrem ursprünglich lustbetonten, freudvollen Verhältnis zur Sexualität, das sich in einem positiv besetzten Sexualmythos niederschlug und eine erotische Personifizierung als Aphrodite bzw. Venus hervorgerufen hatte, verlangte die paulinisch-christliche, auf der Grundlage patriarchalisch-jüdischer Vorgaben entwickelte Sexualmoral nach einer negativen Mythosbildung, personifiziert als vom Teufel verführte Eva.

In ihrer Gestalt wurde der Frau nicht nur jede eigenständige Sexualität abgesprochen, sondern Sexualität zur Kraft des Teufels stilisiert, der sich der Frau als Medium bediente, um auch den Mann «zu versuchen». Da im Gegensatz zur Antike, in der Homosexualität nichts Verwerfliches war, das Alte Testament gleichgeschlechtliche Paarbeziehungen unter die übelsten Formen der Unzucht rechnete und infolgedessen der Mann Sexualität nur im Verein mit einer Frau auslebte, gelangte er zu dem ebenso richtigen Umkehrschluß «ohne Frau kein Sex». In letzter Konsequenz konnte der Mann damit der Frau alle mit dieser Logik verbundenen Verdikte aufladen. Die Verwerflichkeit und das Schuldgefühl, das die Christenmänner mit Geschlechtlichkeit verbanden, wurde auf die Frauen als die «Urheber allen Übels» projiziert. Mittels der hypertrophen Unterscheidung schließlich zwischen Geist und Fleisch bzw. göttlich und menschlich, gut und schlecht etc. konnte

– in Fortführung solcher Gegensatzpaare – dem Mann die Frau selbst als Übel gegenübergestellt werden.

Die Lust ist des Teufels

Die noch persönlich in heidnisch-antiken Glaubensvorstellungen bewanderten Kirchenväter sahen alle sündige Lust in der Venus verkörpert, die den Menschen von seinem Weg zur Vollkommenheit abbrachte. Ihr als Gottheit zu huldigen, hieß dem Sexus zu dienen und den Teufel zu verherrlichen. Dieser Gedanke erschien dem anbrechenden Mittelalter einleuchtender als der kompliziertere Bezug zu Eva.

In einer frühmittelalterlichen Legende wurde ausgeschmückt, wie sich ein junger Mann in eine Venus-Statue verliebte und, gewissermaßen durch diesen Vorgang, dem Teufel verfiel. Im 10. Jahrhundert bezeichnete *Liutprand von Cremona* die Konkubine des Papstes Sergius als «Sklavin der Venus», so wie bereits deren Mutter «von der Hitze der Venus entflammt» gewesen sei. Derselbe Autor behauptete, daß Kaiser Otto I. den von Papst Sergius mit jener Konkubine gezeugten späteren Papst Johannes XI. beschuldigte, «des Teufels Minne getrunken» zu haben.

Die Christen erkannten demnach sowohl in der antiken Venus als auch im Teufel dieselben Wirkungsweisen; als *agens movens* zur Geschlechtslust konnten sie synonym gebraucht werden, und der diabolische Gehalt der Sexualität wurde durch die angenommene Identität zwischen Venus und Teufel zusätzlich betont. Es steht zu vermuten, daß erst über diese Gleichsetzung venusischer und teuflischer Charakteristika schließlich der Name *Lucifer*, mit dem in der Antike ausschließlich die Venus (in ihrer Erscheinungsform als Morgenstern) benannt worden war (vgl. Kap. IX), zu einer der geläufigsten Bezeichnungen für den Teufel wurde. Daß «Lucifer» (von lat. *lux* = Licht, und *ferre* = bringen) ursprünglich wörtlich «Lichtbringer» bedeutete, dürfte jedenfalls Mick Jagger, der 1968 mit seinen *Rolling Stones* in dem Song *Sympathy for the Devil* als «singender Teufel» auffordern konnte «Just call me Lucifer», nicht mehr bewußt gewesen sein.

Allein von der Bibel ausgehend, deutete dagegen nichts auf eine Anerkennung, geschweige denn Verbreitung des Begriffs Luzifer als Synonym für den Teufel hin. Im Alten und Neuen Testament erscheint er einzig unter den griechischen Bezeichnungen *Satan* (von hebr. *sâtân* = «Widersacher»; daher lat. *Satanas*) und *Diabolos* (= «Durcheinanderbringer»; daher lat. *diabolus*, ital. *diavolo*, franz. *diable*, dt. *Teufel*, engl. *devil*). Nur einige wenige Stellen erlauben es, eine Verbindung zwischen dem Teufel und dem – lateinisch *Lucifer* geheißenen – Morgenstern zu vermuten. So schrieb Paulus (2 Kor 11,14) einmal vom Satan, der sich als Engel des Lichts tarne. Beim Evangelisten Lukas (10,18) konnte man lesen, daß Jesus gesagt habe: «Ich sah den Satan wie einen Blitz vom Himmel stürzen» (*videbam Satanan sicut fulgur de caelo cadentem*). Einzig beim Propheten Jesaia (14,12) hieß es direkt: «Wie bist du gefallen, du schöner Morgenstern.» So zumindest in Luthers Übersetzung, nachdem Hieronymus in seiner lateinischen Version von «*Lucifer*, der frühmorgens aufging», gesprochen hatte. In der hebräische Fassung lautete der Morgenstern bzw. *Lucifer* noch «Hêlêl, Sohn der Morgenröte». Diese Bibelstellen konnten eine Verbreitung des Begriffs Lucifer/Luzifer im Sinn von «Teufel» unmöglich hervorrufen, zumal die Termini *Diabolus* und *Satan* bestens eingeführt waren, wie die Übernahme und Fortexistenz in den modernen Sprachen belegt. Und dennoch konnte etwa Hugo von Trimberg im 13. Jahrhundert behaupten, *daz Lucifer ein tiufel wart*.

Daß dies möglich war, ist ein weiteres Mal das Verdienst der Kirchenväter. Noch ausgestattet mit dem Wissen aus Schriften, die später verlorengingen bzw. heute als apokryph gelten (wie das Buch Henoch), konnten sie überzeugend die genannten Bibelstellen auf jenen Engel beziehen, der gegen Gott revoltiert hatte und aus dem Himmel gestürzt worden war. Während es Origenes und Augustinus dabei beließen, den bei Jesaia genannten «Morgenstern» als Teufel zu identifizieren, teilte Hieronymus zu *Lucifer* noch die hebräische Entsprechung *Chocab* (d. h. *kokhav hanogah* = Venus) mit und erklärte, daß dieser von den Sarazenen als Teufel bzw. Bote Satans (*diabolus; angelus satanae*) angebetet würde.

Die Kirchenväter stellten ferner als einen der Gründe für die Revolte der Engel heraus, daß sie den auf der Erde lebenden Frauen sexuell verfallen gewesen seien. Insofern vereinte für sie der Begriff *Lucifer* auf ideale, quasi historisch vorgegebene Weise Venus und Teufel, d. h. die heidnische wie christliche Variante derselben verwerflichen Sexualität. Im Frühmittelalter wurde Luzifer als Teufelsname so geläufig, daß er durch den Zusatz *diabolus* von *Lucifer* (in der Bedeutung als Morgenstern) unterschieden werden mußte; sollte *Lucifer* dagegen als Morgenstern verstanden werden, wurde dies durch das Adjektiv *matutinus* (= morgendlich) kenntlich gemacht wurde. Doch wie einst der Venus (*Lucifer*) wurde nun dem Teufel/Luzifer die Sexualität als Haupteinflußbereich unterstellt, mit dem diametralen Unterschied, daß unter christlichem Einfluß die Freude an der Sexualität in Sexualangst umschlug und die Lust – im wahrsten Sinn des Wortes – zum Teufel ging.

VI. Mohammed läßt die Göttin erschlagen

Von heute an wird sie keine
Verehrung mehr genießen.
MOHAMMED

Die christlichen Kirchenväter hatten ihren Kampf rund ums Mittelmeer gegen die Venus gewonnen. Den Sex hatten sie zur teuflischen Lust erklärt und die Frau als des Teufels Gehilfin stigmatisiert. Doch auch im noch nicht christianisierten, heidnisch verbliebenen Teil der Arabischen Halbinsel kündigte sich der Niedergang der vergöttlichten Sexualität zu Beginn des 7. Jahrhunderts an. In der Handelsstadt Mekka fühlte sich ein gewisser *Mohammed ibn Abdallah* berufen, den seiner Meinung nach von der heidnischen Umgebung verratenen und von Juden und Christen verfälschten Urmonotheismus Abrahams wieder aufleben zu lassen. Er verstand sich als letzten Propheten Gottes und glaubte, indem er den Koran verkündete, Gottes Wort zu offenbaren. Damit schuf er den Islam. *Islam* bedeutet die absolute Unterwerfung unter den einen (männlichen) Gott. Und dies war ein Programm, das für das Weiblich-Göttliche nichts Gutes versprach.

«Sauge am Kitzler von al-Lat!»

«Bei al-Lat und al-'Uzza» pflegten die Menschen im vorislamischen Mekka zu schwören, bevor Mohammed seinen Landsleuten die ihm vom Erzengel Gabriel vermittelte Offenbarung vortrug. Seitdem sprechen die Araber wie auch alle anderen Muslime zu Beginn einer jeden Handlung die Formel «im Namen Gottes», *bismi'llah*. Doch die Göttinnen – bzw. danach der eine Gott – wurden nicht nur angerufen, um einen Schwur zu bekräftigen oder um ihren Segen zu erbitten.

Fuck you dürfte heute der häufigste Fluch der US-Amerikaner sein. *Je te sperme* ist bei sich streitenden französischen Taxifahrern vielleicht nicht so häufig zu hören, aber als verbale Einladung zu einer kleinen Schlägerei durchaus wirksam. Derartige Kraftausdrücke aus dem Sexualbereich sind auch den Arabern beileibe nicht fremd. *Quss ummak*, «die Vagina deiner Mutter», sprich: «ich habe deine Mutter gefickt», ist schon Dreikäsehochs vertraut, die noch nicht wissen, was Vagina bedeutet, sowenig wie unsere Steppkes sich dessen bewußt sind, was sie eigentlich sagen, wenn sie etwas «geil» finden.

Auch im vorislamischen Mekka konnte man sich mit Verwünschungen aus dem Sexualbereich Ärger verschaffen. Zu den beliebtesten Formulierungen gehörten *imsas bazara llat*, «sauge am Kitzler von al-Lat!», oder *'adidta bazara llat*, «beiß doch in den Kitzler al-Lats!».

Die hier angesprochene Göttin *al-Lat* bildete sprachlich das weibliche Gegenstück zu Allah. Al-Lat, entstanden aus *al-Ilahat*, «die Göttin», bezeichnete lediglich die oberste weibliche Gottheit eines Stammes, so wie *al-Ilah*, «der Gott», woraus schließlich *Allah* wurde. Als oberste männliche und einzige Gottheit war und ist Allah nichts anderes als der christliche und jüdische «Gott». Wenn daher heutige Medienberichte Muslime zu einem Gott «Allah» beten lassen, dann versteckt sich dahinter der untaugliche und peinliche Versuch, nichtchristliche Andersgläubige zu diskreditieren, als «Ungläubige» abzustempeln und in die Nähe von Götzendienern zu rücken. Würden Muslime ebenso verfahren, müßten sie z. B. den Franzosen unterstellen, einen Gott «Dieu» zu verehren. Die entsprechenden «Orientexperten» hätte stutzig machen müssen, daß auch die christlichen Araber zu «Allah», zu Gott eben, beten.

Eine weibliche Dreifaltigkeit und die Satanischen Verse

Obwohl noch zur Zeit des jungen Mohammed in der Kaaba das Standbild eines männlichen Gottes namens *Hubal* verehrt wurde und bereits «Allah» als abstrakter Gottesbegriff kursierte, waren es doch drei Göttinnen, nämlich *al-'Uzza*, *al-Lat* und *Manat*, sowie ein Götzenpaar, nämlich *Isaf* und *Na'ila*, die in der religiösen Vorstellungswelt der Mekkaner einen höheren Rang einnahmen. Isaf und Na'ila gehörten offenbar zum ältesten Bestand des mekkanischen Pantheons. Nach der islamisierten Version der Legende handelte es sich um zwei Verliebte aus dem Jemen, die in grauer Vorzeit nach Mekka gepilgert waren und in der Kaaba «Unzucht» getrieben hatten. Zur Strafe wurden sie in Steine verwandelt, die man bei der Kaaba als Mahnung aufstellte. *'Amr ibn Luhaiy*, der nach der Sage den reinen Monotheismus Abrahams verriet und in Mekka wieder den Polytheismus einführte, soll befohlen haben, die beiden anzubeten und ihnen zu opfern. Läßt man sich von der islamischen Umdeutung des Schäferstündchens der beiden – unverheirateten – Verliebten als Unzucht nicht blenden, bleibt der Eindruck, daß hier wohl eine Reminiszenz an die Heilige Hochzeit weiterlebte, wie sie in zahlreichen Kulten des Alten Orients zwischen Astarte und Adonis in Syrien oder Inanna und Dumuzi in Mesopotamien dargestellt wurde (vgl. Kap. I).

Während über Manat kaum mehr als die Vermutung geäußert werden kann, daß es sich bei ihr um eine wohl von den Nabatäern übernommene Schicksalsgöttin handelte, waren die beiden anderen höchsten Göttinnen, al-Lat, «die Göttin», und al-'Uzza, «die Mächtigste», im alten Syrien, letztere auch in Hira im Irak und in Südarabien verbreitet. Hinter diesen beiden arabischen Namen verbarg sich das altorientalische und mediterran-antike Phänomen der venusischen Gottheit. Al-'Uzza war der jüngste Götterimport in Mekka, wo sie den beiden älteren Göttinnen al-Lat und Manat bald den Rang ablief. Indem jedoch al-Lat in Ta'if und Manat in Medina, den beiden einzigen städtischen Siedlungen in der Nachbarschaft von Mekka, nichts von ihrer Bedeutung eingebüßt hatten, wurden diese auch in Mekka meist in einem Atemzug genannt und als eine weibliche Dreiheit aufgefaßt. Damit gingen die Mekkaner über alle bislang praktizierten Formen der Verehrung des Weiblich-Göttlichen hinaus. Im Alten Orient war die Große Göttin, sofern sie in eine Trias eingebunden war, immer in Verbindung mit zwei männlichen Gottheiten erschienen (vgl. Kap. I). So bildete in Ägypten Isis zusammen mit ihrem Sohn Horus und ihrem Gatten Osiris eine himmlische Dreiheit; die Christen dagegen hatten inzwischen eine Dreifaltigkeit ohne weiblichen Part installiert, wobei dies in der Volksfrömmigkeit als Verlust empfunden und deshalb Maria ersatzweise in eine gottähnliche Position erhoben wurde.

Antike Autoren, die um den hohen Rang von Göttinnen bei den Arabern wußten, leiteten daraus den Schluß ab, daß diese der Weiblichkeit und damit der Sexualität besonders zugetan seien. Sie legten damit den Grundstock zu einem Vorurteil, das bis heute nachwirkt. Als Jugendlicher hatte Mohammed, der in heidnischer Tradition aufgewachsen war, in der Tat noch der Göttin al-'Uzza geopfert. Selbst in seinem späteren entschiedenen Kampf gegen den heidnischen Polytheismus und für den – wie er ihn verstand – alttestamentlichen Monotheismus ließ er sich unter dem massiven Druck der heidnischen Opposition zu einem Kompromiß hinreißen, indem er die drei Göttinnen als Töchter des einen Gottes anzuerkennen anbot. An diesen Vorgang erinnern die *«Satanischen Verse»*, die durch *Salman Rushdie* zu trauriger Weltberühmtheit gelangten.

In den arabischen Quellen, vor allem den frühen Korankommentaren, stellt sich der Vorfall folgendermaßen dar: Als die Auseinandersetzungen zwischen Mohammed und seinen heidnischen Stammesgenossen in Mekka immer mehr eskalierten und Mohammed in immer größere Bedrängnis geriet, wurde ihm vom Erzengel Gabriel die 53. Sure offenbart. Sie beginnt mit den Worten «beim Stern, wenn er untergeht», weshalb die ganze Sure den Titel «der Stern» erhielt. Unter diesem verstand der Korankommentator as-Suddi, der einige Prophetengefährten noch persönlich kannte, die Venus.

In den Versen 19 und 20 derselben Sure rezitierte Mohammed unvermittelt die Frage: «Was meint ihr, wie es sich mit al-Lat und al-'Uzza und weiter mit Manat, der dritten, verhält?» Und vermeintlich weiter von Gabriel inspiriert, ließ er selbst die Antwort folgen: «Diese sind die erhabenen *Gharaniq*, deren Fürbitte bei Gott angenehm ist.» Die Bedeutung des Wortes *Gharaniq* – wörtlich «Kraniche» – ist nicht geklärt. Es ist als Deutung «die schönen Sterne» vorgeschlagen worden, aber auch der Vergleich mit den drei Grazien im europäischen Kulturbereich liegt nahe. Der Fortgang der Episode läßt erahnen, was sich die Mekkaner darunter vorstellten. Für sie bedeutete der Vers zunächst einmal ein Einlenken Mohammeds, denn sie knieten mit ihm zum Gebet nieder und erklärten: «Wir haben nun erkannt, daß Gott lebendig macht und sterben läßt, daß er erschafft und Unterhalt gibt. Diese Göttinnen aber legen bei ihm Fürsprache für uns ein, da du ihnen einen Anteil eingeräumt hast. Daher stehen wir auf deiner Seite.»

Am folgenden Morgen räumte Mohammed ein, daß es nicht der Erzengel Gabriel, sondern der Teufel gewesen sei, der ihm den «satanischen Vers» über die drei heidnischen Göttinnen eingeflüstert habe. Gabriel habe ihm nun aufgetragen, den Vers durch das folgende Gotteswort zu ersetzen:

«Sollen euch die männlichen Wesen zukommen und Gott die weiblichen? Das wäre eine ungerechte Verteilung. Das sind bloße Namen, die ihr und eure Väter aufgebracht habt, und wozu Gott keine Vollmacht herabgesandt hat. Sie [d. h. diejenigen, die derartige Wesen als göttlich verehren] gehen nur Vermutungen nach und dem, wonach ihnen der Sinn steht, wo doch die Rechtleitung von ihrem Herrn zu ihnen gekommen ist. Oder soll der Mensch haben, was er wünscht [und darüber bestimmen, wie alles verteilt wird]? [Nein!] Gott gehört das Diesseits und das Jenseits. Und wie manche Engel gibt es im Himmel, deren Fürsprache nichts nützt, außer wenn Gott vorher für einen, den er will und der ihm genehm ist, Erlaubnis gibt. Diejenigen, die nicht an das Jenseits glauben, bezeichnen die Engel als weibliche Wesen. Aber sie haben kein Wissen darüber. Sie gehen nur Vermutungen nach. Und Vermutungen helfen hinsichtlich der Wahrheit nichts» (Koran 53,21–28).

Es spricht für die Aufrichtigkeit der islamischen Überlieferung, daß sie die «Satanischen Verse» überhaupt tradiert und nicht der Vergessenheit hat anheimfallen lassen. Wären sie im Koran stehengeblieben, hätten die Musliminnen drei Gottestöchter als himmlische Repräsentantinnen ihres Geschlechts gehabt – der Islam wäre ein anderer geworden. Mit ihrer Tilgung aus dem heiligen Buch aber hatte der patriarchalische Monotheismus alttestamentlicher Prägung auch im Islam endgültig gewonnen.

Für einen Freigeist wie Salman Rushdie waren die «Satanischen Verse» ein willkommener Aufhänger für seine Kritik an der islamischen Offenbarung, indem er die damit verbundenen Ereignisse literarisch ausschmückte. Neben der Tatsache, daß er dem Buch den Titel «Die Satanischen Verse» gab, obwohl diese darin keine zentrale Rolle spielen, mußten auf überzeugte Muslime insbesondere jene Geschichten anstößig wirken, die im «Schleier», dem Bordell von Mekka spielen, wo die Prostituierten die Namen der Frauen Mohammeds tragen. Rushdie stellt sie als Dienerinnen der drei Göttinnen al-Lat, al-'Uzza und Manat vor und hat dabei wohl eine Art von Tempelprostitution im Sinn. Über Tempelprostitution berichten die Quellen zwar nichts, doch gewerbliche Prostitution war im *vor*islamischen Mekka weit verbreitet. (Die muslimischen Kritiker, von denen aufgrund des Veröffentlichungsverbots kaum einer das Buch gelesen haben kann, übersehen, daß Rushdie das genannte Bordell gerade als Zentrum der heidnischen Gegner Mohammeds darstellt.)

In seiner literarischen Schilderung der drei Göttinnen kommt Rushdie der historischen Wahrheit gewiß sehr nahe:

«Uzza mit dem strahlenden Gesicht, Göttin der Schönheit und der Liebe; dunkle, finstere Manat, das Gesicht abgewandt, geheimnisvoll ihre Absichten, läßt sie Sand durch ihre Finger gleiten – sie wacht über die Bestimmung –, sie ist das Schicksal; und schließlich die höchste von den dreien, die Muttergöttin, die die Griechen Lato nannten. Ilat nennen sie sie hier, oder häufiger, Al-Lat. Die Göttin. Selbst ihr Name macht sie zu Allahs Gegnerin und mit ihm gleichberechtigt. Lat, die allmächtige.»

Der in den originalen «Satanischen Versen» von Mohammed geäußerte Kompromißvorschlag wurde von den heidnischen Mekkanern so bereitwillig angenommen, da die aufgeklärteren unter ihnen ohnehin in den drei Göttinnen nur mehr Töchter des einen abstrakten Gottes sahen, die als Fürsprecherinnen bei diesem fungieren konnten. Die rhetorische Frage: «Sollen euch die männlichen Wesen zukommen und Gott die weiblichen?», – d. h. wenn ihr euch nur Söhne und keine Töchter wünscht, soll Gott selbst nur Töchter haben? – muß Ausdruck einer längst verfestigten patriarchalischen Weltsicht gewesen sein, die sich bei den heidnischen Mekkanern in der schaurigen, dann von Mohammed verbotenen Sitte manifestiert hatte, neugeborene Mädchen gelegentlich bei lebendigem Leibe zu begraben.

Die Ermordung der Göttin

Das eingangs dieses Kapitels zitierte Schimpfwort «sauge am Kitzler von al-Lat!» belegt drastisch den der Göttin im vorislamischen

Mekka beigelegten sexuellen Aspekt. Für al-'Uzza ist ein solcher aufgrund ihrer Gleichsetzung mit Aphrodite/Venus im alten Nordarabien ohnehin anzunehmen.

Und da «Manat» schon im Alten Mesopotamien ein Beiname der Ischtar war, darf man sich diese gewiß auch nicht völlig «unvenerisch» vorstellen. Der christliche Kirchenlehrer *Johannes Damascenus*, der mit seiner arabischen Umgebung bestens vertraut war und in der ersten Hälfte des 8. Jahrhunderts vor seinem Eintritt ins Kloster dem Kalifen in Damaskus als Sekretär gedient hatte, behauptete sogar, daß der in der östlichen Mauerecke der Kaaba eingelassene schwarze Stein Aphrodite verkörperte. Die arabischen Quellen wissen davon nichts. Ob es sich deshalb bei der Behauptung des Johannes nur um eine christliche Polemik gegen den Islam handelte oder ob die frühen islamischen Autoren eine solche Beziehung aus Pietät gegenüber dem in den islamischen Kultus übernommenen Heiligtum bewußt «vergaßen», muß dahingestellt bleiben. Sie hatten auch «vergessen» oder wußten vielleicht wirklich nicht mehr, daß der Freitag, der schon in vorislamischer Zeit als höchster Wochentag galt, den Namen der 'Aruba, der «ihren Mann liebenden und betrügenden Frau», d. h. der Aphrodite/Venus bzw. der altorientalischen Großen Göttin trug (vgl. Kap. I). Ganz ohne weiblichen Bezug ist der schwarze Stein der Kaaba aber auch in den islamischen Mythen nicht. So heißt es, der Stein – ein Meteorit – sei zur Zeit Adams «weißer als Schnee» gewesen und seine schwarze Farbe rühre vom Blut menstruierender Frauen.

Daß Göttinnen in auffallenden Steinen verehrt wurden, zeigt auch das Beispiel der *Halasa*, die sich in einem weißen Quarzblock manifestierte, der in islamischer Zeit als Türsturz für eine Moschee zweckentfremdet wurde. Die Gaben, die man ihr darbrachte, weisen sie eindeutig als Fruchtbarkeitsgöttin aus: Man schmückte den Stein mit Halsketten und Straußeneiern, opferte ihm Tiere und Getreide und schüttete Milch über ihm aus.

Neben auffallend gefärbten oder geformten Steinen fanden in erster Linie bestimmte Bäume als Sitze weiblicher Gottheiten Verehrung. Eine besondere Rolle spielte die Akazie (*samura*), die schon den Alten Ägyptern heilig war. So pflegte man auf dem Weg zum Sakralbezirk in Mekka bei einer Akazie zu rasten, die der Göttin *Dhat Anwat*, «der mit dem Gehänge», geweiht war. Die Pilger opferten ihr und hängten Gewänder an ihre Äste.

Steine und Bäume symbolisierten aber auch die drei höchsten Göttinnen. Manat wurde in einem schwarzen Basaltblock im kleinen Ort Qudaid nördlich von Mekka verehrt. In der Nachbarstatt Ta'if hatte al-Lat einen weißen Felsen zum Sitz. Über diesem hatte man ein der Kaaba ähnliches, mit einem Tuch verhängtes Gebäude errichtet. Darunter befand sich eine Höhlung, in die das Blut der auf dem Stein geschlachteten Opfertiere floß und in die man verschiedene Weihegaben legte: Kleider, Juwelen, Weihrauch, Silber und Gold. Al-'Uzza genoß beim Stamm des Propheten, den Quraisch, in Mekka höchste Verehrung. Sie findet sich sogar als Mutter der beiden anderen Göttinnen bezeichnet. Ihr Hauptheiligtum lag nicht in der Stadt selbst, sondern in einem entfernten Tal östlich davon. Offenbar gab es auch dort einen heiligen Stein über einer Höhle, doch verehrt wurde die Göttin in drei Akazien.

Die Zerstörung der die altarabischen Göttinnen darstellenden heiligen Steine und Bäume durch Mohammed nach der Eroberung Mekkas im Jahre 630 nimmt in den frühen islamischen Quellen einen breiten Raum ein. Ausführlich beschrieb der gelehrte *Ibn al-Kalbi* noch im 8. Jahrhundert in seinem «Buch der Götzen» die Vernichtung der Göttin al-'Uzza:

«Al-'Uzza war eine Satanin, die zu drei Akazien im Wadi von Nakhla zu kommen pflegte. Nachdem der Prophet Mekka erobert hatte, befahl er dem Khalid ibn al-Walid: ‹Ziehe zum Wadi Nakhla. Du wirst dort drei Akazien finden. Schlage die erste um!› Khalid tat, wie ihm geheißen. Als er zum Propheten zurückkam, fragte ihn dieser: ‹Hast du etwas bemerkt?› Als Khalid verneinte, sagte der Prophet: ‹So schlage die zweite um!› Wieder tat Khalid, wie ihm befohlen, und kehrte zum Propheten zurück. ‹Hast du nun etwas bemerkt?›, fragte ihn erneut der Prophet. ‹Nein›, erwiderte Khalid, worauf der Prophet ihm auftrug: ‹So schlage die dritte um!› Als Khalid zu der Akazie kam, sah er sich einer Äthiopierin gegenüber, die ihr Haar aufgelöst und die Hände auf ihre Schultern gelegt hatte und mit den Zähnen knirschte. Hinter ihr stand Dubaiya vom Stamme Sulaim, ihr Priester. Als dieser Khalid erblickte, sprach er:

Im Auftrag Mohammeds schlägt Khalid die al-'Uzza geweihte Akazie um, bevor er die Göttin selbst tötet. Türkische Buchmalerei.

‹O 'Uzza, greife Khalid ohne Zögern an, wirf den Schleier ab und schürze dich, denn wenn du Khalid heute nicht erledigst, wirst du baldigst Schmach erleiden; wehre dich!›

Darauf sagte Khalid: ‹O 'Uzza, gottlos seist du, nicht gepriesen! Ich sehe, daß Gott dich schon erniedrigt hat.›

Und er schlug zu und spaltete ihr den Schädel. Und siehe da, sie war nur noch ein Häufchen Asche. Sodann fällte er den Baum und tötete Dubaiya, den Priester. Als er zum Propheten zurückkam und ihm berichtet hatte, sagte dieser: ‹Das war nun al-'Uzza. Nach ihr werden die Araber keine al-'Uzza mehr haben. Von heute an wird sie keine Verehrung mehr genießen.›»

Von heute an wird sie keine Verehrung mehr genießen! Dieser letzte Satz nahm insofern programmatischen Gehalt an, als er das Schicksal des Weiblich-Göttlichen auch im Islam besiegelte und auf die künftige untergeordnete Rolle der Frau abzielte. Die Muslimin war damit – wie die Jüdin – jeder Möglichkeit beraubt, sich mit einer als göttlich empfundenen Inkarnation ihres Geschlechts zu identifizieren. Stärker als im Christentum, wo Maria gottähnlichen Rang einnahm, ist deshalb im Islam der religiöse Bereich – zumindest der öffentliche, offizielle – eine Domäne der Männer geworden.

Die Männer stehen über den Frauen

Indem die christlichen Kirchenväter am liebsten die Sexualität getilgt und insbesondere die Frauen zu permanenter Keuschheit verdammt hätten, hatten sie eine Verteufelung der «Fleischeslust» betrieben. Mohammed dagegen hat für den Umgang mit ihr einen anderen Weg eingeschlagen.

Es gibt verschiedene Anzeichen dafür, daß sich die mekkanische Gesellschaft bereits vor Mohammed seit längerem in einer Umbruchphase befunden hatte, in der ältere matrilineare Strukturen ständig zugunsten patrilinearer an Boden verloren. Unmittelbar bevor der Islam das Verhältnis der Geschlechter modifizierte und neu regelte, konnten in Mekka sexuelle Beziehungen auf verschiedene Weise aufgenommen werden. Eine Ehe konnte ein Mann eingehen, indem er einem anderen die Tochter oder Schwester durch ein Brautgeld abkaufte. Wohlhabendere Männer vermochten auf diese Weise gleichzeitig mit mehreren Frauen verheiratet zu sein.

Um zu heiraten, konnten aber auch Frauen selbst aktiv werden. Mohammeds erste Ehe ist das beste Beispiel dafür. *Khadidja*, um die vierzig Jahre alt, war eine reiche Kaufmannswitwe, die die Geschäfte ihres verstorbenen Gatten erfolgreich weiterführte. Sie hatte eine Reihe von Männern angestellt, darunter auch den jungen Mohammed, um u. a. die jährlichen Handelskarawanen nach Syrien zu begleiten. Beeindruckt nicht zuletzt von seiner Intelligenz beschloß sie, den inzwischen 25jährigen schließlich zu heiraten. Trotz des Altersunterschiedes war die Ehe offenbar glücklich und währte rund 25 Jahre lang bis zum Tode Khadidjas. Mohammed war in dieser Zeit keine andere Verbindung eingegangen.

Die zweite, wahrscheinlich häufigste Form des sexuellen Kontakts, war die Prostitution. In Mekka sollen die entsprechenden Frauen ihre Behausungen mit Fahnen gekennzeichnet haben. Ein Problem bildeten dabei die mangels wirksamer Verhütungsmittel unvermeidbaren Kinder. Die Prostituierte lud nach einer Geburt alle in Frage kommenden Kunden ein, und der Vater wurde nach der Ähnlichkeit mit dem Kind bestimmt. Ein Widerspruchsrecht hatte er offenbar nicht.

Zwischen Ehe und Prostitution gab es ein breites Band sexueller Betätigungsmöglichkeiten. So konnten Verbindungen eingegangen werden, die von vornherein zeitlich begrenzt wurden, sogenannte «Genußehen». Während in diesem Fall ein bestimmter Betrag für die Frau als «Lohn» ausgemacht wurde, es sich letztlich also um eine Sonderform von Prostitution handelte, konnte die unverheiratete, geschiedene oder verwitwete Frau auch mit einem «Freund» (*khidn*) ein Verhältnis eingehen, ohne daß dies als anrüchig empfunden wurde.

In welchem Maße Mekkanerinnen eine sexuelle Selbstbestimmung zu verwirklichen trachteten, zeigt das Beispiel der Schwester des *Waraqa ibn Naufal.* Diese soll dem *Abdallah ibn 'Abdalmuttalib* für einen sofortigen Beischlaf hundert Kamele geboten haben. Doch Abdallah lehnte das Angebot ab, um seinen Vater nicht zu brüskieren, in dessen Begleitung er sich auf dem Weg zu Wahb ibn Abdmanaf befand. Diesen bat der Vater für Abdallah um die Hand der Tochter *Amina.* Wahb stimmte zu und Abdallah vollzog sogleich die Ehe mit Amina, die daraufhin mit Mohammed, dem späteren Propheten, schwanger ging. Als Abdallah am folgenden Tag wieder der Schwester des Waraqa ibn Naufal begegnete, die ihn zum Beischlaf hatte bewegen wollen, fragte er sie: «Warum bietest du mir heute nicht dasselbe wie gestern an?» «Das Licht», erwiderte sie, «das dich gestern begleitete, hat dich verlassen. Ich brauche dich deshalb nicht mehr.»

Entkleidet man diese Legende ihres hagiographischen Charakters, offenbart sie ein in Sachen Sexualität für die Frauen sehr freizügiges heidnisches Mekka. Auch Mohammed hielt an der positiven Bewertung der Sexualität fest, stülpte ihr aber ein Regelwerk über, das nur noch dem Mann gestattete, seinen Sexualtrieb voll auszuleben. Das zentrale Motto dieses Regelwerks war die koranische Feststellung: «Die Männer stehen über den Frauen, weil Gott sie ausgezeichnet hat» (4,34), eine patriarchalische Maxime, mit der schon Juden- und Christentum angetreten waren. Noch im selben Koranvers steht zu lesen, was daraus für Frauen resultierte: «Wenn ihr fürchtet, daß Frauen sich auflehnen, dann weist sie zurecht, meidet sie im Ehebett und schlagt sie!» In derselben Sure wurden die Männer immerhin ermahnt: «Geht gut mit ihnen um! Wenn sie euch zuwider sind, so ist euch vielleicht etwas zuwider, während Gott viel Gutes in es hineinlegt» (4,19). An der untergeordneten Rolle der Frau änderte dies jedoch nichts.

Falls Mohammed während seiner langen monogamen Beziehung mit Khadidja auch Verhältnisse mit Sklavinnen unterhalten hätte, wäre dies nach der herrschenden Moralvorstellung nicht als Ehebruch angesehen worden. Erst nach dem Tode Khadidjas und seiner erzwungenen Auswanderung nach Medina – er war damals ca. 50 Jahre alt – heiratete er mindestens 13 Frauen, wobei in vielen Fällen allerdings politisches Kalkül ebenso eine Rolle gespielt haben dürfte wie der aufrichtige Wunsch, Witwen gefallener Mitstreiter zu versorgen. Daß ihn daneben auch sexuelle Motive leiteten, wurde schon von Zeitgenossen weder bestritten noch kritisiert. Im Koran (2,223) heißt es: «Eure Frauen sind euch ein Saatfeld. Geht zu eurem Saatfeld, wo immer ihr wollt!». Und ein Prophetenwort lautet: «Was mir am Diesseits [von Gott] liebenswert gemacht wurde, sind die Frauen und die Wohlgerüche.»

Die Zahl der erlaubten Ehefrauen wurde im Koran – so zumindest die übliche Auslegung – auf vier beschränkt. Die weit höhere Zahl der Ehefrauen Mohammeds gilt als besonderes Privileg des Propheten. Erlaubt zum sexuellen Verkehr waren für einen Mann zudem alle Sklavinnen, die er besaß. Verboten wurde dagegen die Prostitution, die fortan als «Unzucht» (*zina'*) unter hohe Strafe gestellt war, und als Unzucht wurde auch jede sexuelle Beziehung gewertet, die nicht durch einen Ehevertrag abgesegnet worden war.

Im sunnitischen Islam wurde auch die vertraglich geschlossene «Genußehe» bzw. Ehe auf Zeit verboten, allerdings noch nicht von Mohammed, sondern erst durch *'Umar* (634–644), den zweiten Kalifen. Im Koran (4,28) heißt es noch: «Darüber hinausgehend [d. h. außer den legalen Ehefrauen und den Sklavinnen] ist es euch gestattet, als ehrbare Männer und um nicht Unzucht zu treiben, mit eurem Vermögen Frauen zu suchen. Wenn ihr dann welche von ihnen genossen habt, dann gebt ihnen ihren Lohn als Pflichtteil!» Nach anderer Lesart stand hinter dem Wort «genossen» ursprünglich noch «für eine vereinbarte Zeit», ein Zusatz, der im schiitischen Islam als verbindlich angesehen wird. Dementsprechend ist bei den Schiiten die Genußehe, sei es für einen Tag oder für einen Monat, bis heute erlaubt. Vor allem bei längerer Abwesenheit vom heimischen Ehebett nutzen die Männer diese Art der legalen Prostitution; der Vorteil, den die betreffenden Frauen aus dieser Legalisierung ziehen, liegt darin, daß ihr Anspruch auf die vorher vereinbarte Bezahlung einklagbar ist.

Mann und Frau wie Hahn und Henne

Die im Islam wie ursprünglich auch im Judentum erlaubte Polygamie und weitere legale Freiheiten des Muslims im sexuellen Bereich erregten den Abscheu abendländischer Christen (vgl. Kap. X). In beinahe reiner Übernahme der daraus resultierenden mittelalterlichen Verdikte leben die Vorbehalte gegen die polygamistischen Ehebestimmungen als Feindbild gegen die Muslime fort. Nicht unbeeinflußt davon haben einige muslimische Theologen in neuerer Zeit auch die Einehe als vom Koran zwar nicht gebotene, aber doch empfohlene Lebensform entdeckt. Ausgehend von der Forderung des Koran, die Ehefrauen gerecht zu behandeln, und der ebenfalls koranischen Feststellung, daß es unmöglich sei, mehrere Frauen in gleicher Weise gerecht zu behandeln, gelangten sie zu dem Schluß, daß Gott die Einehe propagiere. Zur völligen Gleichberechtigung der Frau konnte man sich – da sind die koranischen Aussagen zu eindeutig – selbst in den liberalsten theologischen Kreisen ebenso wenig durchringen wie in der katholischen Kirche. *Mohammed 'Abduh*, einer der führenden islamischen Reformtheologen des 20. Jahrhunderts, war sich nicht zu schade, die gottgewollte größere Schönheit (!) und Stärke des Mannes mit einem Vergleich aus dem Tierreich zu belegen, nämlich mit dem Unterschied von Hahn und Henne.

VII. Venus ohne Unterleib: Jungfrau Maria

Simon Petrus sprach zu ihnen: «Maria soll uns verlassen, denn Frauen sind des Lebens nicht wert.» Jesus sprach: «Ich selbst werde sie führen und zu einem Mann machen.»
THOMAS-EVANGELIUM, 2./4. JAHRHUNDERT

Jubelt auf, ihr Jungfrauen,
Eure Gefährtin ist die Mutter Christi!
AUGUSTINUS, UM 400

Jungfrau Maria, [...] Gebärerin ohne Mannes Zutun, [...] fruchtbar ohne Verletzung jungfräulichen Siegels.
WEIHINSCHRIFT, 5. JAHRHUNDERT

Maria, die jungfräuliche Mutter eines Gottessohnes, verkörpert in der christlichen Religion ein weiblich-göttliches Element und bildet in der gottgleichen Verehrungswürdigkeit ihrer Gestalt den größten Unterschied zu dem patriarchalisch-jüdischen Monotheismus, aus dem das Christentum hervorgegangen ist. Die Bereicherung der Glaubensvorstellung um eine weibliche Komponente, auf die der mosaische Glaube gänzlich verzichtete, verlieh dem jungen Christentum eine einzigartige Anziehungskraft.

Allerdings nicht von Beginn an. Es dauerte gut hundert Jahre, bis man in christlichen Kreisen den hohen Werbewert Marias erkannte und ihn, nach anfänglichen Widerständen aus den eigenen Reihen, bewußt einsetzte. Bis dahin hatte man sie kaum beachtet, und zunächst hatte nichts darauf hingedeutet, daß sie zum Antityp der Venus stilisiert werden würde.

Maria, die große Unbekannte

Über die historische Jesusmutter Maria liegt an gesichertem Wissen nahezu nichts vor. Paulus, dessen Briefe die ältesten heute noch heranziehbaren Schriftzeugnisse bilden, zeigte ein ausgesprochenes Desinteresse an Maria; er erwähnte sie nicht einmal. Die vier Evangelien, die auf der Grundlage griechisch geschriebener Legenden über den jüdisch-aramäischen Rabbi Jesus zwischen den Jahren 70 und 130 abgefaßt wurden, beschränken sich im wesentlichen auf spärliche Details ihrer «Vita» bis zur Geburt ihres Sohnes. In einigen Punkten weichen die Darstellungen, die nicht Geschichte vermitteln, sondern Andersgläubige vom Christusmythos überzeugen wollten, zudem gravierend voneinander ab, so daß bereits Zeitgenossen Jesu, Mitglieder der ersten christlichen Gemeinde, die verbreiteten Erzählungen kritisierten; die Gottheit Christi und dessen jungfräuliche Geburt stellten sie völlig in Abrede. Sie wurden deswegen zu Häretikern erklärt und, wie es für die Kirche mit allen, die unbequeme Wahrheiten vertraten, Usus werden sollte, mundtot gemacht. Der heute gültige lateinische Bibeltext wurde auf Veranlassung des Papstes Damasus im 4. Jahrhundert von Hieronymus erstellt, der sich der Mühe unterzog, die etwa achtzig verschiedenen Evangelienversionen zu vereinheitlichen; doch schon Hieronymus selbst mußte miterleben, wie seine Version im Nachhinein und ohne sein Zutun verändert wurde.

Ungeachtet einer solchen Textgeschichte, trotz der sich widersprechenden Stellen und Ungereimtheiten in den vier Evangelien und der offensichtlichen Fälschung mancher Passagen erkannte das Konzil von Trient 1546 Gott die Urheberschaft der Bibel zu, und das Erste Vatikanische Konzil erklärte 1870 das so zustandegekommene «Wort Gottes» zum für Christen nicht mehr diskutierfähigen Glaubensbestandteil.

Das älteste, sogenannte *Markus-Evangelium* äußert sich zur Zeugung und Geburt Jesu überhaupt nicht. Maria wird lediglich als Mutter Jesu und weiterer Kinder erwähnt, die Jesus anläßlich einer späteren Begebenheit nicht einmal zu sehen wünschte. Ferner ist von Zweifeln die Rede, die Jesus bezüglich seiner Herkunft entgegengebracht wurden. Im ausführlicheren *Matthäus-Evangelium* heißt es dagegen, daß Maria mit Joseph verlobt gewesen sei. Bevor sie mit diesem Geschlechtsverkehr gehabt habe, sei sie durch den Heiligen Geist schwanger geworden. Joseph, der – wie man zu ergänzen hat – einen Fehltritt seiner jungen, höchstens vierzehn Jahre alten Verlobten annehmen mußte, habe sich deshalb von ihr trennen wollen; doch ein Engel habe ihn über den göttlichen Urheber der Schwangerschaft aufgeklärt. Er habe darauf Maria geheiratet, sich aber jedes Geschlechtsverkehrs mit ihr bis zur Geburt Jesu, ihres «erstgeborenen» Sohnes, enthalten. Später habe sich Jesus geweigert, seine Mutter und seine Brüder zu sehen, die ihn um eine Unterredung gebeten hätten.

Der Evangelist *Lukas* erwähnt mehrfach, daß Joseph als Vater Jesu bezeichnet worden sei. Auch sei nicht ihm die Schwangerschaft seiner Verlobten durch einen himmlischen Boten angezeigt worden, sondern Maria selbst durch den Erzengel Gabriel: Der Heilige Geist werde über sie kommen, und die Kraft des Allerhöchsten werde sie überschatten. Nachdem sich Joseph aufgrund der von Kaiser Augustus anberaumten Eintragung in die Steuerlisten mit Maria nach Bethlehem begeben habe, sei diese dort niedergekommen; wegen der Raumknappheit in der Unterkunft habe sie ihren Erstgeborenen in Lappen gehüllt und in eine Krippe gelegt. Nach seiner Beschneidung, die acht Tage nach der Geburt stattgefunden habe, sei Jesus von seinen Eltern nach Jerusalem gebracht worden, wo sie im Tempel anläßlich seiner Geburt ein Opfer darbringen wollten, wie es das mosaische Gesetz vorgeschrieben habe: Falls das erste Kind einer Frau ein Sohn war, sollte dieser Gott heilig sein; wörtlich: «alles Männliche, das die Vulva [zuerst] öffnet, wird von Gott heilig genannt werden» (Lk 2,23). Und auch gemäß Lukas verweigerte Jesus später der Mutter und den Brüdern das gewünschte Zusammentreffen.

Der Evangelist *Johannes* verzichtet in seinem Evangelium wieder auf die Geburtsgeschichte, vermittelt aber den Eindruck, als habe sich Maria häufiger in der Nähe ihres Sohnes aufgehalten. Das erste Mal wird sie als Teilnehmerin der Hochzeit zu Kana erwähnt und dabei ebenfalls von Jesus unliebsam behandelt: Nachdem sie auf den ungenügenden Weinvorrat hingewiesen hatte, sagte er zu ihr, daß er mit ihr nichts zu schaffen habe. Danach zogen er, seine Mutter, seine Brüder und Jünger weiter nach Capharnaum. Einige Juden hätten ihm vorgehalten, nur der Sohn Josephs zu sein, den sie wie seine Mutter auch kennen würden. Und nur in diesem Evangelium wird Maria unter den Frauen genannt, die beim Tod Jesu anwesend gewesen seien; vom Kreuz herab habe dieser zu ihr gesagt, daß er ihr Sohn sei, und sie der Fürsorge des Apostels Johannes empfohlen.

Auch die *Apostelgeschichte*, die ebenfalls Lukas verfaßte und die als einzige Quelle über die Aktivitäten der Jünger Jesu nach dessen Tod Aufschluß gibt, erwähnt lediglich, daß sich Maria nach der Himmelfahrt Jesu bei den Jüngern in Jerusalem aufgehalten habe. Über ihr weiteres Leben, ihren Wohnsitz, ihren Tod und ihre Grabstätte ist nichts überliefert. Nicht einmal die christlichen Quellen der Zeit hatten noch ein Wort für sie übrig. Dies läßt sich unmöglich mit der Behauptung vereinbaren, daß man sie bereits zu Lebzeiten als jungfräuliche Mutter eines Gottessohnes ansah. Wäre sie in diesem Ansehen gestanden, hätte man sie schwerlich in dieser Weise «vergessen». So aber erweist ihre totale Nichtbeachtung das Bild, das sich die folgenden Jahrhunderte von ihr machten, als Produkt frommer Legenden, ekstatischer Visionen, Phantastereien erhitzter Gemüter und neurotischer Projektionen. Die Dogmen, welche die katholische Kirche zur gesteigerten Erhöhung Marias formulierte, wurden deshalb stets auch aus den eigenen Reihen heftig kritisiert. In der Neuzeit gern als äußere Zeichen einer Wertschätzung des weiblichen Beitrags zur christlichen Heilsgeschichte ausgegeben, bedeutete die Ausgestaltung des Mariabildes nichts anderes als die Zementierung eines männlichen Frauenbildes, an dem sich die Vertreterinnen einer feministischen Theologie heute noch / wieder die Zähne ausbeißen. In der Überhöhung der an Maria ausgerichteten Idealfrau und in der geschlechtsfeindlichen Glorifizierung ihrer Jungfräulichkeit bzw. der Reduzierung ihrer Daseinsberechtigung auf die Gebärfähigkeit lag der Keim zur Herabwürdigung jeder Frau, die diese von Kirchenmännern aufgestellten Maximen nicht erfüllte.

Das dunkelste Mittelalter läßt bis heute grüßen: Im Jahr 431 wurde auf dem *Konzil von Ephesos* die Gottesmutterschaft Marias zum unabdingbaren Glaubenssatz erhoben; seit dem römischen Konzil von 649 droht jedem Gläubigen die Exkommunikation, der die Jungfräulichkeit Marias (auch nach der Geburt ihres Sohnes) leugnet. Im Jahr 1854 (!) wurden ihre «unbefleckte Empfängnis» – und 1950 (!!) die im 6. Jahrhundert formulierte, «erst langsam geahnte Wahrheit von der leiblichen

Aufnahme Marias in den Himmel» (H. Rahner) zum Dogma erklärt, ohne dies mit einem einzigen direkten oder auch indirekten Hinweis aus der «Heiligen Schrift» abstützen zu können.

Dennoch: Die Begeisterung für Maria ist ungebrochen und treibt seltsame Blüten nicht nur im Christlichen Verein Junger Männer oder in erklärtermaßen marianischen Bünden. In einem SPIEGEL-Interview war der Paderborner *Erzbischof Degenhardt* auch noch 1992 in seiner Auffassung nicht zu erschüttern, daß bei der Geburt Jesu das Jungfernhäutchen seiner Mutter unversehrt geblieben sei. Und der französische Philosoph *Jean Guitton*, der sich gern mit dem Prädikat «Berater des Papstes und des Staatspräsidenten» geschmückt sieht, trägt beständig eine kleine Marienstatue in der Tasche bei sich, die er in Notlagen mit der Bitte um Beistand abergläubisch umfaßt. – Wie heißt es so richtig bei Matthäus (19,12): «Wer es fassen kann, der fasse es.»

Degenhardt war und Guitton ist nicht irgendwer. An der Glaubensfestigkeit beider kann nicht gezweifelt werden (am philosophisch-mystischen Lehrgehalt des zweiten um so mehr). Im Marienverständnis treffen sie sich mit den christlichen Geistern, die das Bild von Maria entwarfen und sich dabei hemmungslos antiker Vorgaben bedienten. Gerade die Tatsache, vielleicht auch schon die dahinterliegende Absicht, daß die Biographie der historischen Maria nur extrem rudimentär überliefert wurde, leistete der Ausgestaltung ihres Bildes nach Gutdünken bzw. nach dem angestrebten theologischen Nutzen Vorschub. Maria war eine konturenlose Hohlform, die sich nach Belieben füllen ließ, weil keinerlei historische Fakten dem widersprachen. Als Ikone war sie eine Freifläche, die sich zu Projektionen bestens anbot.

Von der Göttermutter zur Gottesmutter: Das Heidentum läßt grüßen

Die Lehre Jesu und seiner Jünger traf auf eine Welt, die nicht religionsfrei war. Höchstes Ansehen genoß im Römischen Imperium der persische Gott *Mithras*, der an einem 25. Dezember geboren worden sein soll. Daneben genossen zwei weibliche Gottheiten die meiste Verehrung: die ursprünglich ägyptische *Isis* und – vor allem im östlichen Mittelmeerraum – die *Artemis* von Ephesos. In manchen Gegenden wurden beide bis auf die unterschiedliche Namengebung als weitgehend identisch betrachtet und zusätzlich mit Vorstellungen vermischt, die über die anatolische *Kybele* und die syrische *Astarte* kursierten. Als eines ihrer wesentlichen Charakteristika galt, daß sie einen göttlichen Sohn zur Welt gebracht hätten.

Die göttliche Verehrung einer Madonna mit Kind reicht weit zurück. Die ältesten Statuetten, die diese Kombination aufweisen, wurden in Catal Hüyük (ca. 240 km südlich von Ankara) entdeckt; sie waren um 6000 v. Chr. angefertigt worden. Für das 2. Jahrtausend v. Chr. sind sie auf Zypern und Kreta nachgewiesen, für das 1. Jahrtausend v. Chr. auf Sardinien sowie in Mittel- und Süditalien. Ab demselben Zeitraum ist sie in Anatolien unter dem Namen Kybele belegt. Thronend, mit dem Kind auf dem Arm, wurde sie in Gestalt kleiner Figuren selbst der Artemis von Ephesos dargebracht. Ihr verbreitetster Beiname war «Göttermutter»; zu den späteren Darstellungen der Aphrodite mit dem Erosknaben auf dem Arm, der Göttermutter Rhea, nach deren Brust der kleine Zeus griff (wie in mittelalterlichen Darstellungen Jesus nach der Brust Marias), den römischen Münzbildern der Venus Genetrix mit einem Wickelkind auf dem Arm und der ägyptischen Isis mit dem Horusknaben auf den Knien weisen sie kaum einen Unterschied auf.

Plinius bezeichnete im 1. Jahrhundert n. Chr. auch die Venus als *Mater Deum*, «Göttermutter». Möglich war diese Auszeichnung für die Venus seit der Vergöttlichung Caesars und späterer Kaiser, die sich als Nachfahren der Aphrodite/Venus betrachteten. Außerdem sollte sie als originär römische Gottheit gegenüber der «ausländischen» orientalischen Konkurrentin Isis, die denselben Ehrentitel führte, aufgewertet werden. Der Titel *Genetrix*, «Erzeugerin, Mutter», für Kybele und dann auch für Venus sowie ab dem frühen Mittelalter in derselben Weise für Maria, diente demselben Zweck. Doch Isis' Durchbruch zur Universalgöttin konnte dies nicht aufhalten. Sie überlagerte – vor dem Erscheinen Marias und damit als deren Wegbereiterin – die Göttinnen Artemis, Kybele und Astarte/Aphrodite/Venus bis zur Gleichsetzung. Maria schloß den Reigen dieser Gottesmütter lediglich ab.

Der von christlicher Seite erhobene Einwand, daß Maria im Gegensatz zu Isis nicht als «Göttermutter», sondern als *Mater Dei*, d. h. als

Die Göttin Isis mit dem Horusknaben: Augenfälliges Vorbild für die spätere Ausgestaltung des Bildes von Maria mit dem Jesuskind. Statue aus Ägypten, 4. Jahrhundert n. Chr.

«Gottesmutter» bzw. «Mutter (eines) Gottes» bezeichnet worden sei, läuft ins Leere. Er ist für Isis in Ägypten bereits seit dem 2. Jahrtausend v. Chr. belegt. Im Westen erschien er auf einem Obelisken, der im 1. Jahrhundert n. Chr. im Isis-Heiligtum von Benevent (Süditalien) aufgestellt wurde, und auch die menschlichen Königsmütter der Ptolemäerdynastie «sind faktisch als Gottesmütter verehrt worden» (Stauffer S. 1488). Beim Evangelisten Lukas hieß Maria zudem *Mater Domini*, «Mutter des Herrn», was wörtlich dem griechischen Isis-Beinamen *mätär basiléōs* entsprach.

Zu Beginn des 3. Jahrhunderts wurde in Alexandria für Maria der Beiname «Gottesgebärerin» (griech. *theotókos*) aufgebracht, der bereits für Isis verwendet wurde. Doch er wurde nicht als Gegensatz oder Abgrenzung zu dieser geprägt; er reflektiert vielmehr den in jenen Jahrzehnten tobenden innerkirchlichen Streit um die Gottes- oder Menschennatur Jesu, in dessen Verlauf die Gegner für Maria den Begriff «Menschgebärerin» (*anthrōpotókos*) prägten. Ins Lateinische übertragen fand die «Gottesgebärerin» als *Genetrix Dei* allerdings eine altbekannte Entsprechung, womit sich der Kreis zur spätantiken Venus wieder schloß.

Maria, die Himmelskönigin

Die christliche «Göttin» Maria wurde mit allen Attributen geschmückt, die bereits antike Göttinnen ausgezeichnet hatten. Nichts an der Gestalt Marias ist originell. Wie bereits der Name der sumerischen Göttin Inanna «Herrin des Himmels» bedeutete, wurde die syrische Astarte (Ischtar) als «Sterngöttin» mit dem Himmel in Verbindung gebracht und die griechische Aphrodite als *Urania*, «Himmlische», ausgewiesen. Den Römern war die in Nordafrika unter dem Namen Tanit/Tinnit verehrte Astarte als «Himmelsgöttin» vertraut. Noch Augustinus gebrauchte diesen Beinamen ausschließlich für die in Rom hochgeschätzte «Große Mutter» Kybele. Die Angleichung von Astarte/Aphrodite an Venus führte dazu, daß auch letztere mit demselben Titel bedacht werden konnte.

1954 erklärte Papst Pius XII. per Rundschreiben Maria zur «Königin des Himmels (und der Erde)». Den Begriff hatte Kirchenvater Hieronymus dem Westen vermittelt, lateinisch als *Regina coelorum*, «Königin der Himmel», wobei die Mehrzahl «die Himmel» den kosmologischen Kenntnisstand seiner Zeit von sieben Planetenhimmeln wiedergab. Entsprechend hatte z. B. Origenes gebetet: «Unser Vater, der du bist in den Himmeln.» Andererseits bediente sich Hieronymus, der mit dem jüdischen Kulturkreis vertraut und des Hebräischen mächtig war, mit der Bezeichnung *Regina coelorum* eines Titels, der für Isis im Umlauf war, sowie eines Terminus, der exakt einem alten hebräischen Namen für den Planeten Venus entsprach: *melket haschemajîm*, «Königin der Himmel». Wie bei den Römern die Göttin Diana zum Beinamen *Lucifera*, «die wie der Morgenstern Glänzende», gelangt war, verwendete Hieronymus die Helligkeit des Morgen- bzw. Abendsterns als Metapher für die nach seiner Meinung strahlende Gestalt Marias, widmete gleichzeitig den im Volksglauben verbreiteten Isis-Titel für Maria christlich um und reklamierte damit indirekt auch den antiken Ehrennamen *Dea caelestis* für die zentrale weibliche Verehrungsgestalt der neuen christlichen Religion.

Nicht weniger deutlich erweist sich der – für sich genommen unsinnige – Marien-Beiname *Stella maris*, «Stern des Meeres», als antik-heidnisches Element, auch wenn er in dieser Form für eine der vormarianischen Göttinnen nicht nachweisbar ist. Bekannt ist aber, daß sich die antiken Seefahrer für die Dauer ihrer gefahrvollen Unternehmungen dem Schutz der Aphrodite anvertrauten; als realen Hintergrund wird man die Bedeutung des Morgen- und Abendsterns als Orientierungshilfe annehmen dürfen. Einen anderen, der Bezeichnung «Stern des Meeres» Sinn verleihenden Bedeutungsbezug lieferte der Aphrodite-Mythos mit der Geburt der Göttin aus dem Schaum des Meeres. Auch die zahlreichen Hafenstädte, die nach Aphrodite bzw. Venus benannt wurden, dokumentieren die enge Beziehung zwischen dem Venusstern und dem Meer. In Pompeji gab es einen Venus-Kult, der eine enge Verbindung zum Meer aufwies, und die ägyptische Isis, die in hellenistischer Zeit Aphrodite/Venus weitgehend verdrängte, galt *expressis verbis* als «Herrin des Meeres».

Wenn allerdings im 8. Jahrhundert Paulus Diakonus sein Marienlied *Ave maris stella / Dei mater alma* («Gegrüßt seist du, Stern des Meeres, nährende Muttergottes») sang, dann war er einem Schreibfehler und auch noch einem philologischen Irrtum aufgesessen, der den «Stern des Meeres» erst ermöglichte. Den ersten Fehler hatte Hieronymus begangen, indem er den Namen Maria vom hebräischen *mar iâm* herleitete und dies als *stilla maris*, «Tropfen des Meeres», übersetzte. Vermutlich im 5. Jahrhundert wurde *stilla* zu *stella* verschrieben. Zur *Dei mater alma* ist schließlich bemerkenswert, daß *alma*, «nährend», in der römischen Literatur das geläufigste Beiwort schon der Venus war, das ihren Mütterlichkeitsaspekt betonen sollte. Für Maria ließ sich das Beiwort sinnvoll aufgrund der Stelle bei Lukas «Selig die Frau, [...] deren Brust dich genährt hat» abstützen. Ob zusätzlich jener sprachliche Zufall, daß der alttestamentlich-hebräische Bibeltext mit der Ankündigung der Jungfrauengeburt das hebräische Wort *almâ'* für «junge Frau» hat, die Übernahme des lateinischen *alma* als Beiwort für Maria erleichterte bzw. christlich legitimierte, läßt sich nicht mehr entscheiden.

Der um 601 als Bischof von Poitiers verstorbene Dichter Venantius Fortunatus bezeugt in einem seiner Gedichte ein Gemälde Marias mit dem Mond zu ihren Füßen. Vom Spätmittelalter bis in die Barockzeit wurde kaum noch eine Marienstatue angefertigt, die Maria nicht auf einer Mondsichel stehend zeigte. Dieses Mondsichel-Attribut soll auf die sogenannte Apokalypse des Johannes zurückgehen, wo eine Frau beschrieben wird, die mit der Sonne umkleidet ist, den Mond zu ihren Füßen hat und eine Krone von zwölf Sternen trägt. Diese Frau wurde seit Kirchenvätertagen als Symbol für die Kirche Christi verstanden und, personifiziert, als Maria.

Doch selbst dieses Attribut dürfte, christlich umgedeutet, der antik-heidnischen Bildsprache entnommen sein. So erheben sich z. B. auf Münzen dargestellte Kaiserinnenbüsten aus einer Mondsichel. Auf Venus- oder Diana-Münzen schwebt die Mondsichel über dem Kopf der Göttin. Den Ursprung dieser «Mode» wird man im Alten Orient zu suchen haben, wo die Auffassung herrschte, daß neben anderen Gestirnen der Mond den Menschen am stärksten beeinflußte. Im babylonischen Mythos galt der Mondgott Sin als Vater der Ischtar (vgl. Kap. I), die als Morgen- bzw. Abendstern (Venus) am Himmel erschien. An der magischen Kraft des Mondes versuchten insbesondere Frauen zu parti-

Der christlichen Darstellung für die auf einer Mondsichel dargestellte Maria liegt eine Stelle aus der Johannes-Apokalypse (12,1) zugrunde. Doch die Verwendung dieses Attributs ist bereits aus vorchristlicher Zeit bekannt. Insofern ist davon auszugehen, daß es sich dabei – wie etwa auch beim Apfel der Aphrodite, der später Maria häufig in die Hand gegeben wird – um die christliche Umdeutung eines heidnischen Symbols handelt. Gefaßte Holzfigur um 1500 aus Güttingen (Schweiz).

zipieren, indem sie zu Mondsicheln geformte Amulette als Hals- oder Ohrschmuck trugen. Dieser Brauch lebte während der Antike im gesamten Mittelmeerraum fort und besteht in der islamischen Welt bis heute.

Auf vielen Münzrückseiten findet sich über der liegenden Mondsichel ein «Stern» abgebildet, bei dem es sich nach der verbreiteten Meinung um die Sonne handelt. Ebenso möglich aber ist vor dem Hintergrund, daß die Venus als der hellste Stern bewundert wurde, in dem Stern die Venus zu erblicken. In ihrer personifizierten Darstellung, d. h. indem der Stern einem Venuskopf weichen mußte, würden sich auch die Venusbüsten in Verbindung mit der Mondsichel leichter erklären lassen. In diesem Fall hätte dann die auf der Mondsichel stehende Maria – wie in anderen Fällen auch – die Venus bzw. die ebenfalls durch einen Stern symbolisch abbildbare Isis direkt beerbt und, wie so oft, ihre christliche Deutung mit Verweis auf die Apokalypse im Nachhinein erhalten.

Selbst der Typus der Madonna, die einen Apfel in der Hand hält oder einen kleinen Sohn auf dem Schoß hat, war seit den Tagen der Aphrodite-Verehrung verbreitet. Als kleine Figuren gefertigt konnten sie an zahlreichen Tempeln erstanden werden. Eine römische Münze aus dem 2. Jahrhundert n. Chr. weist eine Venus Genetrix auf, die, ganz wie Maria, in der Rechten einen Apfel und in der Linken ein Wickelkind präsentiert. Der Sternenmantel, mit dem Maria häufig bekleidet wird, findet sich bereits auf einem pompejanischen Venus-Bild. Und wie die Maria «im Rosengarten» zeichnete schon die antike Venus ihr enges Verhältnis zu den Rosen aus. Der Mai als «Marienmonat» war bereits der Artemis von Ephesos zugeordnet. Tauschte man zudem den Namen «Isis» durch «Maria» aus, ließen sich sogar zahlreiche heidnische Gebete problemlos christlich weiterverwenden. Wie von Isis oder Aphrodite erbaten sich ab dem 4. Jahrhundert nun Christen von Maria Schutz und Beistand.

So zeigt sich Maria als die «Schnittmenge» sämtlicher heidnischen Vorläuferinnen. Sie ist eine mythische Gestalt, ist Illusion und Selbsttäuschung mit dem Ziel, die christliche Religion und die gerade an der Person Marias festgemachte lustfeindliche Morallehre als originär auszuweisen.

Maria, die Unbefleckte

Selbst die Maria zugeschriebene Jungfräulichkeit – im Zusammenhang mit Zeugung und Geburt eines göttlichen Sohnes – stellte keinerlei Neuerung dar. Schon die frühsumerische Inanna war Jungfrau und Mutter zugleich. Astarte genoß in Phönizien als jungfräuliche Fruchtbarkeitsgöttin Verehrung. Für die Griechen galt Athene als jungfräulich, Alkmene, die den Halbgott Herakles gebar, als Jungfrau und Mutter zugleich und Hera als jungfräuliche Mutter des Hephaistos; sie glaubten, daß Alexander der Große von Zeus durch einen Blitzstrahl gezeugt worden sei, weshalb seine Mutter als «Gottesmutter» Verehrung genoß. Für die Griechen existierte schlichtweg nicht die später von den Christen bezüglich Maria herausgestrichene, ins Wundersame verklärte biologische Unvereinbarkeit von Mutterschaft und Jungfräulichkeit. Das Wort *parthenos,* «Jungfrau», bedeutete ihnen nichts anderes als «(noch) unverheiratetes Mädchen» und besagte nicht, daß dieses in unserem Sinn jungfräulich war. Als *parthenios,* d.h. als Sohn einer solchen «Jungfrau», wurde einer bezeichnet, der unehelich zur Welt gekommen war. Die Römer kannten die karthagische Göttin Tanit als *Virgo caelestis*, «himmlische Jungfrau». Die meist mit Sohn dargestellte Isis wurde als «die Große Jungfrau» angebetet; in Ephesos galt sie als Schutzpatronin der Jungfrauen. Und die dortige Stadtgöttin Artemis galt als «allzeitjungfräulich».

Männer, die ihr dienen wollten, mußten strikte Enthaltsamkeit üben bzw. sich gar ihrer Männlichkeit entledigen. Für den Oberpriester der Artemis von Ephesos ist anzunehmen, daß er Eunuch sein mußte, und die Priester der Kybele waren ebenso entmannt wie die der Großen Göttin in Syrien (vgl. Kap. I). In Rom stieß dieser Brauch auf scharfe Ablehnung und führte dazu, daß sich die gesamte Kybele-Priesterschaft aus Orientalen rekrutierte. Die Priesterinnen der Artemis blieben für die Dauer ihres zeitlich begrenzten Amtes unverheiratet und nahmen einen Rang ein, der dem der römischen Vestalinnen gleichkam. Die katholischen «Priester der Maria» gehen bis heute keine Ehe ein, was – wie hinlänglich bekannt ist – nicht bedeutet, daß sie sich ausnahmslos des Geschlechtsverkehrs enthielten: Allein im Jahr 1995 mußte sich der Erzbischof von Wien verabschieden, weil er als Päderast geoutet wurde, und der Bischof von Basel ging seines Amtes verlustig, weil er eine langjährige Freundin geschwängert hatte.

Die Bezeichnung Marias als «Jungfrau» ist nicht biblisch. Erst indem die alttestamentliche Prophezeiung des Isaias – «Gott selbst wird euch ein Zeichen geben: Eine Jungfrau wird schwanger werden und einen Sohn gebären, den ihr Emmanuhel (Immanuel) nennen werdet» – aus seinem historischen Kontext isoliert und auf Maria bezogen wurde, hob die theologische Diskussion um die Jungfräulichkeit der Jesus-Mutter an. Der Heilige *Justin*, der im Jahr 165 in Rom hingerichtet wurde, gilt als ältester Zeuge für die Behauptung, daß Maria nicht nur vor der Geburt, sondern auch während der Geburt ihres Sohnes jungfräulich geblieben sei. *Klemens von Alexandrien* reklamierte schließlich vor 215 Marias Virginität auch nach der Geburt. Sein Nachfolger *Origenes* mochte dieser Auffassung nur teilweise folgen; zwar ebenfalls von der durch den Heiligen Geist bewirkten und damit jungfräulichen Schwangerschaft Marias überzeugt, glaubte er doch, daß während des Geburtsvorgangs – wie dies die entsprechende Stelle bei Lukas (Lk 2,23) nahelegt – ihr «Mutterschoß geöffnet» wurde. Dafür kommt Origenes das Urheberrecht für die Behauptung zu, daß Maria außer Jesus keine weiteren Kinder gehabt und bis zu ihrem Lebensende jungfräulich, d. h. ohne Geschlechtsverkehr, gelebt habe.

Origenes brachte sich damit – wie übrigens auch Tertullian, der Marias immerwährende Jungfräulichkeit energisch bestritt – in Opposition zu der gleichzeitig aufkommenden, gesteigerten Vorstellung von Marias «Allzeitjungfräulichkeit». Ein Kommentar des Basileios, ab 370 Bischof von Kaisareia in Kleinasien, gibt preis, daß dabei der Wunsch der Vater des Gedankens war. Er räumte ein, daß einzig die Frage, ob Maria jungfräulich schwanger wurde, erheblich sei, da andernfalls Jesus' Gottessohnschaft in Zweifel gezogen werden könnte. Marias anschließendes Sexualverhalten sei im Grunde irrelevant; davon könne man halten, was man wolle, ohne einen Glaubensartikel zu verletzen. Doch: «Warum denken wir anders? Weil es für die Liebhaber Christi unvorstellbar ist, daß die Mutter Gottes irgendeinmal aufgehört habe, Jungfrau zu sein.»

So verräterisch dieses Bekenntnis auch war, so wenig vermochte es zu verhindern, daß die Verherrlichung der Jungfräulichkeit Marias und damit der geschlechtlichen Enthaltsamkeit jeder Frau im Denken der frommen Herren zur Obsession, zum paranoiden Wahn wurde. Ambrosius, Hieronymus und Augustinus sprachen Maria von jeder Sünde frei und verbreiteten die von Bischof *Zeno von Verona* (362–372) geprägte, bis heute gültige Formel: jungfräulich empfangend, jungfräulich gebärend, jungfräulich verharrend. Indem die Amtskirche diese Männer heilig sprach und ihren mariologischen Schriften quasi biblischen und somit Gotteswort-Charakter verlieh, darf bis in unsere Tage an Theologischen Fakultäten auf Staatskosten unter pseudowissenschaftlichem Deckmäntelchen der Mythos vom unversehrten Jungfernhäutchen Marias als Wahrheit gelehrt werden.

Kritische Theologen dagegen wurden ins Abseits gestellt, so etwa *Hugo Koch*, der 1937 zu dem Ergebnis gelangt war, «daß die geschichtliche Familie von Nazareth eine kinderreiche Handwerkerfamilie war und daß diese Tatsache in der ältesten Kirche [...] noch fortlebte, bis gewalttätige Kirchenväter diese Vorstellung zur Ketzerei stempelten und durch kirchliche Maßnahmen verdrängten». Ähnlich und ebenso erfolglos hatte zwei Jahre später der berühmte Theologe und Dogmatiker *Karl Barth* die katholische Marienlehre als «krankhafte Bildung des theologischen Denkens» bezeichnet.

Maria zieht nach Ephesos

Paulus stammte aus Tarsos in der heutigen Südtürkei. Er war mit den Gepflogenheiten der Artemis-Verehrung hinlänglich vertraut und hatte erfahren, wie stark sie in der Bevölkerung verwurzelt war. Seine Predigten gegen sie führten in Ephesos, dem Ort ihres Zentralheiligtums an der türkischen Westküste, zum öffentlichen Tumult. In der Apostelgeschichte heißt es, daß die Devotionalien- bzw. Souvenirhändler, die vom Artemis-Kult lebten, sich in ihrer Existenz bedroht fühlten.

Da die äußeren Attribute der antiken Göttin(nen) weitestgehend für Maria übernommen wurden, fiel es den antik-frühchristlichen Souvenirproduzenten jedoch leicht, die Artemis/Isis-Figuren als Marienfiguren auszugeben, und nicht schwer, vielleicht unter geringfügigen Abänderungen, neue, d. h. dem gewandelten religiösen Zeitgeschmack angepaßte, zu fertigen – so wenig wie heutigen Herstellern bestimmter konfektionierter Schokoladenartikel, die sich nur aufgrund der verschiedenfarbigen Silberpapierverkleidungen als Osterhasen oder Nikoläuse unterscheiden lassen. «Die christliche Archäologie», stellt selbst der Theologe *Georg Söll* im *Handbuch der Marienkunde* fest, «wird wohl kaum ganz erfassen können, wie viele Bilder oder Statuen über Nacht zu gefälligen und beliebten Darstellungen der Gottesmutter Maria umfunktioniert wurden. Bei Denkmälern der Kunst war es oft nur die Änderung der Inschrift oder die Zugabe eines Heiligenscheins, bei Gebeten und Gesängen handelte es sich nur um die Wandlung des Namens.»

So sehr Christen heute mit dem Verweis auf die Zerstörung des Artemis-Heiligtums in Ephesos und die Errichtung der Gottesgebärerin-Kirche in einiger Entfernung dazu eine Kontinuität von Artemis zu Maria in Abrede zu stellen versuchen, so unverkennbar bleibt, daß lediglich der Name geändert, die Sache aber erhalten wurde. Die verehrtesten weiblichen Gottheiten lebten in Maria unverblümt fort. Selbst für Ephesos ist zu konstatieren, daß die genannte Marienkirche zwar nicht am Platz des Artemis-Tempels, so aber doch unter Einbeziehung der Mauern des Olympieions errichtet wurde, d. h. der Zeus- bzw. Serapis-Basilika; und dieses ägyptische Pendant zum griechischen Olympier wurde fast allerorten in Kultgemeinschaft mit Isis verehrt. Auch die Kathedrale von Benevent, einer der ältesten der Maria geweihten christlichen Sakralbauten Italiens, steht wie die Marienkirche, die im 6. Jahrhundert in Soissons bei Paris errichtet wurde, auf den Grundmauern eines Isis-Tempels. Und Kunsthistoriker streiten bis heute darüber, ob es sich bei der sogenannten Venus von Quinipily (bei Baud in der Bretagne) um eine Isis- oder aber Marienstatue handelt.

Es fällt schwer, als Zufall abzutun, daß ausgerechnet auf einem Konzil in Ephesos der Isis-Titel «Gottesgebärerin» (*Theotókos*) für Maria verbindlich festgeschrieben und letztlich die Metamorphose von der ägyptischen Gottesmutter Isis zur Gottesmutter Maria im Jahr 431 kirchlich abgesegnet wurde. Es waren bezeichnenderweise Vertreter aus dem ägyptischen Alexandria, die den Begriff einführten: Origenes, Petrus und Alexander von Alexandrien. Und auf dem Konzil zu Ephesos leitete Bischof Kyrillos von Alexandria die Versammlung. Unmittelbar danach ließ Papst Sixtus III. in Rom die erste Marienkirche im

Westen errichten, die heutige Patriarchatsbasilika Santa Maria Maggiore – die übrigens markanter Punkt eines Rotlichtviertels im heutigen Rom ist! – auf dem Esquilin.

In Ephesos auch hatte aller Wahrscheinlichkeit nach der Märtyrer Justin, der um die Mitte des 2. Jahrhunderts die Jungfräulichkeit Marias vor und während der Geburt aufbrachte, seine Ausbildung erhalten. Selbst der Apostel Johannes, dem Jesus vom Kreuz herab die Sorge um seine Mutter aufgetragen haben soll, stammte höchstwahrscheinlich aus Ephesos. Diese Auffassung – verbunden mit der Bemühung, den Artemis-Kult in Ephesos lokal zu überlagern bzw. Ersatz zu schaffen für die in der breiten Bevölkerung «vielgeliebte hellenistische Erlösergöttin» Isis – hat wohl den Anlaß zu der späteren Legende gegeben, der zufolge Maria nach Ephesos übersiedelt und dort gestorben sei. Bis zum heutigen Tag wird in Ephesos Touristen ein Haus Marias gezeigt; selbst Muslime, die Jesus, den Sohn Marias, als Propheten verehren, begegnen der Stätte mit Ehrfurcht. Daß andererseits ein Grab Marias und die im 5. Jahrhundert darüber errichtete Kirche im Garten Gethsemane bzw. im Kidrontal seit dem frühen Mittelalter Jerusalem-Pilger in seinen Bann zog, steht wiederum dagegen.

Maria: Ein narzißtischer Wunschtraum

So wie heute noch die katholische Kirche das Vorkommen Marias im Koran und ihre Wertschätzung bei den Muslimen zu missionarischen Bemühungen nutzt, so bedienten sich die ersten Christen der Göttinnen Artemis und Isis, um den Heiden Maria als ihr Pendant näherzubringen. Den Mechanismus, der dabei die Gestalt Marias formen ließ, beschrieb treffend der bereits zitierte Marienverehrer *Georg Söll* (S. 122): «Die junge Kirche lernte bald begreifen, daß mit der Auswertung von Anknüpfungspunkten der Überschritt vom Heidentum zum Christentum psychologisch leichter vollziehbar war. Sie hat daher auch bei ihrer Missionspraxis andere religiöse Vorstellungen und Frömmigkeitsformen für sich ausgenützt bzw. ‹umgetauft›.» Daß dazu umgekehrt Maria, über die – abgesehen von der Behauptung, daß sie jungfräulich einen Gott zur Welt gebracht habe – nahezu nichts bekannt war, gerade im Volksglauben den heidnischen Göttinnen bis zur Verwechslung angeglichen werden mußte und analog zu diesen überhaupt erst «gestaltet» wurde, förderte die Bereitschaft, sich für den neuen Glauben zu erwärmen, noch einmal.

Mit der Steigerung Marias zur quasi-göttlichen Gestalt kam das Christentum gleichzeitig der «religionspsychologische[n] Grundverfassung des Menschen» entgegen, «die dazu neigt, auch ein weibliches Element ins kultische Denken und Leben einzubeziehen» (Söll). Die neue Religion erleichterte damit ihre Durchsetzung entschieden. Ohne Maria, die Christus immer mehr angeglichen wurde – man bedenke nur ihre «Himmelfahrt» – und in der Volksfrömmigkeit ihrem Sohn den Rang als Gebetsempfänger streitig machte, wäre dem Christentum der erzielte Erfolg nicht beschieden gewesen.

Das Paradoxon Jungfrau/Mutter, das man in Maria verkörpert dachte, jenes «Geheimnis des Glaubens», das sich jeder vernünftigen Erklärung entzog und darum im ureigensten Sinn ein religiöses Moment darstellte, wurde bis zu einem regelrechten Jungfräulichkeitswahn fortgetrieben. Die Diskussion über den Zustand des Jungfernhäutchens Marias vor, während und nach der Geburt ihres Sohnes wurde zu *dem* Thema.

Die Urheber dieser Erörterungen offenbaren deutlich, wenn auch in sublimierter Form, eine psychische Disposition, die nicht allein von einem allgemein männlichen Interesse am weiblichen Geschlecht und speziell am «Schoß Mariens» bestimmt war. Nur eine narzißtische Persönlichkeitsprägung vermochte sie in die Lage zu versetzen, den Jungfrau-/Mutter-Komplex in der bekannten extremen Weise auszubilden. Das psychische wie physische Wohlbefinden, das sie aus der engen Verbindung mit der eigenen Mutter während der ersten Lebensjahre mitnahmen, sowie andererseits die nicht verwundene Beendigung dieses als selig empfundenen primärnarzißtischen Zustands rief später infolge der Konfrontation mit der als feindlich und frustrierend erlebten mutterfernen Außenwelt in den jungen Männern irreale Sehnsüchte nach der verlorengegangenen exklusiven Mutterbeziehung hervor. Ihre Unfähigkeit, die Realität als solche zu akzeptieren sowie das dem Menschen eigentümliche Streben, die einst erlebte Zufriedenheit wiederzuerlangen, ließ sie «neue Welten der Vollkommenheit entwerfen, die sie mit idealisierbaren Personen, idealisierbaren Zielen und idealisierbaren

Gemeinschaften bevölker[te]n» (Henseler S. 133). Notgedrungene Folgen waren der Rückzug von der wirklichen Welt und die Ausblendung der realen menschlichen Natur sowie die Schaffung der Idealmutter in der Gestalt Marias. Ihre Entrückung in die Unwirklichkeit göttlicher Sphären garantierte eine absolut störungs- und enttäuschungsfreie Zuwendung.

Die Überbetonung der Jungfräulichkeit dagegen, die jene christlichen Männer Maria bzw. der in ihr nachgebildeten Idealmutter zuerkannten, ist als Folge eines in der Pubertät nicht überwundenen, zur Neurose entwickelten Ödipuskomplexes zu verstehen. Sie wünschten sich den Idealfall einer singulären Mutter-Kind-Beziehung, d. h. ohne Konkurrenz durch den Vater oder weitere (männliche) Geschwister. Von der eigenen Geburt einmal abgesehen, konnte einzig eine jungfräuliche Lebensweise der Mutter sicherstellen, daß die Mutter-Kind-Beziehung exklusiv und somit von weiteren Bewerbern um ihre Gunst, sprich vom Vater und weiteren Kindern, unbeeinträchtigt blieb. Zugleich ersparte sie dem zum Mann gereiften Sohn die unerträgliche, zumindest nur schwer akzeptable Vorstellung von einer kopulierenden Mutter.

Maria, die in den Himmel erhobene jungfräuliche Mutter, bediente sowohl den Narzißmus wie den Ödipuskomplex ihrer Verehrer zur vollen Befriedigung und belohnte diese mit «einem Hochgefühl von gegenseitiger Bestätigung, herausgehobener Bedeutsamkeit, Selbstverständlichkeit und Einzigartigkeit wegen der anscheinend inneren Übereinstimmung» (Henseler S. 135). Letztere aber verlangte zwangsläufig nach selbstgelebter, rigider sexueller Enthaltsamkeit. So fiel die Projektion, die Maria schuf, als moralische Forderung auf ihre menschlichen Schöpfer zurück. Maria als der «Göttin der Lustfeindlichkeit» zu dienen, hieß, jedes eigene Lustempfinden unterdrücken zu müssen. Die kastrierten Diener der Kybele und die Eunuchenpriester der Artemis von Ephesos lassen grüßen.

VIII. Fatima: strahlende Venus und größte Maria

Maria wurde mit den Früchten des Paradieses genährt,
Fatima aus den Früchten des Paradieses geschaffen.

Ibn Shahrashub 12./13. Jahrhundert

In der Theologie des *sunnitischen Islam*, jener islamischen Konfession, die von Westafrika bis Indonesien die weiteste Verbreitung gefunden hat und der ca. 90 Prozent der Muslime anhängen, konnte sich eine marienartige Verklärung einer Frauengestalt nicht entwickeln. Die Absolutheit des von Mohammed verkündeten patriarchalischen Monotheismus blieb ein so zentrales Grundprinzip, daß die offizielle Theologie jegliche Tendenz, einem Menschen, sei er männlich oder weiblich, göttliche Attribute auch nur andeutungsweise zuzubilligen, in den Bereich der Häresie verwies. In diesem Punkt gleicht der sunnitische Islam weit weniger dem Christentum als dem mosaischen Glauben, ihrem gemeinsamen religiösen Fundament. Denn so wenig Moses in göttlichen Rang erhoben wurde, so wenig geschah dies mit Mohammed – und deshalb auch wurde Mohammeds Mutter Amina nicht zur «Gottesmutter» und avancierte seine langjährige Gattin Khadidja nicht zu einer Gottesgefährtin, so sehr man ihr Andenken auch in Ehren hielt. Zwar wird von den Sunniten auch Maria, die Mutter des «Propheten» Jesus, verehrt, doch bis zur Fürsprecherin bei Gott hat sie es nicht gebracht. Eva schließlich, die Stammutter des Menschengeschlechts, erscheint im Koran zwar nicht als die von der teuflischen Schlange angestachelte Verführerin Adams zum Ungehorsam gegenüber Gott, sondern der Teufel spricht dort zu beiden, an einer Stelle sogar allein zu Adam (7,18ff. bzw. 20,120f.). Bei der späteren Ausgestaltung der Schöpfungsgeschichte folgten die betreffenden Autoren aber ganz der jüdisch-christlichen Tradition und ließen Gott Eva mit Menstruation und Geburtsqualen bestrafen. Während Adam die lange Reihe der Propheten über Moses und Jesus bis Mohammed anführen durfte, blieb allein an Eva das Stigma der teuflischen Verführung haften. Eine Erbsünde wie im Christentum hat der Islam aus dem paradiesischen Sündenfall nicht konstruiert.

Selbst die Versuche der islamischen Mystik und der Volksfrömmigkeit, Heilige (*awliya'*, sg. *waliy*) als Vermittler zwischen Gott und die Gläubigen zu stellen, ist von den religiösen Autoritäten stets zurückgewiesen worden, wenn auch mit recht unterschiedlicher Intensität. Daß der Volksglaube neben der offiziellen Theologie weiterlebte, steht freilich auf einem anderen Blatt (vgl. Kap. XIII).

Fatima, die strahlende Venus

Ganz anders ist dagegen der *schiitische Islam* mit der weiblichen Komponente im Glauben umgegangen. Im Gegensatz zur Sunna splitterte sich die Schia schon früh in zahlreiche Unterkonfessionen und Sekten auf, von denen die größte, die sogenannte *Zwölfer-Schia*, heute im Iran Staatsreligion ist, aber auch im Jemen, im Süden des Irak und in Teilen des Libanon und Afghanistans weite Verbreitung gefunden hat. Einer der zentralen Unterschiede zwischen Sunna und Schia liegt darin, daß die Schiiten *Ali*, dem Vetter und Schwiegersohn des Propheten und vierten Kalifen, in ihrem Glaubensgebäude einen so hohen Platz einräumen, daß er zuweilen den Propheten überstrahlt, ja in einigen Sekten sogar göttlichen Rang eingenommen hat.

Mit Ali wurde der engste Kreis seiner Familie in Gottesnähe gerückt, darunter auch *Fatima*, die Tochter des Propheten und erste Gattin Alis, deren Söhne *Hasan* und *Husain* die einzigen Enkel Mohammeds waren. Zusammen mit Ali, Mohammed sowie Hasan und Husain bildet Fatima eine regelrechte Fünfheit. Diese Pentade wird mit einer Geschichte begründet, wonach der Prophet einmal die anderen vier unter seinen Mantel nahm und den Koranvers rezitierte: «Gott will die Unreinheit von euch entfernen, ihr Leute des Hauses, und euch wirklich rein machen» (33,33).

Während die historische Fatima in den Quellen recht blaß bleibt, hat sich die Legende, die bei den Schiiten zum offiziellen Glaubensinhalt wurde, ihrer um so mehr angenommen. *Ibn Shahrashub*, einer der bedeutendsten schiitischen Theologen des 12. Jahrhunderts, hat wie viele andere schiitische Autoren auch ein Werk über «die hervorragenden Eigenschaften» der Familie Alis verfaßt und darin die ihm zugänglichen Überlieferungen zusammengetragen. Schon Fatimas Geburt wird verklärt. Während seiner nächtlichen Reise in den Himmel sei Mohammed von Gabriel an die Hand genommen und ins Paradies geführt worden. Dort habe ihm der Engel einige Datteln, nach einer anderen Überlieferung einen Apfel (!), überreicht. Mohammed habe die Früchte gegessen, die sich daraufhin in seinen Lenden in Sperma verwandelt hätten. Wieder zurück auf der Erde habe er sogleich mit seiner Gattin Khadidja geschlafen, die daraufhin mit Fatima schwanger geworden sei. Er habe deshalb seine Tochter als «menschliche Paradiesesjungfrau» bezeichnet und gerne zu ihr gesagt: «Immer wenn ich mich nach dem Duft des Paradieses sehne, rieche ich den Duft meiner Tochter.»

Die Legende wurde vielfach erweitert: Fatima sprach bereits als Embryo zu ihrer Mutter, blieb frei von jeder Sünde und war, wie auch die Töchter anderer Propheten, von den irdischen Unbilden der Menstruation befreit, wurde also von der Strafe, die seit der Vertreibung aus dem Paradies auf Evas Töchtern lastet, ausgenommen. Ihre Hochzeit mit Ali wurde nicht nur zu einem irdischen, sondern schon vorher zu einem himmlischen Ereignis:

«Das Licht vermählte sich mit dem Licht. Der Vormund war Gott, der Brautwerber Gabriel, der Verkünder Michael, der Rufer Israfil und der Schriftführer Izra'il. Zeugen waren die Engel der Himmel und der Erde. Dann befahl Gott dem Paradiesesbaum: Streue aus, was an dir ist! Und da streute er aus weiße Perlen, rote Rubine, grüne Chrysolithe und frische Perlen. Und die schwarzäugigen Huris sammelten sie eiligst auf und beschenkten sich gegenseitig.»

Nicht neun Monate, sondern nur neun Stunden sei Fatima mit Hasan schwanger gegangen und habe Husain bereits sechs Monate später geboren, und zwar aus ihrem Oberschenkel. Einmal mehr zeigt dies, wie sich antike Motive – hier die Geburt des Dionysos aus dem Schenkel des Zeus – islamisch umgedeutet auch im Orient gehalten haben, wenn nicht schon die Geburt des Dionysos ein altorientalischer Mythenimport nach Griechenland war.

Mohammed gibt seiner Tochter Fatima seinen Vetter Ali in die Ehe. Türkische Buchmalerei, Ende 16. Jahrhundert.

Fatima werde, so die Legende weiter, das erste menschliche Wesen sein, das am Tage des Jüngsten Gerichts ins Paradies eingehe. Und dort werde sie nach einem angeblichen Wort des Propheten entsprechend ihres hohen Ranges empfangen:

«Am Tag des Jüngsten Gerichts wird meine Tochter Fatima auf einem der paradiesischen Kamele herankommen [...], dessen Halfter aus frischen Perlen besteht, dessen Beine grüne Smaragde sind, dessen Schwanz aus duftendem Moschus ist und dessen Augen zwei rote Hyazinthe bilden. Über ihr erhebt sich eine Kuppel aus Licht, deren Äußeres man von innen und deren Inneres man von außen sieht. Ihr Inneres ist die Vergebung Gottes, ihr Äußeres seine Barmherzigkeit. Sie trägt eine Krone aus Licht mit siebzig Ecken. In jede Ecke sind Perlen und Hyazinthen eingelegt, die wie die Sterne am Horizont des Himmels leuchten. Rechts und links von ihr begleiten sie jeweils siebzigtausend Engel. Und Gabriel führt das Halfter, wobei er mit lauter Stimme ruft: Schließt eure Augen, bis Fatima vorübergezogen ist!»

Im Paradies werde sie in einem Gebäude leben, das von einer schwebenden Kuppel aus rotem Hyazinth von gewaltigen Ausmaßen überragt sei und hunderttausend Tore besitze, an denen jeweils tausend Engel stünden. Den Paradiesbewohnern werde das Gebäude erscheinen wie der «glänzende, funkelnde Planet am Horizont des Himmels».

Wenn im Arabischen wie auch in anderen semitischen Sprachen von *dem* Planeten (*kaukab*) schlechthin die Rede war, so verstand man darunter bevorzugt die helleuchtende Venus: Wie im christlichen Bereich für Maria, so war auch bei der Ausgestaltung der Fatima-Legenden venusischer Glanz ein wichtiges Element. Gerne wird sie selbst von Sunniten *az-zahra'*, «die Glänzende», «die Strahlende», genannt, und dieser Beiname kommt von derselben arabischen Wortwurzel, von der auch der Name für den Planeten Venus, *zuhara*, gebildet ist, was ursprünglich schlicht «Glanz» bedeutete.

Fatima, die größte Jungfrau Maria

Doch «die Glänzende» ist nur einer von Dutzenden von Beinamen, die die Schiiten der Fatima beigelegt haben. Allein Ibn Shahrashub nennt über sechzig. Darunter finden sich auch diese: die «Herrin»; die

«Herrin der Frauen im Diesseits und Jenseits»; die «Barmherzige»; «diejenige, zu der Gott durch seinen Engel Gabriel gesprochen hat»; die «Jungfräuliche»; die «Jungfrau»; die «Reine»; die «Herrin des Paradiesbaumes»; die «Schwester Marias»; die «größte Maria».

Selbst wenn Fatima hier nicht ausdrücklich als «Maria», ja sogar als «größte Maria» bezeichnet worden wäre, so würden die Bezüge zwischen Fatima und Maria dennoch aus mehreren anderen der aufgeführten Beinamen deutlich. «Die Herrin» (*as-sayyida*) ist auch bei den christlichen Arabern ein beliebter Name Mariens und entspricht der *madonna – «meine Herrin»* – in den romanischen Sprachen. Und von Gabriel ist auch Maria unmittelbar angesprochen worden, als er ihr die Geburt Jesu verkündete. Vor allem aber erinnert die Bezeichnung «die Jungfrau» an Maria. Über diesen Begriff gerieten die schiitischen Autoren allerdings in eine gewisse Erklärungsnot. Sie konnten sich bei der positiven Einstellung des Islam zur ehelichen Sexualität, wie sie ja auch der Prophet vorgelebt hatte, nicht dazu durchringen, Ali die Vaterschaft an seinen Söhnen zugunsten Gottes abzusprechen. Ibn Shahrashub gab als Erklärung zunächst einen angeblichen Ausspruch des Propheten wieder, wonach Fatima – wie auch Töchter anderer Propheten – nicht menstruiert habe; darauf beziehe sich auch ihr Beiname «die Reine».

Andererseits wies Ibn Shahrashub in seinem Vergleich zwischen Fatima und Maria auch auf zwei Koranverse (21,91 und 66,12) hin, in denen von Maria gesagt wird, daß sie «ihre Scham unzugänglich machte», worauf Gott ihr seinen Geist eingehaucht habe und sie schwanger geworden sei. Zwar nicht im Koran, aber in einem Prophetenwort wird dieselbe Formulierung auch für Fatima verwendet. Im allgemeinen wird Marias unbefleckte Empfängnis im Islam nicht bestritten, doch wollte Ibn Shahrashub die Keuschheit Marias – wie dann auch Fatimas – nur in dem Sinne verstanden wissen, daß die beiden lediglich mit ihren legitimen Ehemännern sexuell verkehrten. Eine Jungfräulichkeit wäre damit allerdings nicht in Einklang zu bringen, wenn man nicht – und dies dürfte sich in dem Beinamen «menschliche Paradiesesjungfrau» ausdrücken – davon ausgeht, daß die Jungfernschaft immer wieder von neuem eintrat, wie sich Muslime dies auch bei den Huris im Paradies vorstellen (vgl. Kap. XIII). Die christliche Interpretation der

Jungfräulichkeit Marias muß dabei nicht unbedingt Pate gestanden haben. Vielmehr kann Fatima – wie schon vorher Maria – dieses Attribut von viel älteren orientalischen göttlichen Jungfrauen übernommen haben (vgl. Kap. I und VII).

Mit Maria und anderen hochverehrten Frauen aus vorislamischer Zeit wurde Fatima auch in manchen frommen Legenden unmittelbar zusammengebracht. So sollen bei Fatimas Geburt *Sarah*, die Frau Abrahams, *Asiya*, die Frau des Pharao, *Kulthum*, die Schwester Moses, und eben *Maria* der Khadidja Beistand geleistet haben, und im Paradies werden Maria, Asiya und Khadidja wie ein Vorhang oder Schleier Fatima umgeben. Die vier letztgenannten Frauen gelten überhaupt als die besten Frauen der Menschheit.

Fatima, Heiliger Geist

Gott hat, so eine von Schiiten dem Propheten unterstellte Behauptung, sein Licht auf drei Menschen geworfen: das erste Drittel auf Mohammed selbst, das zweite auf Fatima und das dritte auf Ali, damit diese die Menschen rechtleiten. Wie einst El im altorientalischen Ugarit zwar der Götterversammlung vorstand (vgl. Kap. I), ansonsten aber seinen göttlichen Nachkommen das politische Alltagsgeschäft überließ, so überträgt auch in diesem Bildnis Gott, Allah, das himmlische Licht für die irdische Führung der Menschheit einer quasi-göttlichen Dreiheit, die hier aus Vater, Tochter und Schwiegersohn besteht. Zweifelsohne lebte auch hierin die im Alten Orient vielfach belegte Vorstellung von einer «Dreifaltigkeit» aus einem älteren und einem jüngeren Mann sowie einer Frau, die auf die eine oder andere Weise beiden zugetan war, fort.

An der Ausgestaltung der Schia hatten Iraner von Anfang an einen hohen Anteil. Sie blieben dabei nicht unbeeinflußt von den eigenen vorislamischen religiösen Vorstellungen. Auch in Iran war es in der ersten Hälfte des letzten Jahrtausends v. Chr., also etwa gleichzeitig mit dem Judentum, zu einer patriarchalisch-monotheistischen Revolution gekommen. Der Prophet *Zarathustra* verkündete den Glauben an den alleinigen Schöpfergott *Ahura Mazda* («Herr Weisheit»). Im Gegensatz zum Judentum bekam er jedoch bald zwei weitere Gottheiten hinzugesellt, die schon vorher einen hohen Rang im altiranischen Pantheon bekleidet hatten, nämlich *Mithras*, den Sonnen- und Kriegsgott, sowie *Anahita* («die Makellose»), die Göttin der Liebe und der Fruchtbarkeit. Zweifellos hat diese Göttertriade Pate gestanden bei der schiitischen Dreiheit *Mohammed – Fatima – Ali.*

Daß man Anahita im vorislamischen Iran mit dem Planeten Venus gleichsetzte, beweist allein der Umstand, daß noch heute im Persischen dieser Planet *anahid* oder *nahid* heißt. Und welche Eigenschaft Anahita einst vorwiegend verkörperte, läßt sich an der Bedeutung ablesen, die der persische Götter- und Planetenname bei seiner Entlehnung ins Arabische angenommen hat, denn dort dient *nahid* als Bezeichnung für jedes irdische «Mädchen mit schwellenden Brüsten»; die üppigen Formen auf den bildlichen Darstellungen der Anahita in Iran müssen die arabischen Eroberer im 7. Jahrhundert tief beeindruckt haben.

Ihren positiven erotischen Aspekt indes hat Anahita bei ihrer Umwandlung in Fatima ebenso verloren wie Maria, als sie die Nachfolge der Aphrodite/Venus antrat (vgl. Kap. VII). Mütterlichkeit und auch Jungfrauenschaft sind als Charakteristika wie Maria so auch Fatima zu eigen, doch hat letztere zusätzlich Eigenschaften angenommen, die man von unserem Marienbild her bei ihr nicht erwartet. Während in einer schiitischen Liste der zehn bedeutendsten Frauen der Menschheit Maria durch die Keuschheit besonders ausgewiesen ist, gilt Fatima als Trägerin des Wissens (*'ilm*), eine Eigenschaft, die im Morgen- wie im Abendland vornehmlich von den Männern reklamiert wird. Fatima als Besitzerin des Wissens steht im Zentrum einer Legende, die im 10. Jahrhundert von dem schiitischen Theologen *Ibn Rustam at-Tabari* erzählt wurde: Danach empfing Fatima nach dem Tode ihres Vaters Mohammed vom Himmel ein Buch, dessen Seiten aus weißen Perlen und dessen Einband aus rotem Chrysolit bestand. Das Buch enthielt nichts aus dem Koran, dafür aber alles über die vergangene Geschichte sowie alle Ereignisse, die in den kommenden 50.000 Jahren geschehen würden, und deshalb sollten ihr künftig alle Menschen einschließlich der Propheten – also auch ihr Vater Mohammed – und alle Engel und Geister gehorchen müssen. Sie händigte das Buch dann Ali aus, von dem es in den Besitz seiner männlichen Nachkommen, vornehmlich der Imame gelangte.

Liest man diese Legende zusammen mit der Geschichte von der Verteilung des göttlichen Lichts an Mohammed, Fatima und Ali, so drängt sich erneut ein Vergleich mit der christlichen Dreifaltigkeit auf, wobei dann Fatima als Trägerin des Wissens den Part des Heiligen Geistes übernommen hätte. Soweit ist es bei den Schiiten aber nicht gekommen. Leider, möchte man sagen, denn die aufgeführte Legende böte feministisch gesonnenen schiitischen Theologen die Chance, daraus für die Frauen einen Vorsprung im Wissen und eine kulturelle Vorreiterrolle zu propagieren. Bis dahin ist es aber wohl noch ein weiter Weg.

Fatima, der Schöpfer

Die Reihe der Imame, d. h. der nach schiitischer Vorstellung einzig rechtmäßigen obersten Herrscher über die islamische Welt, begann mit Fatimas Gatten Ali, ihren beiden gemeinsamen Söhnen Hasan und Husain und setzte sich in deren männlichen Nachkommen fort. Da die Sippe ausgesprochen zeugungsfreudig war und die Zahl der Nachkommen, die einen Anspruch auf das Imamat anmelden konnten, bald unüberschaubar wurde, kam es naturgemäß zu Auseinandersetzungen darüber, wer der rechtmäßige Imam sei. Abgesehen von theologischen Streitigkeiten führte dies zu immer neuen Spaltungen und ist letztlich die Hauptursache für den Zerfall der Schia in zahlreiche Sekten. Da die Imame auf die eheliche Verbindung Fatimas mit Ali zurückgingen, trägt sie auch den Beinamen «Mutter der Imame». Und da die Imame im schiitischen, vor allem von mystischen Strömungen beeinflußten Glauben zu Gott in einem Verhältnis stehen, das vergleichbar ist dem Verhältnis von Jesus zu Gott in der christlichen Theologie, ist Fatima als «Mutter der Imame» durchaus wieder Maria als der «Mutter Gottes» ähnlich.

Ist der Beiname «Mutter der Imame» historisch noch durchaus verständlich – mit Ausnahme im Falle des ersten Imams, Ali, der nicht Fatimas Sohn, sondern ihr Gemahl war –, so ist ein weiterer Titel Fatimas, nämlich «Mutter ihres [eigenen] Vaters», ein biologisches Paradoxon, das rational nicht nachvollziehbar ist. Es ist jedoch nicht auszuschließen, daß an der Formulierung dieses Paradoxons der christliche Muttergottesbegriff beteiligt war, muß er doch von einem monotheistischen Nichtchristen in der Weise verstanden worden sein, daß Maria als die Mutter des Schöpfergottes eben als Mutter nicht nur von Gott Sohn, sondern auch von Gott Vater angesehen wurde.

Doch Fatima erfuhr noch eine weitere Erhöhung. In der Liste ihrer Beinamen erscheint nämlich als letztmögliche Steigerung *al-fatir*, «*der* Schöpfer». (Im Koran ist dieser Beiname ausschließlich Gott vorbehalten, und es gibt sogar eine eigene Koransure dieses Namens [Sure 35]). Hierfür – wie bei dem Beinamen «die Mutter ihres Vaters» – christliche Einflüsse zu vermuten, ist nicht mehr möglich, denn zum Schöpfer ist Maria im Christentum nie geworden. Die Frau Fatima als *der* Schöpfer steht aber auch derart in diametralem Gegensatz zur Kernaussage des patriarchalischen Monotheismus, daß diese Vorstellung kaum aus diesem heraus entwickelt worden sein kann. So ist die Vermutung, daß hier eine Erinnerung an die altorientalische Mutter- und Schöpfungsgottheit vorliegt, nicht von der Hand zu weisen. Ohnehin hat die Schia im Verlaufe ihrer Geschichte derart zahlreiche und exzentrische sektiererische Metastasen gebildet, die wiederum viel vor- und außerislamisches Glaubensgut synkretistisch verarbeitet haben, daß die verschlungenen Wege, über die die einzelnen Vorstellungen liefen, nur selten nachzuvollziehen sind.

Schiitische Exzentriker: Fatima wird männlich, der Teufel weiblich

Eine der denkwürdigsten und ältesten Schriften, deren zentraler Teil bereits aus der Mitte des 8. Jahrhunderts stammt, also aus einer Zeit, als verschiedene extremistische schiitische Gruppen und Grüppchen, sogenannte «Übertreiber» (*ghulat*) noch auf der Suche nach einer eigenen Theologie waren, ist das *Umm al-Kitab*, die sogenannte «Urschrift». Es ist ein großartiges Zeugnis für die Islamisierung gnostischer Spekulationen. Heutigen Theologen der Zwölferschia, geschweige denn der Sunniten muß das Werk als Ausgeburt schlimmster Ketzerei erscheinen. Andererseits zeigt es aber auch die Quellen auf, aus deren Dunstkreis Vorstellungen wie die von Fatima als *dem* Schöpfer in die gemäßigte Schia eingeflossen sind.

Nach dieser «Urschrift» war jedes der fünf Mitglieder der Familie Alis, also er selbst, sein Schwiegervater Mohammed, seine Frau Fatima und seine beiden Söhne Hasan und Husain, eine Inkarnation Gottes.

Eine Vision wird geschildert, in der hintereinander die Mitglieder dieser Pentade auftreten und sich selbst charakterisieren. Fatima sagt:

«Es gibt keinen Gott außer daß ich Gott bin, d. h. außer mir gibt es nirgendwo einen Gott, weder in der göttlichen noch in der menschlichen Sphäre, weder im Himmel noch auf der Erde, außer mir, die ich Fatima der Schöpfer und der Erschaffer der Geister der Gläubigen bin. Ich bin der Schöpfer und Gestalter.»

Die anderen vier bezeichnen sich in dieser Vision zwar ebenfalls als Gott, und jeder ist jeder, doch nur Fatima nennt sich ausdrücklich «der Schöpfer». Auch aus einem anderen Bild spricht eine Sonderrolle Fatimas. Als Gabriel den Menschen im Paradies den Erhabenen König, d. h. Gott, zeigte, erblickten diese «eine Gestalt, in Millionen von Farben gemalt, auf einem Thron sitzend, eine Krone auf dem Haupt, zwei Ringe in den Ohren und das Schwert am Schulterriemen umgehängt, daß das Paradies von der Erscheinung des Lichts dieser Gestalt erstrahlte.» Die Erscheinung wird sodann in der Weise erklärt, daß die Gestalt Fatima ist, ihre Krone Mohammed, ihre Ohrringe Hasan und Husain, das umgehängte Schwert Ali. Und die Erläuterung schließt in bekannt paradoxer Manier: «Ihr Thron ist der Ort der Allmacht, auf dem der Erhabene König – groß ist seine Macht – thront.»

So kraus derlei mystische Logeleien heute auch anmuten mögen, die hohe Stellung Fatimas kommt deutlich in ihnen zum Ausdruck. Daß von diesen schiitischen Exzentrikern daraus die Folgerung abgeleitet worden wäre, auch den irdischen Frauen neben den Männern einen besonderen Rang einzuräumen, wäre jedoch ein Fehlschluß. Vielmehr ist das Gegenteil der Fall. Obige Identifizierung der göttlichen Gestalt im Paradies mit Fatima steht in der «Urschrift» im Rahmen der Schilderung des menschlichen Sündenfalls, der sich in dieser islamisch-gnostischen Darstellung folgendermaßen abspielte: Einst gab es drei Arten von Kreaturen, nämlich einerseits die himmlischen Licht-, Geist- und Engelwesen, andererseits die in der Hölle lebenden «Schatten», das Gefolge des von Gott abgefallenen Engels, also des Teufels, und schließlich im Paradies die «Schemen», d. h. die noch körperlosen Menschen. Letzteren wurde aufgetragen, nur vom Erlaubten zu essen, die Früchte des Paradiesbaumes aber zu meiden, d. h. – wie ausdrücklich hinzugefügt wird – sich vor «Unzucht» zu hüten. Sie wurden gewarnt, sich nicht von den «Schatten», wenn diese sich in schöne Frauen verwandelten, verführen zu lassen. Als dann der Teufel und seine Anhänger den Menschen als Frauen erschienen, «kamen alle in Versuchung, denn der Mann wird durch nichts so sehr gequält, als wenn er Hand an Frauen legen kann. In ihnen regte sich sinnliche Begier, die Hände nach ihnen auszustrecken und sie zu berühren.» Die Strafe folgte auf dem Fuße. Sie wurden aus dem Paradies verstoßen, wurden selbst zu «engen und finsteren Schatten», und «an ihnen erschienen die Vagina und die beiden Brüste.» Die Gleichsetzung von Frauen und Teufeln war vollzogen.

Der Widerspruch zwischen der vergöttlichten Frau Fatima und den verteufelten Frauen schlechthin warf die schiitischen Exzentriker natürlich in ein Dilemma. Eine Lösung bot die schiitische Sekte der *Alawiten*, auch *Nusairier* genannt, die heute im Nordwesten Syriens und in angrenzenden türkischen Gebieten einen beträchtlichen Bevölkerungsanteil stellt. Nach ihrem Glauben wurden die Teufel aus der Widerspenstigkeit der Menschen gegenüber Gott geschaffen, und aus den Sünden der Teufel entstanden die Frauen. Die sexuelle Lust, für die ausschließlich die Frau «verantwortlich» gemacht wurde – den Propheten und Imamen wurde jegliche Sexualität abgesprochen – war – wie für die Katholische Kirche – ein Urquell des teuflischen Bösen. Sie allein war für das triste Erdendasein des Menschen verantwortlich. Zwar tauchte auch hier Fatima als Schöpfer auf, doch flüchtete man sich in die wenig geniale These, daß Gott, der Schöpfer, nur zum Schein als Frau, eben als Fatima, auftreten könne. Konsequente Folge für die alawitischen Männer: Sie schlossen ihre Frauen vom religiösen Wissen völlig aus. (Es sei jedoch – um voreiligen Schlüssen vorzubeugen – nicht verschwiegen, daß sowohl die Alawiten in Syrien wie auch jene in der Türkei heute zu den aufgeklärtesten Muslimen zählen – ein Umstand, der ihnen den Haß mancher sunnitischer Kreise wohl mehr zugezogen hat als deren Versuch, sie als vom Islam abgefallene Ketzer zu verurteilen.)

Fatima, die Revolutionärin

Die Hauptkonfession der Schiiten, die Zwölferschia, ist in der religiösen Degradierung der Frauen den zuweilen recht abstrusen Lehren der «Übertreiber» nicht gefolgt. Weder wurden die Frauen bei ihnen zu

Teufeln, noch stieg Fatima trotz des Beinamens «der Schöpfer» in den Rang einer Göttin auf. Ihr Frausein wurde ihr aber auch nicht aberkannt, und so blieb Fatima für die Frauen in der Zwölferschia eine religiöse Identifikationsfigur, vergleichbar der Maria im Christentum. Gewiß ist es auf diesen Umstand zurückzuführen, daß im Vergleich zu den Sunniten bei den Schiiten Frauen in den Moscheen viel stärker in Erscheinung treten, ein Phänomen, das aus ähnlichem Grund ja auch in der Katholischen Kirche zu beobachten ist. Und nicht nur Fatima genießt bei den Schiitinnen uneingeschränkte Verehrung, sondern auch einige weitere Frauen aus der Familie des Propheten werden als Heilige verehrt. Zu ihren – jüngst mit iranischen Geldern prunkvoll ausgestatteten – Grabmoscheen in Damaskus pilgern verschleierte Frauen aus Iran in Scharen. Männer erscheinen dabei nur als schützende Begleiter. Gerade in jüngster Zeit ist dieser Umstand vom christlichen «Abendland» verwundert zur Kenntnis genommen, jedoch keinesfalls verstanden, zum Teil sogar völlig umgedeutet worden. Gemeint sind die seit der iranischen Revolution 1979 im Westen verbreiteten Bilder, auf denen verschleierte Frauen in großer Zahl zu sehen waren, die öffentlich für das Regime Khomeinis demonstrierten. Gewiß, manche iranische Frau folgt heute bei solchen Anlässen massivem staatlichen Druck, doch gerade in der Anfangsphase der Revolution schlossen sich viele und gerade auch junge Frauen aus echter Überzeugung der islamistischen Bewegung an, um damit gegen die Verwestlichung unter dem Schah und für die eigene kulturelle Identität zu demonstrieren. Und Fatima spielte dabei eine nicht zu unterschätzende Rolle. Dabei war es innerhalb der in den siebziger Jahren ständig wachsenden Opposition gegen den Schah vor allem ein Mann gewesen, der mit seiner linksreligiös-revolutionären Ideologie, einer gegen die traditionellen Ulama polemisierenden und durchaus von christlichen Vorbildern aus der Dritten Welt inspirierten Befreiungstheologie besonders bei Jugendlichen und Frauen großen Anklang fand: *Ali Schariati.* Er starb 1977, erlebte also die Revolution nicht mehr. Hätte er seinem hohen Ansehen in Iran entsprechend auf den Verlauf der Revolution Einfluß nehmen und die Islamische Republik mitgestalten können, so hätte diese heute ein anderes Aus- und Ansehen. Denn Khomeini stand ihm als traditioneller Theologe stets ablehnend gegenüber.

Ein Buch, das in der Revolutionsphase in Iran zu den meistgelesenen Werken Schariatis gehörte, trägt den Titel *Fatima ist Fatima*. Fatima wird darin einerseits entmystifiziert – ihr Beiname «Mutter ihres Vaters» etwa wird schlicht dahingehend erklärt, daß sie sich wie eine Mutter um ihren Vater gekümmert habe –, andererseits aber wird sie nun zur irdischen Sozialrevolutionärin überhöht. Schariatis ehrenvolles Anliegen war es, zum einen die Situation der zwischen dumpfer religiöser und gesellschaftlicher Tradition und dem oberflächlichen Glimmer des westlichen Materialismus hin- und hergerissenen Frauen zu geißeln und ihnen zum anderen aus der eigenen Kultur ein Vorbild vor Augen zu halten, mit dem sie sich auch in der modernen Welt identifizieren könnten. Hart ging er mit der traditionellen Rolle der muslimischen Frau ins Gericht:

«Die Frau produzierte zu Hause Kinder und in der Gesellschaft Tränen; nur so weit reichten ihre Produktivkräfte [...]. Der Frau wurde alles vorenthalten, sogar der Islam. Sie durfte nicht einmal ihre eigene Religion kennenlernen. Einer geistigen Beschäftigung konnte sie nicht nachgehen, weil sie keine Bildung besaß. Daher redete sie zum Zeitvertreib über andere Leute. Da sie keine religiösen und kulturellen Veranstaltungen besuchen durfte, organisierte sie selbst Trauersitzungen. Man hielt sie dem Manne geistig mit der Begründung nicht für ebenbürtig, daß sich die Frau nicht wie der Mann [...] weiterbilden könne [...]. Aberglaube, Ignoranz, Rückständigkeit, überholte Bräuche, Hypotheken der primitiven und patriarchalischen Gesellschaft sowie sexuelle und psychische Komplexe bilden ein Spinnennetz, worin sich die Frau verfangen hat. Es ist um so bedauerlicher, als sie in ihrem Gefängnis im Namen des Islam, der Tradition und als Ebenbild Fatimas festgehalten wird.»

Ohne traditionelle Werte wie Mütterlichkeit, Gatten- und Elternliebe geringzuschätzen, stellt Schariati den Musliminnen eine Fatima vor, die sozial und politisch aktiv ist:

«Sie war in der islamischen Geschichte für die entrechteten Massen das Symbol für Freiheit und Gerechtigkeit. Ihr Leben inspirierte sie zum Kampf gegen Unterdrückung, Tyrannei und Diskriminierung [...]. Sie war eine Frau im Sinne des Islam [...]. Sie war vorbildlich als Tochter ihrem Vater gegenüber, vorbildlich als Ehefrau ihrem Mann gegenüber, vorbildlich als Mutter ihren Kindern gegenüber und schließlich vorbildlich als eine kämpferische und verantwortungsbewußte Frau angesichts der Erfordernisse ihrer Zeit und Gesellschaft. Sie ist selbst ein ‹Imam›, ein Vorbild, ein idealer Typ und ein Leitbild aller Frauen, die für die Entfaltung ihrer Persönlichkeit eintreten.»

Schariatis «Fatima» wurde unmittelbar nach der iranischen Revolution von den iranischen Botschaften in westliche Sprachen übersetzt und verteilt. In Iran selbst dagegen sind Schariatis Schriften inzwischen weitgehend aus dem Verkehr gezogen. Zu wenig bedeutete ihm der Schleier, zu viel die Selbstbestimmung der Frau, einschließlich der sexuellen. Historische Gestalten sind zu allen Zeiten von allen Religionen aus den unterschiedlichsten Motiven mittels abstrusester Geschichtsklitterungen vergöttlicht oder verteufelt worden. Schariatis Fatima-Darstellung, so unhistorisch sie auch ist, stellt zweifelsohne einen der positivsten Versuche dar, überkommenes Glaubensgut so umzudeuten, daß es für notwendige gesellschaftliche Veränderungen nutzbringend eingesetzt werden kann.

Zweiter Teil

Zwischen Trieb und Wahn

Freudvolle Lust, höllische Versuchung und teuflische Strafe

IX. Die Lust am Freitag

Heute ist der Tag, an dem du dich für deinen Mann schmücken und mit ihm schlafen sollst.

MOHAMMED FREITAGS ZU AISCHA, 7. JAHRHUNDERT

Den sechsten Tag bestimmten sie für die schamlose Göttin, Venus geheißen.

AELFRIC, HOMILIA DE FALSIS DIIS, UM 1000

Seit dem 3. Jahrtausend v. Chr. erlagen im Alten Orient Menschen der Faszination, die am Nachthimmel als «Sterne» wahrzunehmenden Himmelskörper zu bewundern. Sie lernten, deren Lauf zu berechnen und nutzten deren periodische Wiederkehr, um erste Kalender zu erstellen. Es schlug die Geburtsstunde der Astronomie. Da die Gestirne als Gottheiten oder zumindest als der äußere Ausdruck ihres Willens aufgefaßt wurden, unterblieb ein Widerstreit zwischen der Rationalität der Astronomie und der Mythologie. Beide zusammen bewirkten die Astro*logie*, d. h. die Deutung menschlichen Schicksals als Auswirkung von Gestirnskonstellationen.

Venusstern Lucifer

Neben Sonne und Mond faszinierten vor allem der Morgen- und der Abendstern aufgrund ihrer auffälligen Erscheinungsformen: Der Morgenstern leuchtet am bereits schwach erhellten östlichen Firmament auf, wenn alle anderen Sterne erloschen sind, und kündigt den etwa drei Stunden später erfolgenden Aufgang der Sonne an, um schließlich in deren grellem Licht – zumindest für das menschliche Auge – selbst zu vergehen. Die Griechen nannten ihn, von Homer zuerst überliefert, *Heosphoros*, «Tageslichtbringer». Die Römer bildeten aus *lux*, «Licht», und *ferre*, «bringen», die wörtliche Entsprechung *Lucifer*. Dieser Name setzte sich gegen die ebenfalls gebräuchlichen Bezeichnungen *stella diurna*, «Tagstern», *Iubar*, «strahlendes Morgenlicht» (zuletzt im 6. Jahrhundert n. Chr. von Venantius Fortunatus verwendet), und *stella matutina*, «Morgenstern», durch und wurde auch in mittelalterlichen lateinischen Texten beibehalten. In deutschen Texten erschien er als *tagestern* und *liehttrager*. Gerade diese letzte Übersetzung des Namens resultierte daraus, daß der lateinische Name *Lucifer* nun allein dem Teufel vorbehalten war. Erst im 14. Jahrhundert wurde er – in offenkundiger Übernahme des im Mittelalter neben *Lucifer* lateinisch gebräuchlichen *stella matutina* – zum «Metten»- bzw. «Morgenstern». Im Englischen wurde er zum *morning star*, im Französischen zur *étoile matinale* bzw. *étoile du matin*, und im Italienischen blieb er die *stella mattutina*. Im Tschechischen begegnet er als *denice* (von *den* = Tag) bzw. *jitřenka* (von *jitro* = Morgen).

Vergleichbar mit der Sonderstellung des Morgensterns als «letzter Stern» der ausgehenden Nacht ist die Erscheinung des Abendsterns, der vor allen anderen Sternen als erster bereits in der Dämmerung sichtbar wird. Die Entwicklung seines Namens nahm denselben Weg. Ausgehend vom griechischen *Hesperos*, so ebenfalls zuerst bei Homer nachweisbar, wurde er über die wörtlichen Entlehnungen *Hesperos* bzw. *Hesperus* (auch *Hesper* bzw. *Esper*) zu *Vesper*, «der Abendliche», oder auch *Vesperugo* latinisiert. Dagegen blieben Bezeichnungen wie *Antifer* oder *Noctifer*, «Nachtbringer», die deutlich den Namen *Lucifer* für den Morgenstern als Gegenstück voraussetzten, singulär. Das Althochdeutsche hat ihn als *apantsterno* oder *tunkelsterne* wiedergegeben, aber auch als *nahtfare*, ein Ausdruck, der «die nachts ausfahrende weise Frau oder Hexe» assoziierte. Ins Englische gelangte er als *evening star*, ins Italienische als *stella serotina* bzw. *vesperna* und auch *Espero*, ins Französische als *étoile du soir*, ins Tschechische als *Večernice* (von *večer* = Abend).

Bereits im 2. Jahrtausend v. Chr. erkannten die Menschen im Alten Orient, daß Morgen- und Abendstern ein und derselbe Planet sind, der ca. siebeneinhalb Monate lang am Morgen zu sehen ist, dann einige Wochen vom Himmel verschwindet und danach ungefähr sieben Monate als Abendstern erscheint. In einer bestimmten Konstellation zur Sonne, der sog. unteren Konjunktion, sieht das geübte Auge den Planeten nur als Sichel, d. h. ähnlich dem Mond durchläuft die Venus Phasen von der «Neuvenus» zur «Vollvenus».

Nach orientalischem Vorbild ordneten Griechen und Römer den damals bekannten Himmelskörpern die Namen von Gottheiten zu. Den Planeten Venus nannten die Griechen «Stern der Aphrodite», die Römer entsprechend *stella* bzw. *sidus Veneris* oder auch *Veneria stella*. Der unmittelbare Bezug zwischen Astrologie und Mythologie läßt sich anschaulich noch bei dem Dichter Varro greifen, der schrieb, daß dem Aeneas auf seinem Zug von Troja nach Italien seine Mutter Venus/Aphrodite in Gestalt eines Sterns vorangezogen sei. Ihrer Erscheinung als Abendstern wurde im latinischen Bündnisheiligtum von Lavinium, dem sogenannten *Aphrodisium*, gehuldigt, indem man sie als Göttin *Vesperna* verehrte. Und als wären seit diesem Vorgang nicht mehr als zweitausend Jahre verflossen, so war es noch zu Beginn des 20. Jahrhunderts in der Oberpfalz und in Schleswig-Holstein Brauch, daß verliebte Mädchen vor das Haus traten und den Abendstern – also den Stern der Venus – baten, ihnen den Geliebten zuzuführen.

Die Woche: Venus allein unter Männern

Die Schöpfungsgeschichte im Alten Testament erweist die Siebentagewoche als Erfindung des Alten Orients. Sie korrespondiert mit der Kenntnis von sieben Planeten, d. h. von Sonne und Mond, die als Planeten angesehen wurden, sowie von Mars, Merkur, Jupiter, Venus und Saturn. In exakt dieser Reihenfolge kennzeichnen diese bis heute die Wochentagsnamen in den romanischen und germanischen Sprachen.

Eine «göttliche Erfindung» waren die Wochentagsnamen nicht. In der biblischen Erzählung heißt es, daß Gott am ersten Tag, am zweiten Tag usw. die Welt erschaffen habe. Entsprechend benannten die Juden die einzelnen Tage mit Zahlen. Der Sonntag hieß «erster Tag», der Montag «zweiter Tag» usw.

Der römische Geschichtsschreiber *Dio Cassius* vermerkte zu Beginn des 3. Jahrhunderts n. Chr., daß die Zuordnung der Wochentage zu den Planeten von Ägypten ausgegangen, zu seiner Zeit aber bereits allgemein verbreitet gewesen sei, «obwohl ihr Ursprung relativ jungen Datums ist». Da eine offizielle Planetenwoche für den vorausgehenden Zeitraum aber weder in Ägypten noch im übrigen Orient nachweisbar ist, muß Dios Feststellung dahingehend gedeutet werden, daß die ideelle Zuordnung der einzelnen Wochentage zu Planeten zwar im Orient aufkam, man die Tage aber noch nicht ausdrücklich mit den Planetennamen versah. Da andererseits aber im 6. Jahrhundert in Mekka eine arabische Planetenwoche in Umlauf war, wobei die ursprüngliche Bedeutung der Tagesnamen den Arabern selbst schon nicht mehr bekannt war, muß diese auf ein recht altes orientalisches Vorbild zurückgehen. Wie dem auch sei, in jedem Falle dürfte der Boom, den die Astrologie ausgehend von den babylonischen Chaldäern im gesamten Orient und im Mittelmeerraum in den zwei Jahrhunderten v. Chr. erlebte, der Nährboden gewesen sein, auf dem sich solche Vorstellungen entwickeln konnten. Auch den Juden war damals sehr wohl geläufig, daß z. B. der *Sabbat*, was ursprünglich nur der «Siebte» bedeutete, dem übelbeleumdeten Saturn zugeordnet war. Deshalb nannten sie den Planeten auch *Shabtai*, den «Sabbatischen»; da somit alle Tätigkeiten, die man an diesem Tag verrichtet hätte, unter einem schlechten Vorzeichen standen, unterließ man sie völlig.

Der sogenannten «Tagewählerei», d. h. dem Aberglauben, daß bestimmte Tage für bestimmte Unternehmungen günstig oder ungünstig seien, huldigten Griechen und Römer bereits vor Einführung der Siebentagewoche. Damit im Zusammenhang standen die Geburtstage von Göttern und Göttinnen, für die man bestimmte Tage im Monat festgelegt hatte. Der älteste bekannte – von Hesiod erwähnte – Göttergeburtstag war der des *Apollon*, der sich zum «heiligen Tag» schlechthin entwickelte und im Sonntag seine christliche Entsprechung fand. Für *Artemis*, Apollons Zwillingsschwester, behielt man den sechsten Tag vor, den später die Pythagoreer als Geburtstag der Aphrodite angaben. Er blieb der Aphrodite-/Venustag, als unter jüdischem Einfluß die Siebentagewoche übernommen und Platon vorgeschlagen hatte, jeden Wochentag mit dem Namen einer Gottheit – gleichbedeutend mit dem Namen eines Planeten – zu versehen. Die Wochentage in dieser Art zu benennen, setzte sich um die Zeitenwende im Römischen Reich allgemein durch.

Die Planeten bzw. die damit identifizierten Gottheiten *Mars*, *Merkur*, *Jupiter* und *Saturn* sind in allen orientalischen und abendländischen Sprachen männlichen Geschlechts. Bei *Sonne* und *Mond* liegen die Verhältnisse komplizierter. Während sich etwa im Deutschen die Sonne weiblich, der Mond dagegen männlich gibt, ist dies in den romanischen Sprachen umgekehrt. Im Arabischen verhält es sich wieder wie im Deutschen, doch ist dies nicht für alle semitischen Sprachen gültig. Eindeutig weiblich, ja der Inbegriff der Weiblichkeit schlechthin, ist in allen Sprachen und Kulturen des Orients wie des Abendlandes nur die *Venus*, weshalb der Freitag, der *dies Veneris*, «Tag der Venus», zum einzigen Wochentag wurde, der allein im Zeichen des Weiblichen und damit auch der sexuellen Lust stand.

Nicht anders war es – ursprünglich – bei den Arabern. Im vorislamischen Mekka hieß der Freitag *yaum ʿaruba*, «Tag der Aruba», oder auch *yaum ʿaruba al-kubra*, «Tag der größten Aruba». Und Aruba, die Europa aus dem Mythos, war «die ihren Mann liebende und ihm gehorchende, auch die sich gegen ihren Mann auflehnende und ihn mit ihrer Scheide betrügende, durch und durch verdorbene Frau» (vgl. Kap. I). Doch den Mekkanern zur Zeit Mohammeds war schon nicht mehr geläufig, daß mit *ʿaruba* die altorientalische Venusgöttin charakterisiert wurde, der Freitag also der «Tag der Venus» war, so wenig sich heute der Deutsche oder Engländer im allgemeinen darüber im Klaren ist, daß der *Freitag* auf die altgermanische Göttin Freyja zurückgeht.

Freyja, die zunächst neben einer eigenständigen Göttin Frigg existierte, diese aber schließlich überlagerte, war mit dem «Freyja-Tag» in den Wochenkalender aufgenommen worden, als im Verlauf des 3./4. Jahrhunderts die Germanen die römischen Gottheiten, die sie in den Tagesbezeichnungen der Römer vorfanden, durch die entsprechenden einheimischen ersetzten. Freyja/Frigg gab das passende Gegenstück zur Venus her: Sie galt als Göttin der Liebe, der Fruchtbarkeit und der Ehe, aber auch der betörenden Schönheit und der Zauberei. Treue zählte nicht zu ihren Charakterstärken. Um sich in den Besitz eines goldenen Schmuckstücks zu bringen, konnte sie auch schon einmal fremdgehen. In einem der wohl im 10./11. Jahrhundert entstandenen, im 13. Jahrhundert niedergeschriebenen Götterlieder warf ihr der Gott Loki vor:

«Schweig du, Frigg! Fjörgyns Tochter bist du
Und den Männern allzu mild,
Da du Will und We als Widrirs Gemahlin
Beide bargst in deinem Schoß.

Schweig du, Freyja, dich vollends kenn ich:
Keines Makels mangelst du;
Der Asen und Alfen, die hier inne sind,
Bist du jedes Buhlerin.»

(Edda, Lokasenna 26 und 30)

Wie die der Freyja hier zugeschriebenen Eigenschaften zeigen, entsprach sie der antiken Venus. Selbst die Geschichte vom Geschlechtsverkehr mit dem Bruder war der germanischen Sagenwelt nicht fremd. Diese Übereinstimmung der beiden Göttinnen Frigg bzw. Freyja mit Venus ließ den römischen *dies Veneris* bzw. *Veneris dies* in den germanischen Sprachen zum «Freyja-Tag» werden, weshalb er z. B. auch im Englischen *friday* oder im Dänischen *Fredag* heißt. Im Italienischen besteht er entsprechend als *venerdì* und im Französischen als *vendredi* «heidnisch» fort.

Als männliches Gegenbeispiel zum weiblichen Freitag steht der Dienstag im Wochenkalender. Dieser leitet sich – ob z. B. deutsch *Dienstag* oder englisch *Tuesday* – von einem germanischen «Zius-» bzw. «Tiustag» und damit von dem Kriegsgott *Ziu/Tiu* her, dem Pendant zum römischen Mars. In den romanischen Sprachen ist er der «Marstag» geblieben, weshalb der Dienstag im Italienischen *martedì* und im Französischen *mardi* heißt. Bei den vorislamischen Mekkanern hieß er *djubar*. Die arabische Wortwurzel dj-b-r umfaßt Bedeutungen wie «König», «Mann», «tapfer», «stark», «Krieg», im Syrisch-Aramäischen auch «Held» und «Penis». *Djabbar* wurde in islamischer Zeit einer der 99 Beinamen Gottes in der Bedeutung von «gewaltig», «riesig». Die Vorstellungen, die man mit allem «marsianischen», eben martialischen, verbindet, könnten kaum besser zum Ausdruck gebracht werden. Sie bilden das Kontrastprogramm zum «venusischen» Freitag.

Mekka: Vom «Tag der Venus» zum «Tag der Versammlung»

Für die Muslime ist der Freitag der höchste Wochentag, entsprechend dem Samstag der Juden und dem Sonntag der Christen. Im Koran ist ihm die 62. Sure gewidmet. Vers 9 lautet dort: «Ihr Gläubigen! Wenn am Freitag zum Gebet gerufen wird, dann wendet euch mit Eifer dem Gedenken Gottes zu und laßt das Kaufgeschäft!» Es ist dies die einzige Stelle, an welcher der Freitag im Koran erwähnt wird. Bereits die frühen Kommentatoren stellten dieses göttliche Gebot in einen größeren kulturgeschichtlichen Zusammenhang, indem sie es mit – angeblichen – Worten des Propheten unterfütterten:

«Fest steht, daß er [der Freitag] den uns vorangegangenen Glaubensgemeinschaften zur Pflicht gemacht wurde, doch irrten sie davon ab. Die Juden wählten den Samstag, an dem Adam nicht geschaffen wurde, und die Christen wählten den Sonntag, an dem mit der Schöpfung begonnen wurde. Für diese Glaubensgemeinschaft [d. h. die Muslime] hat Gott den Freitag auserwählt, an dem er die Schöpfung vollendete.»

Die Intention der Kommentatoren liegt auf der Hand: Die Wahl des Freitags zum höchsten Wochentag der Muslime erfolgte in bewußter Abgrenzung gegenüber Juden und Christen. Während die Juden den Sabbat als Ruhetag Gottes nach der Schöpfung aus dem Alten Testament ableiteten und die Christen den Sonntag zur wöchentlich wiederkehrenden Erinnerung an den Ostersonntag, den «Tag (der Auferstehung) des Herrn» (lateinisch *dies dominica*, daher italienisch *domenica*, französisch *dimanche*, spanisch *domingo* für Sonntag), hochhielten, beriefen sich die muslimischen Gelehrten auf den sechsten Tag, da an diesem Gott mit der Erschaffung des Menschen die Schöpfung abgeschlossen habe. Ebenso soll, so die islamische Überlieferung, das Jüngste Gericht an einem Freitag stattfinden.

Doch historisch dürfte für die Wahl des Freitags ausschlaggebend gewesen sein, daß Mohammed – nach seiner erzwungenen Auswanderung von Mekka nach Medina – die wöchentliche Predigt auf den Freitagmittag gelegt hatte. Die Wahl dieses Zeitpunkts garantierte eine möglichst große Zuhörerschaft, da Medina einen hohen jüdischen Bevölkerungsanteil aufwies und die Juden am Tag vor dem Sabbat Markt abzuhalten pflegten, eine Einrichtung, die offensichtlich auch die heidnischen und sich nun schrittweise islamisierenden arabischen Stämme übernommen hatten. Die islamische Freitagspredigt stand somit am Ende des Markttreibens.

Im zitierten Koranvers wird der Freitag – wie auch noch heute – *yaum al-djum'a*, «Tag der Versammlung», genannt, wahrscheinlich in Anlehnung an das gleichbedeutende hebräische *yom hak-kenisa*. Einer der Sekretäre des Propheten, die die von diesem offenbarten Koranverse festhielten, hatte hier jedoch einen abweichenden Wortlaut bewahrt, der gewiß die ursprüngliche Version darstellte, auch wenn er keine Aufnahme in die offizielle Endredaktion des Korans fand. Nach dieser Version hätte Mohammed nicht vom «Tag der Versammlung» gesprochen, sondern stattdessen die alte mekkanische Bezeichnung für den Freitag verwendet: *yaum al-'aruba al-kubra*, «Tag der größten Aruba». Eine Reihe von älteren Überlieferungen deutet darauf hin, daß der Freitag unter dieser Bezeichnung auch schon von den heidnischen Mekkanern lange vor Mohammed als der Wochentag genutzt wurde, an dem man sich in einem besonderen Ratsgebäude in der Nähe der Kaaba zu versammeln pflegte. Der Umstand, daß bei dieser Gelegenheit auch Bräute eingekleidet, Hochzeiten geschlossen und Knaben beschnitten wurden, sind gewiß Reminiszenzen an den alten venusischen Charakter des Tages. Die Bestimmung des Freitags zum höchsten Wochentag im Islam durch Mohammed war somit keine Neuerung, sondern lediglich eine islamische Umwidmung, wie auch eine Reihe anderer heidnischer Bräuche im Pilgerzeremoniell von Mohammed übernommen und islamisiert wurde.

Wie ein dem Propheten Mohammed zugeschriebener Ausspruch belegt, ist dabei die venusische Komponente des Tages nicht gänzlich verlorengegangen. Gegenüber seiner Lieblingsfrau, der jungen Aischa, soll er jeweils am Donnerstagabend geäußert haben: «Heute ist der Tag, an dem du dich für deinen Mann schmücken und mit ihm schlafen sollst.» Da nach semitischer Vorstellung ein neuer Tag nicht um Mitternacht, sondern bereits mit dem Sonnenuntergang (des vorherigen Tages) begann und mit dem nächsten Sonnenuntergang endete, zielte die sexuelle Aufforderung auf den Freitag. Ob das zitierte Prophetenwort echt ist oder nicht, es beschreibt eine bis heute in der islamischen

Welt gängige Tradition: Bevorzugter Hochzeitstag ist der Donnerstag, dem der Vollzug der Ehe am Abend, eben nach Beginn des Freitags, folgt, wie seitdem diese Nacht generell als bevorzugter Zeitpunkt gilt, um den ehelichen Pflichten nachzukommen. Die anschließende Waschung am Freitagmorgen, das Parfümieren und das Anlegen neuer Kleidung haben sich als kultische Vorschriften für die Gläubigen erhalten.

Selbst im islamischen Jenseits bewahrt der Freitag etwas von seinem venusischen Charakter. Vor allem die Mystiker haben sich dieses Themas angenommen und es prachtvoll ausgeschmückt. Danach schickt Gott an jedem Freitag allen Männern, die nicht in die Hölle, sondern ins Paradies eingezogen sind, einen Apfel. Und dieses alte Fruchtbarkeitssymbol hält, was es verspricht: Sobald die glücklichen Paradiesbewohner den Apfel in die Hände nehmen, zerfällt er in zwei Teile, und heraus steigt ein wunderschönes Mädchen, eben eine der vielgepriesenen Paradiesjungfrauen, von denen es im Koran u. a. heißt, daß sie «heiß liebend» seien. Das Wort, das der Koranübersetzer Rudi Paret hier mit «heiß liebend» wiedergibt, lautet im Arabischen *'urub*, und dies wiederum ist der Plural von *'aruba*, jenem Beinamen der Venusgöttin, der zuvor dem Freitag beigelegt war.

Germanisch-heidnischer Freitag

Teilweise existierte dieser freudvolle Jenseitsaspekt auch in der germanischen Mythologie. Von der Göttin Freyja erzählte man sich, daß sie in ihrem Schloß Fensal alle Liebenden und Ehegatten, die der Tod getrennt habe, zu einem immerwährenden glücklichen Dasein um sich versammeln würde. Bei dieser Vorstellung kann es sich allerdings bereits um eine Rückkopplung des Venusbildes auf das Freyjabild handeln. Ganz sicher aber fand eine Angleichung an die durch den Umgang mit römischen Legionären kennengelernten Gottheiten Venus und Isis statt: Freyja mutierte zur jungfräulichen Göttin der Liebe und des Frühlings. Wie im Orient nahm sie damit Züge der christlichen Jungfrau Maria vorweg und ging schließlich in dieser auf. Unter den wachsamen Augen der neuen Tugendwächter wurde alles getilgt, was an die germanische Göttin hätte erinnern können und beileibe nicht nur die durch sie verkörperte positive Einstellung zur Sexualität. Selbst der «Freyjakäfer» durfte nicht fortbestehen, sondern mußte zum Marienkäfer werden; Pflanzen, die nach Frigg bzw. Freyja oder Venus benannt waren, hießen fortan «Mariengras» und ähnlich. Das *Friggjargras* (Gymnadenia odoratissima), das man sich in Island gern als Aphrodisiakum unters Kissen legte, wurde ohnehin verboten. Allein im Wochentagsnamen Freitag überdauerte die germanische Gottheit den christlichen Feldzug gegen alles Heidnische.

Während in der muslimischen Welt die «heidnische» Freitagsbezeichnung und damit die Erinnerung an die Liebesgöttin getilgt wurde, die positive Einstellung zur Sexualität aber ungetrübt blieb, vollzog sich in der christlichen Welt das Gegenteil. Im Frankenreich des 6. Jahrhunderts hatten zwar Caesarius von Arles, Bischof Gregor von Tours und andere die fortgesetzte Bezeichnung der Wochentage mit den Namen heidnischer Gottheiten sowie die Bräuche, die damit in Verbindung gebracht wurden, heftig kritisiert, doch diese Beanstandungen fanden kaum Gehör. Im deutschen Sprachraum erreichten christliche Missionare einzig die Tilgung des «Wodans-» bzw. «Odins-Tags», für den der pragmatische «Mittwoch» (vergleichbar dem tschechischen *středa*) in den Wochenkalender Einzug hielt, während er in West- und Nordeuropa bis heute als (engl.) *Wednesday* bzw. (dän.) *Onsdag* erhalten blieb. Zu sehr hatten sich die antiken Wochentagsbezeichnungen im täglichen Leben verfestigt, und wie stets, wenn die Kirche mit ihren Unterdrückungsbemühungen scheiterte, griff sie auch hier zum Mittel der Vereinnahmung. Deshalb hatten bereits die ältesten Kirchenlehrer den «Sonntag» christlich umgedeutet, indem sie die Sonne als naturgegebenes Zeichen für die Auferstehung Jesu ausgaben oder den Sonntag zum Tag der Verehrung Jesu als der «ewigen» bzw. «wahren Sonne» erklärten. Ähnliche Umdeutungen wurden später mit dem germanischen Freitag vorgenommen, indem man den ersten Wortbestandteil nicht mehr von der Göttin Freyja, sondern von «frei» herleitete und einen Bezug zum Karfreitag konstruierte. Dies legte es um 1200 einem Walther von der Vogelweide nahe anzunehmen, daß an diesem Tag die Menschheit (durch den Kreuzestod Jesu) befreit, d. h. *vor der helle gefrîet* worden sei.

Als Ersatz für die als heidnisch empfundenen Namen hatte die Kirche darauf gedrängt, die Wochentage einfach durchzuzählen, und zwar in Anlehnung an den biblischen Schöpfungsbericht nach dem Muster *feria secunda* (= 2. Tag = Montag), *feria tertia* (= 3. Tag = Dienstag) usw. Doch diese Sprachregelung setzte sich nur in Portugal (infolge der Rechristianisierung nach der Vertreibung der Muslime, falls es sich nicht umgekehrt um eine Übernahme der arabischen Benennung der Wochentage mit Zahlen handelt!) und im Verbreitungsgebiet der slawischen Sprachen in Anlehnung an die griechisch-orthodoxe Kirche (teilweise) durch. Man findet sie zwar auch in den lateinischen Schriftzeugnissen des Mittelalters bisweilen vor; doch obwohl man in Rechnung stellen muß, daß jeder Schriftkundige ein Geistlicher war, waren die Skrupel gering, die «heidnischen» Wochentagsnamen weiterhin zu verwenden. In der Kanzlei des deutschen Königshofes nahm man unbeirrt während des ganzen Mittelalters Tagesdatierungen unter Verwendung der bekannten Bezeichnungen vor; «am Freitag» hieß nach wie vor *die Veneris*, «am Tag der Venus».

Lucifers sexuelle Komponente – Teuflischer Freitag

Die Gebildeten unter den Römern, die den Götterglauben als Angelegenheit des einfachen Volks einstuften, hätten sich nicht wenig über die christlichen Eiferer gegen die Wochentagsnamen gewundert. Denn schon die antiken Gelehrten hatten in ihnen weniger die Götter, als vielmehr – wenn auch mit denselben Namen gebildet – die Planeten wiedererkannt: «Unterhalb der Sonne wandelt ein sehr großer Stern namens Venus, mit abwechselndem Lauf und in den Beinamen mit Sonne und Mond wetteifernd. Erscheint sie früher [als die Sonne] und vor Tagesanbruch, so heißt sie Lucifer, weil sie wie eine zweite Sonne den Tag früher bringt; leuchtet sie aber nach Sonnenuntergang, so heißt sie Vesper, weil sie den Tag verlängert und an die Stelle des Mondes tritt» (Plinius, Naturalis historia II 36).

Auch Kirchenvater Augustinus kannte den Planeten Venus als den «schönsten aller Sterne». Dem ebenfalls ganz der antiken Tradition noch verhafteten gelehrten Bischof *Isidor von Sevilla* erschien anfangs des 7. Jahrhunderts lediglich die Bezeichnung des Planeten mit dem

Namen Venus kritikwürdig; er plädierte für die Verwendung des Begriffs Lucifer, der *lucem ferens*, «Lichtbringer», bedeute, für den Morgenstern. Die Autorität, die Isidor im Mittelalter genoß, trug wesentlich dazu bei, *Lucifer* anstelle von *Venus* zu verwenden. *Alkuin*, Gelehrter am Hof Karls des Großen, erhob *Lucifer* quasi zum Stern der Sterne; «du sollst», ließ er einen gewissen Eanulf in England wissen, «unter den Brüdern einen Rang einnehmen wie Lucifer unter den Sternen». Als er sich Ende des 8. Jahrhunderts bei Bischof Arno von Salesbury für dessen Geschenke bedankte, äußerte er die Hoffnung, daß seine Großzügigkeit wie der morgendliche *Lucifer* immer wieder neu aufgehen möge. Die Nonne *Hrotsvith* (Roswitha) *von Gandersheim* verglich im 10. Jahrhundert die Erscheinung König Ottos des Großen mit dem Aufgang des *Lucifer*, des Morgensterns. Dem gegenüber zeigte sich im selben Jahrhundert *Liutprand von Cremona* belustigt darüber, daß die Griechen ihren Kaiser als «Morgenstern», als *stella matutina*, umschmeichelten; denn auch für Liutprand bedeutete «Morgenstern» noch ein Kompliment, und für ihn, der die Griechen nicht ausstehen konnte, war die Einschätzung des griechischen Kaisers als «Morgenstern» ein Ding der Unmöglichkeit.

Daß Liutprand *stella matutina* schrieb und nicht *Lucifer*, weist auf den Bedeutungswechsel vom «Morgenstern» zum «Teufel» hin, der zu dieser Zeit vonstatten ging. Verwendete man *Lucifer* allein, aus einem Textzusammenhang herausgelöst, konnte das Wort beides meinen (vgl. Kap. V). Da aber *Lucifer* als Morgenstern eine Erscheinungsform der Venus darstellte, erhielt der Freitag, der *dies Veneris*, eine zusätzliche «diabolische» Komponente. Für bibelfeste Christen keine sonderliche Überraschung; denn den «venusischen» Charakter des Freitags fanden sie schon im alttestamentlichen Schöpfungsbericht offenbart: Am sechsten Tag wurde der Mensch erschaffen, und es war an ihn der göttliche Auftrag zur geschlechtlichen Vereinigung ergangen: «Seid fruchtbar und mehret euch!»

Während muslimische Theologen den Tag, an dem die Schöpfung abgeschlossen wurde, besonders positiv bewerteten, erschien er den Christen mit ihren Vorbehalten gegenüber jeglicher Sexualität als unheilschwangerer, teuflischer Tag. Und so errechneten findige Geister noch weitere in ihrer teuflischen Ausrichtung irritierende Freitage:

Adam sei an einem Freitag dem Teufel erlegen; Jesus sei nach vierzigtägigem Fasten an einem Freitag (*sexta feria*) vom Teufel in Versuchung geführt worden; dazu kam der Kreuzestod Jesu an einem Freitag und die im deutschen Volksglauben verbreitete Annahme, daß sich Judas an einem Freitag erhängte.

Um zusammenzufassen: Der Freitag, den die Römer als fröhlichen und glücklichen Tag empfanden und den die Muslime als ihren wöchentlichen Feiertag begehen, hatte sich unter christlichem Einfluß ins düstere Gegenteil verkehrt. Vom Tag der Venus, die auch *Lucifer* genannt werden konnte, vom Tag der nicht minder «aufreizenden» und ebenso heidnischen Freyja, war unter christlicher Anleitung die Entwicklung zum Tag der geschlechtlichen Vereinigung und damit der «höllischen» Versuchung fortgeschritten. Im Freitag sah man auch terminologisch den Kreisschluß von der sinnenfrohen Lust zur teuflischen Fleischeslust manifestiert. Denn war auch *Lucifer* zunächst unteuflisch und völlig sachlich zur Bezeichnung des Morgensterns bzw. der Venus als positive Metapher verwendbar, so mußte der Begriff, spätestens als er gleichbedeutend mit *diabolus* (= Teufel) gebraucht wurde (vgl. Kap. V), als negativ belastet aufgefaßt werden. Nach der moralischen Verteufelung der Sexualität konnte er als zusätzlicher Beleg dafür herangezogen werden, daß alles «Venusische» auch «luciferisch», eben teuflisch, war. Häretiker, hinter denen sich vielleicht nur Verfechter einer «freien Liebe» verbargen, wurden als «Luziferianer» gebrandmarkt. Im Jahr 1233 warf man einer solchen Gruppierung in Köln vor, sich zu Kulthandlungen vor einem Luziferbild einzufinden, das Antworten gebe. In Angermünde wurden 1336 etliche «Luziferianer» hingerichtet. Und schließlich glaubte man, daß Hexen den Freitag für ihre luftigen Ausfahrten bevorzugten.

Die Tatsache, daß der Freitag bei den Heiden der Antike wie auch bei den ungetauften Germanenvölkern im frühen Mittelalter als Hochzeitstag beliebt war, erschien als weiteres Indiz für die notwendige Verteufelung des Freitags. Die Gleichungen, die es aufzumachen galt, waren simpel: Venus = Lucifer, Lucifer = Teufel, Teufel = Venus. Und sie griffen. Wenn in manchen deutschen Gegenden – wie etwa in Baden oder in der hessischen Wetterau – bis in die Neuzeit hinein an Freitagen nur «gefallene Mädchen» getraut wurden, dann wirkte die Kritik nach, die bereits im 8. Jahrhundert der im Elsaß wirkende Pirmin an den «teuflischen» Hochzeiten an Freitagen geübt hatte.

Indem die Kirche vorgab, gegen den Aberglauben generell anzugehen, machte sie sich exakt denselben zunutze, sobald er ihr diente. Sie ersetzte die zu sündigem Verlangen anleitende Venus lediglich durch den Teufel, der dasselbe bewirkte. Für die Wirkungskräfte, die in der antiken Astrologie den Gestirnen beigemessen worden waren, machte man nun Luzifer, der den Teufel *und* die Venus meinen konnte, verantwortlich. Versuche, den Freitag seines sexuellen Aspekts zu entheben und positiv umzudeuten, scheiterten. Es half auch nichts, daß um die Mitte des 13. Jahrhunderts der Prediger *Berthold von Regensburg* auf die seiner Meinung nach korrekte Freitagsbezeichnung *venretac* rekurrierte und befand, daß sie an *ein tugent diu heizet minne* gemahne. Vergessen, unterdrückt oder schon hier einer Romantisierung geopfert war, daß die gemeinhin als so edel erachtete Minne im Mittelhochdeutschen auch völlig irdisch für geschlechtliche Liebe oder Beischlaf stehen konnte. Und so wird sie auch weitestgehend aufgefaßt worden sein. *Konrad von Würzburg*, ein Zeitgenosse Bertholds, mußte feststellen, «daß reine Minne der Welt fremd geworden ist». Die geistlichen Herren mochten Sexualität als Sünde verteufeln, sie eindämmen oder verbrämen. Alles, was zu ihr in Verbindung gebracht werden konnte, galt als Teufelswerk. Seit dem 6. Jahrhundert galt als teuflische Tat, wenn eine Frau «vom Samen ihres Mannes kostet, damit dieser zu ihr in größerer Liebe entbrenne». Doch unterdrücken ließ sich der menschliche Trieb durch kein Verbot, so wenig wie der Glaube an die Macht der Sterne und die Gunst bestimmter Tage.

X. Diener Luzifers und Knechte der Wollust

Sie boten ihre Söhne der Venus an und zwangen dieselben, mit Puppen in Händen wie Mädchen voranzugehen.

Johannes von Salisbury, Mitte 12. Jahrhundert

Das Wort «Katharer» kommt von «Kater», dessen After sie küssen, da ihnen in dieser Gestalt Luzifer erscheint.

Über die «Irrlehren der Häretiker» in einem Aldersbacher Codex, 14. Jahrhundert

Die in der römischen Kirche institutionalisierte christliche Religion dominierte im mittelalterlichen Europa das Recht und die Politik. Gesetzliche Regelungen, politische Zielsetzungen und sittliche Vorstellungen unterstanden christlichem und daher in der Regel päpstlichem Diktat. Die zahllosen Gebotsverletzungen, Rechtsbrüche, politischen Verbrechen und sittlichen Verfehlungen, die sich die Päpste und ihre Geistlichkeit gerade auf sexuellem Gebiet zuschulden kommen ließen, offenbarten zwar nachdrücklich die Unvereinbarkeit von menschlicher Natur und geschlechtsfeindlichem Askeseideal, aber eine Konsequenz im Sinne einer Lockerung des strengen Sittenkodex wurde nicht gezogen. Ganz im Gegenteil. Während man sich an der römischen Kurie immer mehr sexuelle Freizügigkeit gönnte, wurde dieselbe den Gläubigen zunehmend versagt, kriminalisiert und verfolgt. Die kirchlichen Oberhäupter, die allen Grund gehabt hätten, mit der Faust zum *mea culpa* an die Brust zu schlagen, faßten es unverhohlen als ihr Privileg auf, sich selbst zu gestatten, was sie anderen verwehrten. Ende des Mittelalters brachte Papst *Leo X.* (1513–1521) diese Haltung auf den Punkt: «Laßt uns das Papsttum genießen, da Gott es uns verliehen hat.» Es war derselbe Papst, der sich infolge seines Körpergewichts, das jedem Bettelmönch hohnsprach, kaum auf dem Pferd halten konnte, von dem herab er gerne Sauhatzen beobachtete, und der Luther, der mit seiner Sexualbeziehung zu einer Nonne nicht hinter dem Berg hielt, als «wildes Schwein» bezeichnete.

Auch die unteren Chargen genossen ihr geistliches Leben frei nach diesem Motto. Bischofssitze wurden – mitunter von Bischöfen für ihre homosexuellen Liebhaber oder ihre eigenen Söhne – als Einnahmequellen und Karrierestationen erkauft. Priester waren in überwiegender Zahl verheiratet oder lebten in offenem Konkubinat und stießen damit häufig sogar auf die Zustimmung ihrer «Schäflein», die andernfalls schlimmeres befürchteten: «Enthaltsam wird der Priester nicht sein können; es ist darum besser, daß er eine Frau für sich hat, als daß er mit den Frauen aller sich zu schaffen macht» (Kölner Reimchronik, zitiert nach Deschner).

Das Ansehen der Geistlichkeit war proportional zur christlich-sittlichen Degenerierung auf einen Tiefststand gesunken. Sie nahm sich immer unverhohlener heraus, wofür sie den Gläubigen Höllenqualen androhte. Allerdings forderte dies mitunter seinen Preis. *Abaelard*, einer der bedeutendsten Philosophen und Lehrer in der ersten Hälfte des 12. Jahrhunderts und mit Sicherheit keiner jener Hurenböcke im geistlichen Gewand, büßte mit seiner Entmannung, nachdem er die ihm anvertraute siebzehnjährige *Heloise* geschwängert und heimlich geheiratet hatte. Doch sein Beispiel ist nur das bekannteste. Zu Weihnachten 1297 wurden in Basel einem Geistlichen, der sich an einem Mädchen vergangen hatte, die Genitalien abgeschnitten; sie wurden mitten in der Stadt öffentlich ausgestellt.

Die abschreckenden Maßnahmen blieben Einzelfälle. Sie stellten die Mißstände nicht ab, sondern brachten die Priester allenfalls dazu, ihren sexuellen Leidenschaften noch raffinierter nachzugehen: Als Nonnen verkleidet schlichen sie in die Häuser von Witwen und zogen sich mit Frauen zur ungestörten «geistlichen Tröstung» oder zu «frommen Gesängen» hinter geschlossene Türen zurück. Über die Mönche des Klosters Wolverhampton klagte um 1200 der Archidiakon von London:

«Sie lebten öffentlich und offenkundig in Unzucht und rühmten sich ihrer Sünde wie Sodom, und im Angesicht der öffentlichen Schande nahmen sie einer des andern Tochter oder Nichte zur Frau. Und so groß war die verwandtschaftliche Verschwägerung unter ihnen, daß keiner imstande war, ihre abscheulichen Verbindungen zu lösen» (Petrus von Blois, Brief 152).

Und über die Pariser Geistlichen seiner Tage notierte der 1240 verstorbene Prediger und Geschichtsschreiber Jakob von Vitry:

«Eine einfache Unzucht hielten sie nicht für Sünde. Prostituierte schleppten überall auf den Gassen und Straßen die vorübergehenden Geistlichen in ihre Bordelle. Wenn diese sich weigerten einzutreten, riefen ihnen jene ‹Arschficker› hinterher. Denn dieses ekelhafte und abscheuliche Laster hatte wie ein unheilbarer Aussatz oder ein verderbliches Gift die ganze Stadt ergriffen, so daß es für anständig gehalten wurde, sich eine oder mehrere Mätressen zu halten. Ja, in ein und demselben Haus waren oben die Schulzimmer und unten die Unterkunft der Prostituierten; im Obergeschoß lasen die Magister und im Parterre gingen die Prostituierten ihrem schändlichen Gewerbe nach.»

Während Kirchenvater Hieronymus in der Ehe zumindest aus dem Grund etwas Gutes gesehen hatte, daß in ihr Jungfrauen gezeugt werden konnten, zeugten früh- und hochmittelalterliche Kirchenherren bevorzugt ihre eigenen Nachfolger. So war Papst *Hadrian II.* (867–872) bereits der Sohn eines Bischofs und vor dem Empfang der Papstwürde selbst verheiratet und Vater einer Tochter, derentwegen ein zurückgewiesener Liebhaber die Mutter tötete. Auch das kuriale Umfeld wurde durch «Frauengeschichten» in Atem gehalten. Ein gewisser Georgius entschied den Streit um eine Frau, indem er den konkurrierenden eigenen Bruder umbrachte, sanierte sich durch die Heirat mit der Nichte des vormaligen Papstes Benedikt III., die er danach *coram publico* tötete, heiratete die Tochter des päpstlichen Zeremonienmeisters, und stieg selbst zum Verwalter des päpstlichen Vermögens auf.

Papst *Sergius III.* (904–911) unterhielt mit einer gewissen Marozia ein stadtbekanntes Verhältnis; sein Nachfolger, *Johannes X.*, gelangte überhaupt erst auf dem Umweg durch das Bett von Theodora, der Mutter jener Marozia, zur Papstwürde; er segnete die Einsetzung des fünfjährigen Sohnes des Grafen von Vermandois zum Erzbischof ab und wurde später im Kerker erdrosselt. Mit *Johannes XI.* (931–936) saß schließlich Marozias eigener, womöglich mit dem vorvorigen Papst gezeugter Sohn auf dem Stuhl Petri. Bischofssitze und Benediktinerabteien wurden käuflich, Äbte und Mönche ehelichten Prostituierte. Äbtissinnen wurden schwanger; Neugeborene wurden in Klostergärten verscharrt oder in den Abort geworfen, wo Archäologen ihre Knochen entdeckten. Mit *Johannes XII.* bestieg der achtzehn Jahre alte Neffe Johannes' XI., ein durchaus frauenerprobter Junglebemann, den Papstthron; er soll die Laterankirche in ein Bordell verwandelt haben. Als ihm 963 der Prozeß gemacht wurde, wurden ihm u. a. Ehebruch und Blutschande zur Last gelegt. Er wurde abgesetzt und soll im Jahr darauf, seiner Lebensweise angemessen, bei einer Liebesaffäre den Tod gefunden haben. Als *Johannes XIII.* gelangte erneut ein Bischofssohn zu päpstlichen Würden. Seine beiden Nachfolger wurden im Kerker erdrosselt, und der Sohn eines Priesters erhielt als *Johannes V.* die Papstweihe.

Die Vorwürfe gegen unbeliebte Kirchenmänner wiederholen sich in eintöniger Gleichförmigkeit. Dem Bischof Heinrich von Basel wurde bei seinem Tod 1238 die Vaterschaft von zwanzig Kindern nachgesagt. Bischof Heinrich von Lüttich, der – vom Konzil abgesetzt – 1281 seinen Nachfolger ermordete, soll es auf einundsechzig Kinder gebracht haben. Der Kämmerer des Papstes Bonifatius IX. soll ein Verhältnis mit der Frau seines Bruders unterhalten und später, als Kardinal von Bologna, Geschlechtsverkehr mit zweihundert Frauen, darunter etliche Nonnen und Ehefrauen, gehabt haben. Das Konstanzer Konzil, dessen pekuniär wiewohl sexuell höchst potente Besetzung 800 Prostituierte in die Stadt lockte, hielt dem dort abgestraften Papst *Johannes XXIII.* inzestuöse und ehebrecherische Beziehungen vor.

Auch weltliche Herren, Herzöge, Könige und Kaiser, wurden mit der Anschuldigung sexueller Verfehlungen überzogen, sobald man sich jener zu entledigen trachtete. Doch die kritischen Kommentare, die gegen sie laut wurden, entsprachen ebensowenig in allen Details der Wahrheit wie die Klagen, die über die Kirchenfürsten geäußert wurden. Die Anrüchigkeit, die man jeglicher Sexualität angehaftet hatte, wandte sich gegen jeden, der Mißliebigkeit erregte oder aus irgendeinem Grund in die Schußlinie geriet. Da sich aber jeder Mensch mehr oder weniger sexuell betätigte und hinter jeder sexuellen Handlung Teuflisches gewittert wurde, trafen die Schüsse immer. Sex war ein «Totschlagargument» geworden. Insofern ist manchen modernen Autoren (z. B. G. R.

Taylor; K. Deschner), die sämtliche Skandalnotizen für bare Münze nehmen, ein zu unbedenklicher und leichtfertiger Umgang mit den Quellen zu attestieren; sie sind den Verfassern jener Histörchen schlichtweg auf den Leim gegangen.

Andererseits reinigt diese Erkenntnis die Kirche nicht. Die Belege, die unzweifelhaft über die permanenten Verletzungen der selbstgesetzten Moralnormen Auskunft geben, sind in ihrer Anzahl erdrückend. Selbst bei aller gebotenen Zurückhaltung ist die Feststellung erlaubt, daß sich die Kirchenführung durch das ganze Mittelalter hindurch eine einzigartige *Chronique scandaleuse* leistete. In der Gestalt des Borgia-Papstes *Alexander VI.* (1492–1503), der die Kurie mit Prostituierten ausstattete und selbst (mindestens) vier Kinder zeugte, fand sie nur ihren die Epoche abschließenden Höhepunkt.

Zu diesem Hintergrund im schroffen Gegensatz standen die Verlautbarungen, die periodisch ausgegeben wurden, um den Mißständen Einhalt zu gebieten. Doch entsprechend dem Verhalten derer, die zur Besserung aufriefen, sich aber selbst nicht daran hielten, waren solche Aktionen, gemessen an den Erfolgen bei den Untergebenen, kaum der Rede wert. Dienten die Mahnschreiben bereits damals als Ablenkungsmanöver und Popanz, als Machtmittel und Diskriminierungsinstrument, so greifen Theologen und christliche Historiker – in offenkundiger Verkennung der Intention jener päpstlichen «Dienstanweisungen» – nach ihnen wie nach Rettungsankern, um darauf verweisen zu können, daß die biblische Lehre fortlebte, auch wenn ihren irdischen Verfechtern noch so dumpfe Fehlleistungen, dezent als «zeitbedingte Irrtümer» umschrieben, unterliefen. Gern verweisen sie auf die Reformbewegung des Mönchtums im 11. Jahrhundert und verschweigen in der Regel, daß zur selben Zeit Papst *Benedikt IX.* sich die Papstwürde abkaufen ließ, um den Apostolischen Stuhl für seinen Taufpaten freizumachen.

Dabei war Benedikt IX. nur ein besonders markantes Exemplar seines Standes. Geschäftstüchtigkeit zeichnete die Amtskirche zu allen Zeiten aus. Ihrer kaufmännischen, durchaus profitorientierten Einstellung ist es zuzuschreiben, daß den Angestellten, sprich Priestern, schließlich die Ehefrauen untersagt wurden. Es ging nicht um die Abwehr von teuflischer Lust, von Sex, der den Weg ins Himmelreich versperren würde. Mit solchen Argumenten fing man allenfalls die schlichtesten Gemüter. De facto war (und ist) der Zölibat, wie im Mittelalter durchaus eingeräumt wurde, eine betriebswirtschaftliche Maßnahme zur Minderung der Personalkosten, die durch mitzuernährende Priesterfrauen und -kinder erhöht worden wären, und zur Sicherung des Besitzstandes, der durch ihr Erbe einfordernde Kinder gefährdet werden konnte. Es durfte schlechterdings nicht hingenommen werden, daß Bischöfe und Priester, wie tatsächlich geschehen, für den Fall ihres Ablebens per Testament ihre Frauen und Kinder versorgten und damit das Kirchengut beeinträchtigten.

Ketzer als Sündenböcke: Unterhalb des Nabels keine Sünde

Geschlechtsverkehr mit Juden oder Jüdinnen, Heiden oder Heidinnen hatte Christen als schwere Sünde zu gelten, da sich dabei, wie es hieß, der Teufel ihrer Herzen bemächtigte. Als verruchteste Verfehlung galt indes – mit Verweis auf das Alte Testament – die Homosexualität, im Mittelalter Sodomie genannt. Papst Gregor IX. stellte sie 1232 mit Ketzerei auf eine Stufe. Im Umkehrschluß wurden, auch schon zu früheren Zeiten, Glaubensabweichler beschuldigt, der Homosexualität zu frönen.

Die Ketzerbewegungen, die ab dem 12. Jahrhundert starken Zulauf hatten, waren im bewußten Gegensatz zur verweltlichten Amtskirche und deren Vertretern entstanden. Ob *Katharer* (*Albigenser*), *Waldenser* und verwandte Richtungen, verpflichteten sie sich einem neuen Armutsideal und der Abkehr von irdischen Verlockungen, unter die auch die Sexualität fiel. Die Kirche, die keine Konkurrenz dulden konnte, drehte den Katharern – daher der Begriff «Ketzer» – gerade daraus einen Strick und deutete deren bisexuelle Abstinenz zum Beleg für homosexuelle Betätigungen um. Hinzu kam – man ist geneigt zu sagen: natürlich – der Vorwurf der Blutschande. Christliche Polemiker schilderten die Versammlungen der Katharer nicht anders, als man sich später Hexensabbate inklusive geschlechtlicher Vereinigungen mit Teufeln vorstellte. Über die Waldenser wurde behauptet, sie würden den Teufel anbeten und hätten bei den ihnen unterstellten Orgien den «König des

Himmels» zu Gast. Den Franziskaner-Spiritualen (*Fraticelli*) hängte man an, sich im Dunkeln zu sexuellen Exzessen zu treffen.

Auf einem ganz anderen Blatt steht auch hier, daß sich z. B. die Katharer im Verlauf der doktrinären und organisatorischen Wandlungen, die sie vollzogen, wohl einige «Verfehlungen» leisteten, die ihren Gegnern Wasser auf die Mühle waren. Gegen sie sprach zunächst allein die Tatsache, daß sie alle Schöpfung als Werk des Teufels ansahen, der in den Himmel eingedrungen sei, zusammen mit einer mitgebrachten Frau einen Großteil der Engel zur Lüsternheit verführt und dazu verleitet habe, sich vom Himmel auf die Erde zu stürzen, wo sie als die Seelen in den Menschen weiter ihr Unwesen trieben. Die Ehe verurteilten sie als von der katholischen Kirche legitimierte Form fortgesetzter teuflischer Unzucht. Jede Schwangere trug Luzifer im Leib.

Aber auch die Katharer vermochten auf Dauer nicht gegen ihre Sexualität anzuleben. Sie fanden nur ihre eigenen Begründungen, um sich den Geschlechtsverkehr zu gestatten. Den Akten des Katharer-Prozesses, mit dem Anfang des 14. Jahrhunderts das Pyrenäendorf Montaillou überzogen wurde, ist zu entnehmen, wie der geradezu sexbesessene Katharer-Pfarrer argumentierte: Der Beischlaf mit einer verheirateten Frau sei nicht anders zu bewerten als der mit einer nichtverheirateten, der eine so sündig wie der andere und daher, gewissermaßen in der negativen Entsprechung, in jedem Fall zulässig. Eine seiner zahllosen Geliebten gab zu Protokoll:

«Vor ungefähr sieben Jahren, im Sommer, kam der Pfarrer Pierre Clergue ins Haus meiner Mutter, die eben draußen bei der Ernte war, und bestürmte mich: ‹Erlaube mir, dich im Fleisch zu erkennen.› Und ich sagte ihm: ‹Nun denn.› Damals war ich noch Jungfrau, ich glaube vierzehn oder fünfzehn Jahre alt. Er entjungferte mich in der Scheune, wo das Stroh liegt. Er brauchte keine Gewalt dabei. Danach kannte er mich weiter im Fleisch bis zum folgenden Januar. Das ging immer im Ostal meiner Mutter vonstatten. Die wußte es und billigte es. Wir machten es hauptsächlich tagsüber.

Danach, im Januar, verheiratete mich der Pfarrer mit meinem verstorbenen Mann Pierre Lizier; und nachdem er mich diesem Mann gegeben, fuhr er doch fort, mich im Fleisch zu erkennen, und schlief oft bei mir während der vier Jahre, die mein Mann noch zu leben hatte. Und dieser wußte das und billigte es. Manchmal fragte er mich: ‹Hat der Priester was mit dir gemacht?› Und ich antwortete: ‹Ja.› Und mein Mann sagte dann: ‹Also meinetwegen treib's mit dem Priester, aber hüte dich vor anderen Männern.› Immerhin gestattete sich der Priester nie, mir beizuschlafen, wenn mein Mann zu Hause war. Das geschah nur in dessen Abwesenheit» (Le Roy Ladurie, Montaillou, S. 184f.).

Das Katharer-Ideal von jeglicher sexueller Enthaltsamkeit war sehr platt und formal auf die Geringschätzung der Ehe verengt worden. Da man gleichzeitig nur von den *parfaits*, den «Vollendeten», völlige Sündlosigkeit erwartete und für sich selbst damit rechnen durfte, durch die auch noch kurz vor dem Tod zu gewinnende Sündloserklärung des *consolamentum* den erstrebten Zustand eines makellosen Engels zu erlangen, pflegte man eine sehr liberale Sexualmoral und bevorzugte geradezu außer- und nebeneheliche Beziehungen. Nach der Überzeugung des Katharer-Bischofs Philipp beging man «unterhalb des Nabels» ohnehin keine Sünde.

Die katholische Kirche wußte von alledem. Indem sie über den «Luziferglauben» der Katharer flächendeckend Dispute eröffnete, verhalf sie nicht nur dieser Bezeichnung für den Teufel vollends zum Durchbruch, sondern brachte die Glaubensabweichler in die Nähe einer orgiastischen Vereinigung. Dies ermöglichte es, von den gegen die Kirche erhobenen gleichlautenden Vorwürfen abzulenken und, indem die Geistlichkeit ihre Schuld auf Katharern und Heiden als «Sündenböcken» ablud und diese abstrafte, die eigenen Schuldgefühle zu bekämpfen. Mittels dieses psychologischen Vorgangs der Projektion («Übertragung») empfand man die eigenen Sünden als mitgetilgt. In letzter Konsequenz mußten die «Sündenböcke» ausgelöscht werden, da erst damit auch die völlige Schuldablösung gewährleistet war. Die logische Folge waren Inquisition und Scheiterhaufen für alle, die sich mit dem Teufel einließen und ihrem Sexualtrieb nachgaben. Die Opfer, die während der Ketzerprozesse und -kreuzzüge des 12. bis 14. Jahrhunderts auf Veranlassung der katholischen Kirche eines grausamen Todes starben, gingen in die Tausende. Der Haß, der sich in den Kreuzzügen gegen die «teuflischen Heiden» und in den späteren Hexenverbrennungen gegen Frauen, die «mit dem Teufel Unzucht trieben», entlud, speiste sich aus demselben krankhaften Geist.

Die Muslime beten Gott und Venus an

Das Unvermögen, der islamischen Expansion und den Gebietsgewinnen der Muslime wirksam entgegenzutreten, hatte die frühmittelalterliche Christenwelt in eine empfindliche Glaubenskrise gestürzt. Ihre Vordenker waren gefordert, aufkeimende Zweifel an der postulierten Überlegenheit des Christentums und am christlichen Gott zu zerstreuen. Sie verfielen auf das probate Mittel, die «Sarazenenseuche» wie eine alttestamentliche Heuschreckenplage als Strafe Gottes für eigene Sündhaftigkeit auszugeben und empfahlen zur Abwendung weiteren Unheils, die Lebensweise zu ändern und dem Gebot Gottes zu sexueller Enthaltsamkeit strikt zu folgen. Die Parole wurde völlig wissentlich, d. h. zutiefst unfromm und absolut ideologisch, als falsche Tatsachenbehauptung ausgegeben. So riet in der ersten Hälfte des 10. Jahrhunderts der Beneventanerfürst *Landulf* dem Papst, die denkbare Niederlage gegen die Muslime in Süditalien nicht einer mangelnden oder mangelhaften Kampfestüchtigkeit, sondern den Sünden der Christen zuzuschreiben. Diese Behauptung wie der daraus gezogene Schluß barg keinerlei Risiko und mußte für um so wahrer erachtet werden, je schlechter es um die propagierte Keuschheit stand. Wie ein Eingreifen Gottes mangels Überprüfbarkeit, so stand der – aus christlicher Sicht – desolate Zustand der Sexualmoral aufgrund eigener Erfahrung oder Anschauung außer Zweifel.

Es war daher ein Leichtes, die Schwäche der christlichen Welt gegenüber dem Islam mit der eigenen Ergebenheit gegenüber dem Sexualtrieb zu erklären und gleichzeitig damit eine Warnung zu verbinden. Denn besonders die unchristlich ausgelebte, zügellose Lust mache den Menschen zum Diener Satans und zum Gefolgsmann des «Lügenpropheten» Mohammed; dieser habe, wie etwa der Mainzer Domgeistliche *Embricho* Ende des 11. Jahrhunderts meinte, die christliche Sexualmoral pervertiert, homosexuelle und inzestuöse Beziehungen gestattet und exakt dadurch so viele Anhänger gewonnen.

Solche und ähnliche Auffassungen kursierten in der christlichen Welt über den Begründer des Islam, seit Nachrichten über sein Leben in Europa bekannt geworden waren. In Spanien, das die zunächst hitzige Konfrontation zwischen Christen und Muslimen am stärksten erlebte, wurde bereits im Verlauf des 9. Jahrhunderts die abendländische Mohammed-Biographie in all ihren Grundzügen ausgestaltet, die als Zerrbild dieses Mannes und, später nur unwesentlich revidiert, die lateineuropäische Meinung über ihn durch das ganze Mittelalter hindurch prägte. Den Ausgangspunkt bildete die bekannte Tatsache, daß Mohammed den Männern die Ehe mit vier Frauen gleichzeitig erlaubt und er selbst diese Regelung weidlich genutzt hatte. *Gottfried von Viterbo* vermochte im 12. Jahrhundert seinen Lesern die stattliche Anzahl von siebzehn Frauen Mohammeds namentlich aufzuführen. *Alexandre du Pont* behauptete um die Mitte des 13. Jahrhunderts, daß sogar jede Muslimin mehrere Männer haben konnte. Auch die unbestrittene Affäre Mohammeds mit Sainab, der Frau seines Adoptivsohnes Said, die damit endete, daß Said seine Frau verstieß und Mohammed sie ehelichte, wurde von christlicher Seite gern benutzt, um dessen Verwerflichkeit zu dokumentieren. Vor allem aber die islamische Vorstellung vom Paradies, das die Gläubigen nach dem Tod erwartete, entzündete die christlichen Gemüter, allen voran die im sexuellen Notstand belassenen Geistlichen, die auf diesem Weg ihren eigenen Lusthorizont erweitern konnten. Das Paradies der Muslime kam ihnen wie ein Schweinestall vor; es galt ihnen als anstößiger Ort lüsterner Sinnesfreuden und Ausschweifungen inklusive der täglichen Schändung von Jungfrauen bei gleichzeitig nie versiegender männlicher Potenz. Das Paradies, das Mohammed seinen Anhängern in Aussicht stellte, erinnerte die christlichen Kritiker an ein Bordell (*lupanar*). Selbst der Name der Stadt Mekka, die man fälschlicherweise für den Bestattungsort Mohammeds hielt, mußte zum Beleg für die Liederlichkeit seiner «teuflisch trügerischen Irrlehre» herhalten: Mit Hilfe einer hintergründigen «Verschreibung» gab man den Ortsnamen voller Häme mit dem lateinischen Wort *Moecha* (= Ehebrecherin, Prostituierte) wieder.

In der Anfangsphase des Islam schien nichts auf eine derartig polemische Verunglimpfung hinzuzielen. Bei dem berühmten «Religionsgespräch» des Jahres 639 in Antiochia hatten christliche Vertreter den Islam zumindest noch als christliche Häresie gelten lassen, da er als monotheistische Offenbarungsreligion wie das Christen- und Judentum auf den Fünf Büchern Mose basiere. Doch die Haltung wurde in demselben Maße feindseliger, in dem der Islam entlang der palästinensischen und nordafrikanischen Mittelmeerküste in christliche Gebiete ausgriff. Es hielt sich zwar durch das ganze europäische Mittelalter hindurch die – z. T. anerkennend ausgesprochene – Kenntnis, daß Mohammed mit dem «Götzenkult» aufgeräumt und seine Anhänger zum Glauben an nur einen Gott eingeschworen hatte. Aber die apologetischen Schriften nahmen davon keine Notiz und erhoben Mohammed schließlich selbst zum angebeteten Götzen.

Nach allem, was man über die Muslime und deren Sexualverhalten wußte und – noch mehr – zu wissen meinte, lag es für die Christen auf der Hand, daß jene der Liebesgöttin Venus und damit auch dem zum Sex verführenden Teufel huldigten. Zudem lieferten in den Augen der Christen die Muslime dafür selbst einen untrüglichen Beweis, indem sie den Freitag, d. h. den auch im christlichen Kalender nach wie vor als *dies Veneris*, «Venus-Tag», bezeichneten Wochentag, im Rang eines christlichen Sonntags oder jüdischen Sabbats hochhielten.

Es handelte sich um keinen sonderlich originellen Aspekt, der damit in die polemische Auseinandersetzung mit dem Islam eingeführt wurde. Der Vorwurf, daß die Araber – zumindest die der Vergangenheit – die Venus bzw. den Morgenstern (in der lateinischen Lesart *Lucifer*) verehrten, kursierte bereits seit fünfhundert Jahren im griechisch-byzantinischen Raum. Man war dazu ohne Ableitung vom Freitag/Venus-Tag gelangt. Ausgangspunkt war vielmehr die korrekte Überlieferung, daß die Araber vor dem Auftreten Mohammeds der Gottheit Aphrodite bzw. Venus unter dem Namen *al-'Uzzâ* huldigten. Schon Kirchenvater und Orient-Kenner Hieronymus hatte die Stadt Elusa als Ort der 'Uzza gedeutet, als Hauptsitz des heidnisch-arabischen Morgenstern/Venus-Kultes angegeben und daraus geschlossen, daß die Sarazenen den Teufel anbeteten. Bei dem um 750 verstorbenen *Johannes Damascenus* ließ sich nachlesen, daß die Sarazenen Götzendiener gewesen seien und den Morgenstern bzw. die Aphrodite verehrt hätten, die sie in ihrer Sprache *Chabar*, was «die Große» bedeute, nannten; bei dem Stein in der Ka'ba zu Mekka handele es sich um das Haupt der Aphrodite, das man bei genauem Hinsehen «noch heute» – sollte heißen: in muslimischer Zeit – als solches erkennen könne. Im 9. Jahrhundert versicherte *Bartholomäus von Edessa*, daß über dem auf Geheiß Mohammeds in Mekka verehrten Stein Agar mit Abraham (zur

Zeugung Ismaels, des Ahnvaters der Araber) den Geschlechtsverkehr ausgeübt habe.

Seitdem wurde von Spanien bis Byzanz immer wieder die Behauptung aufgestellt, daß die Muslime einer «großen Gottheit» namens *Kobar* (*Kabar; Kubar; Chubar*) bzw. dem Morgenstern, den sie so nennen würden, oder eben der durch diesen symbolisierten Aphrodite/Venus zugetan seien. Mochte sich darin auch ein Reflex auf die altorientalische Große Göttin erhalten haben, so bezog man doch die Bestätigung für den Venuskult der Muslime auf philologischem Weg, indem man die aus ihrem Mund zu hörende Formel *Allâhu akbar*, «Gott ist größer», als *Allâh, Allâh wa kubar Allâh* oder *Allâ wa kubar* verstand und mit «Allah und Venus» übersetzte. So behauptete der gebildete byzantinische Kaiser *Konstantinos VII. Porphyrogennetos* (gest. 959), daß man in der Gegend von Yathrib, wo Mohammed seine Irrtümer verbreitet habe, die dort Kubar geheißene Aphrodite (bzw. Venus) verehre und deshalb beim Beten *Allâ wa kubar* rufe, was nichts anderes bedeute als «Gott und Aphrodite (bzw. Venus)». Die anschließende Erklärung ist mit der Interpretation von *Allâh* als Gott und *wa* als Konjunktion «und» so korrekt, daß man dem Verfasser dieser Zeilen zumindest einfache arabische Sprachkenntnisse zugutehalten und aufgrund der geographischen Nähe zur muslimisch-arabischen Welt auch etliches Wissen über den Islam zubilligen muß. Um so mehr aber erweist sich die den Arabern in den Mund gelegte Formel «Gott und Aphrodite» als böswillige Unterstellung sowie als gesuchtes Indiz dafür, daß die Muslime entgegen ihren eigenen Beteuerungen eben nicht nur dem einen Gott, sondern daneben der Göttin der Lust huldigten und sich daher – an der Wende zum 12. Jahrhundert bei Georgios Kedrenos *expressis verbis* nachzulesen – selbst der Wollust ergaben. Insofern hatte der erwähnte Mainzer Embricho keine Probleme, in dem von den Muslimen besetzten Nordafrika die Venus herrschen zu sehen. Männer wie Abaelard schreckte eine solche Vorstellung nicht. Er meinte, daß man sich trotz der für Christen obligatorischen Kopfsteuer unter den Muslimen niederlassen müßte, um als Christ in Frieden leben zu können. Er scheint gewußt zu haben, daß ihn dort wegen der Verführung (und Heirat!) eines jungen Mädchens niemand entmannt hätte.

XI. Die große Göttin im Untergrund

Venus ist die Quelle der begehrenden Kraft;
von den Sprachen gehört ihr das Arabische,
von den Religionen gehört ihr der Islam.
AL-MADJRITI, 12. JAHRHUNDERT

Allahu akbar

Allahu akbar ist als Slogan so etwas wie das Erkennungszeichen des Islam geworden und wohl der einzige arabische Satz, der rund um die Erde bekannt ist. Seit frühester Zeit nicht nur im Aufruf zum Gebet, sondern auch als Schlachtruf verwendet, erlebt er heute bei militanten Islamisten eine unrühmliche Renaissance und nährt die Angst des Westens vor der angeblichen Bedrohung durch den Islam. Die geläufigste Übersetzung des Ausdrucks, der übrigens im Koran nicht auftaucht, lautet «Gott ist groß». Wörtlich genommen bedeutet er «Gott ist größer». Schon die frühen arabischen Grammatiker hatten mit dem Ausdruck gewisse sprachliche Probleme. Einige stellten sich durchaus die Frage: «Gott ist größer als was?» und gaben als eine mögliche Antwort: «Gott ist größer, d. h. mächtiger, als alles.»

Alâ wa kubar würden die Sarazenen beten, behauptete man im europäischen Mittelalter und übersetzte dies mit *deus et venus*, «Gott und Venus» (vgl. Kap. X). Diese Deutung hat den Orientalisten einiges Kopfzerbrechen bereitet. Da sie im Arabischen keinen Begriff fanden, der sich überzeugend einerseits mit *kubar*, andererseits mit der Venusgöttin in Verbindung bringen ließ, blieb die These unwiderlegt, daß es sich um eine bewußte Fehlinterpretation von *Allahu akbar* handle.

Nun hat aber der früheste christliche Autor, der die Araber als Verehrer einer Venusgöttin namens *chabar* bezeichnete, was dann in den verschiedensten Schreibungen als *kubar* u. ä. weiterüberliefert wurde, dies gar nicht mit Allah in Verbindung gebracht und auch nicht auf die muslimischen, sondern auf die *vorislamischen Araber* bezogen. Er schrieb, daß diese die Venus anbeteten, «die sie in ihrer Sprache auch *chabar* nennen, was ‹die Große› bedeutet». An dieser Übersetzung kann nun nicht der geringste Zweifel bestehen, da *Johannes Damascenus*, der dies schrieb, wie schon sein Vater als hoher Beamter Ende des 7./Anfang des 8. Jahrhunderts den Kalifen in Damaskus gedient hatte, bevor er sich in ein Kloster zurückzog. Er beherrschte somit das Arabische ebenso perfekt wie Griechisch und Aramäisch.

Für den vorislamischen Orient fehlt es nicht an Belegen dafür, daß die Göttin der Fruchtbarkeit und der Sexualität «die große» oder auch «die größte Göttin» genannt wurde. Die Harraner, von denen gleich ausführlicher die Rede sein wird, besaßen noch unter muslimischer Herrschaft für Jahrhunderte einen Tempel, den sie griechisch *megalä thea*, «Große Göttin», nannten. Was die Arabisten bislang dennoch zögern ließ, den Ausführungen des Johannes Damascenus Glauben zu schenken, war einfach der Umstand, daß man zwar *chabar* mit der arabischen Konsonantenfolge *k-b-r*, aus der die Worte für «groß» gebildet werden, in Zusammenhang zu bringen wußte, aber keinen arabischen Beleg dieser Wortwurzel fand, der ausdrücklich eine Verbindung zur Venus als Gottheit oder Planeten herstellte. Dabei gibt es diesen Beleg durchaus, er ist in der Forschung nur unbeachtet geblieben, da man den vorislamischen Namen für den Freitag nicht als Venustag erkannte. Und dieser hieß eben nicht nur *yaum al-'aruba*, «Tag der Aruba», sondern *yaum al-'aruba al-kubra*, «Tag der großen» oder «größten Aruba». Kubra, «Große» oder «Größte», war somit ein beschreibender Beiname der Göttin auch im Arabischen, so wie auch al-'Uzza, «die Mächtigste», ursprünglich nur ein solches Attribut gewesen war, das im vorislamischen Mekka schließlich zum Namen der höchsten Göttin wurde (vgl. Kap. I).

Wenn aber die arabische Venus in Mekka «die Größte» und «die Mächtigste» hieß, erhält auch der islamische Schlachtruf *Allahu akbar*, «Gott ist größer», eine sinnvolle Bedeutung. Ging es in den ersten Kämpfen, die die junge islamische Gemeinde unter Mohammed zu bestreiten hatte, doch gegen die heidnischen Mekkaner, die das Bildnis ihrer obersten Gottheit, eben der «Größten» und «Mächtigsten», mit in den Kampf schleppten. Was lag näher, als ihnen entgegenzuschreien: «Gott ist größer» – größer eben als die Göttin.

Doch der patriarchalische Gott beanspruchte nicht nur, größer zu sein als die Göttin, sondern ließ sie, wie es die Legende anschaulich beschreibt (vgl. Kap. VI), im wahrsten Sinne des Wortes erschlagen. Während im vornehmlich iranisch und damit indogermanisch geprägten schiitischen Islam die Prophetentochter Fatima einen der Maria ähnlichen Status errang und für das weibliche Göttliche einen gewissen Ersatz bot, blieb der sunnitische Islam kompromißlos. Und dennoch hat die hohe Verehrung der altorientalischen Großen Göttin auch im überwiegend sunnitischen arabischen Kulturraum nicht nur in Gestalt des Freitags, des Venustages, unauslöschliche Spuren hinterlassen. Sie blieb – pseudowissenschaftlich umgedeutet – der Leitstern der Araber und des Islam, bewahrte in der Magie ihren erotischen Charakter und lebt im Volksglauben bis heute fort.

Die Venus wird säkularisiert...

Ibn Khaldun, ein arabischer Gelehrter und Politiker des 14./15. Jahrhunderts, der in Spanien noch die christliche Inquisition erlebte und dann für die ägyptischen Mamluken mit den nach Syrien vorgedrungenen Mongolen verhandelte, wird heute vielfach als der erste Soziologe der Welt angesehen. Er hat ein immenses Geschichtswerk hinterlassen, zu dem er in einem dreibändigen «Vorwort» die theoretischen Grundlagen legte. Er wertete dafür eine große Fülle älterer arabischer Literatur aus, darunter auch astrologische Werke, obwohl er als kritischer Geist der Astrologie durchaus skeptisch gegenüberstand. Nirgendwo in seinem Werk taucht die Venus als Göttin der Liebe auf – was auch sehr erstaunlich gewesen wäre –, dafür jedoch um so eindeutiger als Leitstern der Araber.

In Persien herrschte, als der Islam auf der Arabischen Halbinsel aufkam, die Dynastie der *Sasaniden*, die den muslimisch-arabischen Heeren unterlagen. Ibn Khaldun zitiert einen Astrologen am Hof der Sasaniden, der den Untergang ihres Reiches anhand astrologischer Beobachtungen vorausgesagt haben soll. Die Zeit des Jupiter, den er als Leitstern der Sasaniden ansah, gehe zu Ende. «Dann», so der Astrologe in der seiner Wissenschaft eigenen Terminologie, «wird Venus sich in Exaltation befinden und herrschen. Venus zeigt an, daß die Araber an die Macht kommen werden, weil der Aszendent der Konjunktion die Waage ist und sie von der Venus beherrscht wird, die zur Zeit der Konjunktion in Exaltation sein wird. Dies zeigt an, daß die Araber 1060 Jahre herrschen werden.» Die astrologische Fachterminologie interessiert nicht weiter. Wichtig ist die Essenz dieser Aussage: Venus und Araber sind untrennbar miteinander verbunden; herrscht sie am Himmel, herrschen die Araber auf der Erde.

Die Venus als Leitstern der Araber taucht auch in anderen Zusammenhängen wieder auf. Gerne haben Astronomen und Astrologen die fünf Planeten sowie Sonne und Mond mit bestimmten Regionen der Erde in Verbindung gebracht. Die Araber in islamischer Zeit kannten mehrere solche Beziehungssysteme, je nachdem, woher sie sie übernommen hatten. *Al-Mas'udi*, einer der bedeutendsten arabischen Historiker und Kosmographen des 10. Jahrhunderts, der selbst nicht nur die arabische Welt, sondern auch Indien und Teile Afrikas bereist hatte, stellte in die Mitte seines irdischen Kosmos das alte Babylon und ordnete die übrigen sechs Weltgegenden im Kreis um dieses an. Die Vorstellung dürfte somit zumindest im Kern aus dem Alten Mesopotamien stammen, lange bevor der Islam dort seinen Einzug hielt. Zugleich wurde jeder Region ein Planet als Leitstern zugewiesen. Persien und Babylon im Zentrum gehörten dem Jupiter, China der Sonne, Indien und Schwarzafrika dem Saturn, Ägypten, Nordafrika und Spanien dem Merkur, Griechenland und Kleinasien einschließlich Syrien dem Mond, Mittel- und Osteuropa dem Mars sowie der Süden der Arabischen Halbinsel einschließlich der Heiligen Stätten Mekka und Medina der Venus.

Bei der Zuordnung der Planeten zu den sieben Weltgegenden in diesem Schema haben ursprünglich zwei verschiedene Beobachtungen Pate gestanden. Zum einen wußte man, daß in bestimmten Regionen tatsächlich verschiedene Planetengottheiten besondere Verehrung genossen. Dazu gehörte Babylon selbst, wo im zweiten Jahrtausend v. Chr. der Jupiter unter dem Namen *Marduk* die Hauptgottheit war. Für die Zuordnung Griechenlands und Syriens zum Mond dürfte die Glaubenswelt der einst blühenden nordsyrischen Stadt *Harran*, das antike

Carrhae, verantwortlich sein. Die Stadt liegt in der Nähe von Urfa in Südanatolien an der Schnittstelle zu Mesopotamien und ist heute ein noch wenig erforschtes Ruinengelände. Das altsyrische, im Laufe der Zeit stark hellenisierte Heidentum hielt dort nicht nur christlichen Verfolgungen lange stand, sondern verstand es auch, noch einige Jahrhunderte unter islamischer Herrschaft zu überdauern. Arabische Autoren haben den Planetenkult der Harraner recht anschaulich beschrieben und sehr wohl gewußt, daß der Mondgott ihr Pantheon anführte. Auch die Verbindung Ägyptens mit dem Merkur dürfte entsprechend begründet sein, denn der Merkur wurde schon früh mit dem ägyptischen Gott *Thot* sowie mit *Henoch* und vor allem *Hermes* gleichgesetzt, der nach verbreiteter Vorstellung vor der Sintflut in Ägypten die Pyramiden erbaut hatte. Daß man die Sonne zum Leitstern Chinas machte, wird wohl damit zusammenhängen, daß auch aus der Sicht des Alten Orients China «das Land der aufgehenden Sonne» war, doch mag auch die Hautfarbe der Chinesen eine Rolle gespielt haben. Die Hautfarbe, und zwar die dunkle der Südinder und der Afrikaner, war gewiß verantwortlich für deren Zuordnung zum Saturn, denn «seine Natur ist die Schwärze», wie es in einem Vers heißt, den al-Mas'udi überlieferte. Und auch Mittel- und Osteuropa sowie Teile Zentralasiens dürften den Mars als Leitstern zugewiesen bekommen haben, weil man ihn mit der Farbe Rot in Verbindung brachte. Im Sudan heißen die Europäer noch heute *al-humr*, «die Roten». Ein maghrebinischer Autor aus der ersten Hälfte des 13. Jahrhunderts rechnete dem Mars auch Syrien und Kleinasien sowie alles zu, «was zwischen dem Westen und dem Norden liegt», d.h. auch Westeuropa. Mitgespielt haben mag dabei auch die Vorstellung vom Mars als Gott des Krieges, «denn der Mars schafft Blutvergießen, Gewalt und Streit», – was im Nachhinein für Europa, von dem in diesem Jahrhundert zwei Weltkriege ausgingen, nicht ohne bittere Ironie erscheint. Die südliche Arabische Halbinsel, wo der Islam seinen Ausgang nahm und die Araber ihre Wurzeln sehen, stand dagegen unter dem Stern der Venus. Da der Venus die Farbe Rosa zugewiesen war, ist die Zuordnung der Venus zu den Arabern wohl schwerlich auf deren Hautfarbe zurückzuführen. Viel eher dürfte sich darin der Umstand widerspiegeln, daß zumindest in Teilen Arabiens die Venus einst tatsächlich die Hauptgöttin war.

Gewiß, für die meisten arabischen Gelehrten des Mittelalters hatten derlei Zuordnungen von Planeten als Leitsterne von Regionen und Völkern keinerlei religiöse Bedeutung mehr. Die Venus war, wie die anderen Himmelskörper auch, entmythologisiert und in der Astrologie «naturwissenschaftlich» säkularisiert worden. Das hinderte die arabischen Gelehrten im Mittelalter aber nicht daran, sich weiterhin zwar nicht mit der Göttin, aber mit dem Stern der Liebe zu identifizieren.

... oder geht in den religiösen Untergrund...

Die Astrologie galt jedoch nicht nur als naturwissenschaftliche Disziplin, sondern diente vielfach auch als Brücke zur Alchimie und zur Magie. Sie konnte damit selbst Züge einer Ersatzreligion annehmen, als welche sie noch heute weit verbreitet ist. Die Horoskope in den Zeitungen sind jedenfalls für manche die beliebteste Lektüre.

Zwischen jenen, die Astrologie, Alchimie und Magie befürworteten, sich also zu diesem religiösen Untergrund bekannten, und jenen, die diese «Wissenschaften» als irrational oder auch als mit dem wahren Glauben nicht vereinbar ablehnten, verlief während des gesamten Mittelalters ein Riß – und zwar sowohl im Morgen- als auch im Abendland. Manche Gelehrte ließen die Astrologie gelten und lehnten die Alchimie ab und umgekehrt. Diejenigen, die diese sogenannten Geheimwissenschaften überhaupt als Unglauben abtaten, waren aber gewiß in der Minderzahl, wie z. B. der auch unter dem Namen «Avicenna» bekannte Philosoph *Ibn Sina* oder der bereits genannte Geschichtsphilosoph Ibn Khaldun. Auf der anderen Seite hat der bedeutende Theologe und Korankommentator *Fakhr ad-Din ar-Razi* (gest. 1209) ein umfangreiches Werk mit dem Titel *Das verborgene Geheimnis bezüglich des Dialogs mit den Sternen* verfaßt, in dem sich Astrologie und Magie unentwirrbar vermischen. Die eigentlichen Naturwissenschaften und die Geheimwissenschaften wurden wohl nur selten als sich gegenseitig ausschließend empfunden. Der mittelalterliche «Normalbürger» im Morgen- wie im Abendland war ohnehin dem magischen Denken äußerst eng verhaftet.

Im mittelalterlichen Orient wurde von Muslimen, Christen und Juden eine Fülle an astrologischer, alchemistischer und magischer Literatur geschrieben, in die heidnisch-altorientalische Vorstellungen ebenso eingeflossen sind wie antike griechische und persisch-indische. Wie an den «reinen» arabischen Naturwissenschaften hat sich das Abendland auch an der geheimwissenschaftlichen arabischen Literatur bedient; die Planetengottheiten und darunter nicht zuletzt die Venus spielten darin eine bedeutende Rolle.

In diesen geheimwissenschaftlichen Systemen wurden die Grundeigenschaften und die Hierarchie der Planeten festgelegt, ihre Wirkung auf den Charakter und das Äußere der Menschen beschrieben und die verschiedenen irdischen Lebewesen und Stoffe, Regionen und Religionen, Düfte und Farben etc. jeweils einem Planeten zugeordnet. Sonne und Mond galten dabei als «die beiden Leuchten», Jupiter und Venus als «die beiden Glücke», Saturn und Mars als «die beiden Unglücke»; der Merkur galt als ambivalent, indem er Glück oder Unglück jeweils verstärkte. Jupiter und Venus wurden auch «das große Glück» bzw. «das kleine Glück» genannt, wobei ersterer für das Glück im Jenseits, letztere für jenes im Diesseits zuständig war. In der Planetenhierarchie war die Sonne «ein mächtiger König», der Mond «dessen Wesir» und die Venus «seine Frau», also die Königin; der Merkur war «sein Sekretär», der Mars «sein Heerführer», der Jupiter «sein Schatzmeister» und der Saturn «sein Folterknecht». Die übrigen Gestirne erschienen als «die Großen und Mächtigen unter den Untertanen.»

Die Venus nahm demnach als Gemahlin des Königs immer noch einen relativ hohen Rang ein, sie ist aber zur einzigen Frau im Pantheon geworden, da man sich die Sonne in diesem Schema männlich dachte. Was sich hinter der Aufteilung des Glücks in ein irdisches der Venus und ein jenseitiges des Jupiter verbirgt, läßt folgende Gegenüberstellung erahnen:

«Jupiter bewirkt das Leben und gibt Weisheit; er bestimmt die religiöse Lenkung der Klassen der Menschen und stellt die Gesetze auf. Venus schafft die Spiele und das Amusement; sie flößt dem von ihr Beherrschten Begierden ein, gibt ihm aber nicht vernünftige Überlegung und Lenkung.»

Gemäß der herrschenden patriarchalischen Vorstellung war der Mann, symbolisiert durch Jupiter, der Inhaber von Weisheit und Recht, die Frau dagegen, in der Gestalt der Venus verkörpert, die unbeherrschte irrationale Lust.

Die soeben zitierten Zeilen stammen aus dem berühmtesten arabischen Werk über Magie, der Schrift *Das Ziel des Weisen* aus dem 12. Jahrhundert. Als Verfasser gilt ein arabischer Gelehrter aus dem islamischen Spanien. Die große Zahl der bisher im Orient aufgefundenen Abschriften des Buches zeigt, daß es sich einer überaus großen Beliebtheit erfreute. Auf Befehl des König Alfons von Kastilien wurde es 1256 ins Lateinische übertragen, und auch mehrere hebräische Übersetzungen haben sich erhalten. Unter dem Namen «*Picatrix*» hat sich die lateinische Version im Abendland weit verbreitet.

Auf diese ging der bayerische Hof- und Leibarzt *Johann Hartlieb* ein, als er im Jahre 1456 den Markgrafen Johann von Brandenburg vor verbotenen Künsten warnte: «Das ist das vollkomnest püch, das jch ye gesach jn der kunst [...]. das püch verfürt gar vil lewt zu ewiger verdambnuss. vor dem püch sol sich dein fürstlich genad am maisten hütten, wann vnder seinen süssen worten ist der potter gift vermist. das püch Piccatrix ist grösser dann drey psalter. o was hocher list vnd gespenst hat gehabt sathanas, bis er das püch einpläsen hat.»

Von welcher Art der Stoff ist, den der Satan dem Autor des «Picatrix» «eingeblasen» hat – das trotz der Warnung bis ins 18. Jahrhundert hinein in Europa eifrig studiert wurde –, mag der folgende Text über das Wesen der Venus zeigen:

«Ihre Kraft ist die Kühle und die Feuchtigkeit; ihre Substanz ist glückbringend. Sie signifiziert Reinlichkeit, Eitelkeit, Stolz, Prahlerei, Scherz, Liebe zum Gesang, Spiel, Lachen, Schmuck, Freude, Ergötzung, Tanz, Flötenspiel, Bewegung der Lautensaiten, Gesänge, Hochzeitsfeierlichkeiten, Parfum, Wohlgeruch, musikalische Kompositionen, Tricktrack, Schach, Leichtsinn, Müßiggang, Unzucht, Zotenreißen, sich um die Gunst der Weiber bemühen und sich bei ihnen behaglich fühlen, höfisches Betragen, Edelmut, Freigebigkeit, Freiheit der Seele, Nachsichtigkeit, guten Charakter, Schönheit, Pracht, viel Begehren nach jeglichem Ding, Schwören falscher Eide, Liebe zu berauschenden Getränken und ihren Genuß, viel Geschlechtsverkehr auf unterschiedliche Arten, wie Analverkehr und lesbische Liebesbefriedigung, Liebe zu Kindern, Neigung zu Gerechtigkeit und Unparteilichkeit, Liebe zur Straße und das Verweilen daselbst, Liebeswerben, Empfänglichkeit, Flechten und Schmücken von Kränzen, Herstellung von Kronen, süße Rede, Spott, Lässigkeit, Seelenschwäche, Freude an jeglichem schönen Ding, das Anlaß zum Begehren gibt, Herstellung von Farben, Goldschmiedekunst, Handel und Drogenverkauf. Ferner gehört ihr der Aufenthalt in Gotteshäusern, das Festhalten an der Religion und die Frömmigkeit, sowie die Begierden, die an der vollkommenen Weisheit hindern [...]. Venus ist die Quelle der begehrenden Kraft; ihr untersteht die Grammatik (nach einer anderen Version: die Astronomie), Poetik, die schöne Literatur und die Musik. Von den Sprachen gehört ihr das Arabische, von den Gliedern außen am Körper das linke Nasenloch und im Inneren die Samengänge und der Magen, aus denen die Begierde nach Genuß in alle Kanäle des Leibes strömt, durch die man die Speisen schmackhaft, die Getränke angenehm und die Genüsse schön findet. Von den Religionen gehört ihr der Islam und jede Religion, in der Speisen, Getränke und Ehe eine große Rolle spielen. Von den Kleidern gehören ihr die gemusterten Stoffe, von den Handwerken die Feinheit in ihnen, die bildenden Künste, der Handel mit Wohlgerüchen, das Lautenspiel, die Bewegung der Saiten und überhaupt jede Beschäftigung, bei der [es auf] Feinheit [ankommt]. Von den Geschmäckern gehört ihr alles gut Mundende, süß Schmeckende, Fette, von den Landschaften die Orte der Lust, die Parks, die Gärten, die Orte der Freude, des Spiels, des Gesangs und der Trinkgelage, und von den Edelsteinen die Perlen und von den Steinen der Lazur, der Borax, die Bleiglätte und alles, was sich zum Gießen von Weiberschmuck eignet, und von den Pflanzen die Basilikumgewächse, Henna, Safran, Rose, Citrusblüten, Anemonen sowie alles, was gut schmeckt, scharf riecht und schön aussieht, und von den Drogen Balsam, die Bennüsse und die Kerne der Weichselkirsche und alles mit scharfem Geruch, und von den Wohlgerüchen Moschus und Ambra, und von den Tieren die Kamele und die von schöner Gestalt und ebenmäßigem Wuchs wie der Hirsch, die Gazellen, die Schafe und die Hasen, und alle hübschen, schön singenden und aussehenden, gesangbegabten Vögel, wie das Rebhuhn, die wilden Tauben, die Sperlinge, Hühner und dergleichen, und alles Geziefer von bunter Färbung und schönem Äußeren, und von den Farben das Dunkelblau und das Hellgrün [...].»

Eine wunderschöne Beschreibung der Venus bzw. all jener Eigenschaften, die der Mann damals von den Frauen offen oder heimlich erhoffte – oder an ihnen fürchtete. Die Venus war das Symbol aller sinnlichen Lust. Das «Schwören falscher Eide» mochte lästig sein und die «Liebe zu berauschenden Getränken» war zwar offiziell verboten, doch nichtsdestoweniger geschätzt. Daß *al-Madjriti*, der Verfasser des «Picatrix», der Venus in einem Atemzug einerseits «das Festhalten an der Religion und die Frömmigkeit», andererseits «die Begierden, die an der vollkommenen Weisheit hindern», als Wesensmerkmale zuwies, rückte ihn allerdings in die Nähe rationalistischer Ketzer, denn Religion und vollkommene Weisheit wurden damit zu unvereinbaren Gegensätzen. Mit einer solchen Feststellung, gegenüber der Salman Rushdies literarische Verunglimpfung der Frauen des Propheten wie eine harmlose Satire erscheint, würde al-Madjriti heute bei radikalen Islamisten keine Gnade finden.

Daß unter den Sprachen das Arabische und unter den Religionen der Islam der Venus zugerechnet werden, ist Allgemeingut bei allen einschlägigen muslimisch-arabischen Autoren des Mittelalters. Die weite Verbreitung ihrer Werke bis ins christliche Abendland hat demzufolge entscheidend dazu beigetragen, daß Europa zu der Vorstellung gelangen konnte, die Muslime würden neben Gott auch die Venus anbeten. Tatsächlich werden im «Picatrix» eine Reihe regelrechter Gebete an die Planeten, darunter auch an die Venus, aufgeführt.

Bevor man – und hier ist wirklich und ausschließlich «Mann» gemeint – das Gebet an die Venus richtete, mußte nach al-Madjriti eine Reihe von kulturgeschichtlich höchst aufschlußreichen Verhaltensregeln beachtet werden: Sollte das Gebet wirksam sein, mußte man der Venus das Gesicht zuwenden, wenn sie als Abendstern erschien, – eine Reminiszenz an jene uralten Zeiten, als man Morgen- und Abendstern noch nicht als ein und denselben Planeten verstanden hatte. Somit konnte man sich aber immer nur siebeneinhalb Monate der Liebesgöttin zuwenden und mußte in den jeweils folgenden fast elf Monaten, wenn sie als Morgenstern erschien oder gar nicht zu sehen war, auf ihren Anblick verzichten. Sodann sollte man vornehme, weiße «arabische» Gewänder anlegen und einen hohen Turban sowie einen goldenen, mit prächtigen Edelsteinen besetzten Siegelring tragen. Zu diesem männlichen Outfit kamen weibliche bzw. venusische Accessoires, nämlich einerseits goldene Armspangen und «Weiberparfum», andererseits ein Spiegel in der rechten, ein Kamm oder ein Apfel in der linken Hand. Antike Venusstatuen mit einem Spiegel in der einen und einem Apfel oder Kamm in der anderen Hand sind in zahlreichen Museen noch heute zu bewundern. Einen Becher Wein mußte der Beter vor sich haben, vor allem aber mußte aus einer goldenen oder silbernen Kohlepfanne ein raffiniertes Räucherwerk duften, für das verschiedene Rezepte vorgeschlagen werden. Unter den aufgezählten Gewürzen und Duftkräutern spielen Mohnschalen, Weidenblätter, Lilienwurzeln und Rosenwasser eine Rolle. Sodann sollte man das Gebet sprechen:

«O Geist der Liebe, Gesetz der Freundschaft, die du den Geist der Begierde erregst, die Kraft der Lust anreizst, den Geschöpfen Gedeihen schenkst und die Wünsche der einander widerstrebenden Geister verbindest, du, von der der Beischlaf und die Erhaltung der Nachkommenschaft ausgehen, du, die du dafür sorgst, daß die Seelen sich dem zuneigen und mit ihm in Verbindung kommen, der ihre Neigung zu gewinnen wünscht [...]. O Venus, du schöne, Gunst gewährende, freundliche, die sich willig fügt, wen sie an sich zieht, und der der nicht zuwiderhandelt, dessen Zuneigung sie gewinnen will, ich bitte dich bei deinen Namen und den Namen deines Schöpfers und dessen, der deinen Lauf in deiner Sphäre verursacht, und bei deinem Licht und bei dem Licht deines Herrschers, dich mir zuzuwenden [...]. O letzte Hoffnung dessen, der bei dir seinen Halt sucht, und äußerstes Ziel dessen, der mit seinem Begehren zu dir kommt und bei dir um Zuflucht fleht, ich bitte dich, einen Geist von deinem Geist und eine Kraft von deinen Kräften auf ihn zu senden, um damit seinen Geist, der in seinem Herzen wohnt, sich in seinem Körper verborgen hält und in allen seinen Gliedern kreist, zu mir zu ziehen mit Liebe und Zuneigung, ihn mit kräftiger Bewegung und heftiger, starker Erregung zu mir hin zu bewegen, wie die Bewegung und Erregung des Feuers und die Kraft und das Blasen des Windes. O du aufrichtige in der Liebe, o die du schöne Freundschaft hältst, bei deinem freundlichen Geist und deinen Gunst gewährenden Kräften, welche die Begierde in den Seelen erregen, die Liebe in die Herzen pflanzen und dem, der den Begierden abhold ist, damit zu schaffen machen und ihn danach verlangen lassen, erhöre meine Anrufung und nimm meine Bemühung um deine Gunst freundlich auf. Bei Bita'il, dem Engel, der über deinen Bereich gesetzt ist, und bei dem Geist, mit dem du das Begehren derer zu dir hinziehst, die von deinem Weg sich fern halten, und bei deinem Licht, das du in die Herzen der Leute der Begierde sendest, so daß sie durch sie in Unruhe geraten, mögest du mich erhören, dich dessen, was ich erhoffe, mit Eifer annehmen und mir solche Liebe und Zuneigung spenden, daß ich fühle, daß du mich erhört hast. Vollkommenes Heil über dich, die du die Herzen vereinigst, das Band der Freundschaft und der Liebe knüpfst und die Freuden der Lust schaffst! Amen.»

Nach dem Gebet schließlich sollte man sich zu Boden werfen und dabei den Text wiederholen, sich dann aufrichten und, während man die Worte nochmals sprach, eine Taube schlachten, ihre Leber essen und ihren Körper in der Räucherpfanne verbrennen. Erneut taucht hier als Symbol der Venus die Taube auf, die im Christentum der Heilige Geist übernommen hat.

In all diesen Gebeten erscheint zwar hin und wieder auch «Gott» oder «der Schöpfer» sozusagen als oberste Instanz, doch die Venus wird eindeutig als Gottheit angesprochen, eben angebetet, was natürlich mit der offiziellen islamischen Lehre nicht vereinbar war und ist. Und doch haben sich auch manche sunnitische muslimische Theologen dem Bann der Magie nicht entziehen können, ja haben an ihrer Verbreitung selbst aktiv mitgewirkt. Der bereits erwähnte, aus Persien stammende Theologe *Fakhr ad-Din ar-Razi* mit seinem Buch *Das verborgene Geheimnis bezüglich des Dialogs mit den Sternen* gehört in diese Rubrik. In seinen Anweisungen für die Vorbereitung zum Gebet an die Venus wurde er noch drastischer als al-Madjriti im «Picatrix». Er empfahl nämlich nicht nur, das Äußere auf das Feinste herauszuputzen und sich mit edlen Wohlgerüchen zu versehen, sondern mit Singsklavinnen und bartlosen Singsklaven drei Tage lang eine wüste Orgie zu feiern, dabei ständig Wein zu trinken und es tagsüber mit den Knaben und nachts mit den Mädchen zu treiben. Daß die ausdrückliche Empfehlung zu Weingenuß und sexuellen Ausschweifungen den strengsten Tadel anderer Theologen hervorrief, die all dies als Teufelswerk brandmarkten, ist naheliegend, macht dieses Buch aber nicht ungeschrieben. Der 1328 in Damaskus verstorbene Theologe *Ibn Taimiya*, auf den sich noch heute sowohl die Sittenwächter in Saudi-Arabien als auch die im Namen des Glaubens mordenden Islamisten gerne berufen, machte Bücher wie «Das verborgene Geheimnis» für die Zerstörung Bagdads durch die Mongolen 1258 mit verantwortlich. Für diese Theologen waren Gebete an die Venus und die anderen Planeten schlicht heidnische Produkte.

Und damit hatten sie durchaus recht, denn die Vorlagen für all diese Texte waren in der Tat un- bzw. vorislamisch. Sowohl al-Madjriti wie auch ar-Razi vermerkten ausdrücklich, daß sie die Gebete an die Planeten – heute verlorenen – Schriften entnommen hatten, die in Harran geschrieben wurden, jenem geistigen Zentrum altsyrischen Heidentums, das mit seinem Planetenkult in islamischer Zeit noch mehrere Jahrhunderte rege blieb.

... und lebt auch heute noch – im Volksglauben.

Daß sich in der Volksfrömmigkeit der monotheistischen Hochreligionen bis in die Gegenwart mannigfache heidnische Reste erhalten haben, ist allgemein bekannt, und die islamische Welt bildet darin keine Ausnahme. Zu Beginn des 20. Jahrhunderts machte Bernhard Stern im Libanon folgende Beobachtungen:

«Etwa eine Stunde vom Dorfe Radschar am südlichen Abhang des Hermon stehen nahe beieinander einige große Bäume, die von den noseirischen [d. h. schiitischen] Einwohnern *Schadscharat el Aschera*, Bäume der Aschera, genannt werden, also Bäume jener semitischen Göttin, die Genossin des Baal war [...]. Die Einwohner von Radschar sagen: Die Bäume gehören der Großen Frau, *lis Sitt el-Kebiri*. Diese Sitt el-Kebiri findet man überall im Libanon wieder. Es ist kein Zweifel, daß unter der Großen Frau die alte Gottheit zu verstehen ist. Eine Gruppe gleicher Bäume findet man in der Nähe des auf Befehl des Kaisers Konstantin zerstörten Venustempels beim Dorfe Afka, an dessen Stelle ursprünglich ein Heiligtum der phönizischen Astarte gestanden hatte. Die Bäume werden von Christen wie von Moslems verehrt. Man hängt an ihre Zweige Tücher und Lappen, Fruchtbarkeit erflehend. Es sind Reste des alten Dienstes der weiblichen Göttin, der hier neben dem Baal unter verschiedenen Namen gehuldigt wurde; die Phönizier nannten sie

Astarte, Baalat, Baaltis; im südlichen Kanaan hieß sie Aschere; jetzt ehren die syrischen Frauen die Aschera.»

Selbst in unmittelbarer Nähe Mekkas, in Ta'if, wurden dem englischen Arabienreisenden Charles M. Doughty noch Ende des 19. Jahrhunderts drei Felsbrocken aus Granit gezeigt, die angeblich die alten steinernen Manifestationen der beiden vorislamischen Göttinnen al-Lat, al-'Uzza sowie des Gottes Hubal darstellten. Vom Kadi der Stadt hatte Doughty erfahren:

«Es gibt in der Stadt einige Verfluchte, die, wenn sie krank sind, nachts hierher kommen und sich heimlich an dem Stein reiben. Die Steine waren in der Zeit der Unwissenheit [d. h. vor dem Islam] Orakel, aus denen der Teufel sprach.»

Die Entrüstung des Kadi war gewiß nicht gespielt, hat der offizielle Islam derlei heidnisches Gedankengut doch in der Regel immer bekämpft, ohne es völlig ausrotten zu können. Es war den wahhabitischen Saudis vorbehalten, in ihrem rigorosen Feldzug gegen jede Form des Heiligenkults zumindest im Umkreis größerer Städte diese Form der Volksreligiosität zu ersticken. Dabei wurden auch die bislang in hohen Ehren gehaltenen angeblichen oder echten Grabstätten der Eva in Djidda und der Amina, der Mutter Mohammeds, sowie seiner Gattin Khadidja in Mekka nicht verschont.

Im syrisch-palästinensischen Raum haben sich dagegen Reste der Glaubenswelt aus vorislamischer und vorchristlicher Zeit bis heute erhalten. Vor allem ist es der *Baumkult*, wie ihn schon Bernhard Stern für den Libanon beschrieben hat und an dem bevorzugt Frauen teilnehmen. Fährt man heute in Palästina von Nablus nach Südwesten, erreicht man nach ca. 45 km das Dorf Rafat. Etwa einen halben Kilometer vor dem Dorf erhebt sich einige Meter links der Straße eine hohe alte Eiche über die sie umringenden Olivenbäume. *Sitt al-balluta* heißt dieser Baum bei den Einheimischen, «die Frau der Eiche». Noch vor wenigen Jahren hingen weiße Stoffetzen an seinen Ästen, kleine Steinpyramiden waren in seinem Schatten aufgerichtet. Männer wie Frauen hatten gelobt, sich auf diese Weise bei der Eichenfrau zu bedanken, wenn ihr Wunsch nach einem Kind, nach dem Tod des Erzfeindes, nach der ersehnten Erwiderung der Liebe u. a. m. in Erfüllung gegangen war. Im Dorf Rafat selbst stand, aus einem Steinhaufen herauswachsend, bis 1989 ein Baum, den

Die heiligen Granitfelsen der altarabischen Gottheiten al-'Uzza, Hubal und al-Lat, wie sie dem englischen Reisenden Doughty noch im 19. Jahrhundert in Ta'if, der Nachbarstadt Mekkas, gezeigt wurden. Sie sind je etwa sechs Meter lang.

man *Sitt al-ghara*, «Frau des Lorbeerbaums», nannte. Einzeln pflegten nur Frauen dorthin zu gehen, um weinend und klagend um Abhilfe in familiären Problemen – meist waren es unerfüllte Kinderwünsche – zu bitten. War die Bitte erfüllt worden, drückten die Frauen ihren Dank an die Frau des Lorbeerbaums in der Weise aus, daß sie ebenfalls weiße «Fahnen» an ihre Äste hängten und abends eine Kerze oder ein Lämpchen unter ihr anzündeten. Bei Dürre allerdings pflegten sich Männer und Frauen gemeinsam an dem Baum zu versammeln und um Regen zu bitten:

Sitt al-ghara bnitradjaki
rashq al-matar yidkhul fiki
(Frau des Lorbeerbaums, wir bitten dich,
daß Regen auf dich fällt!)

Dabei besprengten sie den Baum mit Wasser. Als er einer Straßenerweiterung zum Opfer fiel, protestierten entsetzt die älteren Frauen und weinten. Niemand im Dorf wagte es, das Holz des geschlagenen Baumes zu verbrennen. Gewiß, die altorientalische Große Göttin der Fruchtbarkeit und der Liebe führte nur noch ein kümmerliches Dasein – sie hatte aber fast eineinhalb Jahrtausende islamischer Herrschaft überlebt. Es mag symptomatisch sein für unsere Zeit, daß sie nun einem Straßenplaner zum Opfer gefallen ist.

XII. Erotisierung Marias und psychische Defekte

Gedenke, wie du herzen kannst
die reine Seele in deinem Schoß.
Vollbringe es, Herr, sogleich an mir.

Mechthild von Magdeburg, 13. Jahrhundert

Gesellschaften, und die europäisch-mittelalterliche im besonderen, sind häufig von Dualismen geprägt, deren Pole sich im Grunde gegeneinander abstoßen. Je extremer ein Prinzip zur Leitform erhoben wird, desto stärker bildet sich zeitversetzt ein anderes als Gegengewicht heraus. Dem Christentum waren beide Größen im «guten» Gott und in dessen «schlechtem» Widersacher, dem Teufel, lehrgemäß inhärent. In der Morallehre manifestierten sie sich als sexuelle Enthaltsamkeit und wollüstige Versuchung, die im Menschen gegeneinander antraten.

Doch je höher das Enthaltsamkeitsprinzip gehängt wurde und je intensiver sich die Kirche mit dem «Übel» der Lust befaßte, desto mehr ließ sich auch die Geistlichkeit davon gefangennehmen. Die stupende Anzahl von Übertretungen der selbstgesetzten Sittengebote, die sie sich im Mittelalter leistete, legen Zeugnis dafür ab, wie die Frauen und Männer der Kirche dem Reiz des Verbotenen erlagen. *Alanus von Lille* (gest. 1203), ein relativ aufgeklärter, mit der menschlichen Psyche vertrauter Theologe aus dem Schülerkreis Abaelards, hatte die Gefahren klar erkannt, die den Priestern durch die permanente Ausforschung der Beichtenden drohten. Er empfahl, von allzu detaillierten Fragen nach sexuellen Gebotsverletzungen abzusehen und z. B. nicht auch noch wissen zu wollen, wie er in seinem Poenitentiale schrieb, ob ein Mädchen «von vorne oder von hinten» genommen worden sei (*utrum eam cognoverit ante vel retro*). Durch einen solchen Beichtdialog erhitze sich unnötig das Gemüt des Beichtvaters und werde selbst auf sündige Dinge ausgerichtet, «da wir immer nach dem Verbotenen trachten und das Verweigerte begehren». Und den Predigerorden, der die Aushorchung der Gläubigen zu seiner Profession entwickelte, kritisierte er mit dem Hinweis auf ein Paulus-Wort (Römerbrief 5,20), indem er zu bedenken gab, ob die Anzahl sündiger Handlungen nicht gerade dadurch erhöht würde, daß durch eine kleinkarierte Auslegung der Strafvorschriften immer mehr menschliches Tun unter die Verbote fiel.

Eine weise Erkenntnis. Durchsetzen konnte sich Alanus damit allerdings nicht. Gerade durch die Beichte scheinen viele Geistliche selbst auf Abwege gekommen bzw. ganz praktisch in die Möglichkeit gesetzt worden zu sein, den eigenen Begierden recht gefahrlos zu frönen. Erst im 18. Jahrhundert untersagte die katholische Kirche den Beichtvätern, nach dem Namen der Frau zu fragen, mit welcher «Unzucht» getrieben zu haben ein Mann im Beichtstuhl bekannte. Zu Zeiten der Inquisition und später der sogenannten Hexenverbrennungen wollte die Kirche dagegen noch jede Kleinigkeit wissen. Und nicht wenige jener detailfixierten Ausfrager benutzten das erworbene Wissen, um sich zu stimulieren und sich an vermeintlich «leicht zu habende» Frauen selbst heranzumachen. Durch die unbeschreibliche Macht, mit Folter und Scheiterhaufen drohen zu können, machten sich die frommen Herren unzählige Frauen sexuell gefügig. Die Dominikaner taten sich als Inquisitoren hervor; der Volksmund deutete ihren Namen in *domini canes* um, «Hunde des Herrn».

Es gibt unzählige zweifelsfreie Belege für diese frivol-brutale Unredlichkeit und die perversen Sadismen, die Kirchenmänner sich leisteten. Die Stimmen, die dieses Verhalten scharf kritisierten, sind um so glaubwürdiger, als sie durchweg nicht von Außenstehenden, sondern aus dem kirchlichen Lager selbst laut wurden. Sie verhallten weitgehend ungehört. Sie prallten an der Mauer einer Amtskirche ab, deren Autorität geradezu auf dem System einer «Unzucht mit Abhängigen» gründete. Sie sah keine Veranlassung, daran etwas zu ändern. Das System funktionierte. Die Unmenschlichkeit, die im Verbot letztlich jeder sexuellen Regung bestand, bedrückte Täter wie Opfer gleichermaßen und ließ sich alle als schuldig fühlen und mißbrauchen. Der Unterschied bestand darin, daß die Täter den weiten Mantel der Kirche als Deckung und Schutz nutzen konnten.

In den kirchlichen Bußbüchern jener Zeit ist nachzulesen, daß man sehr wohl ein Bewußtsein von der Macht des Sexualtriebs hatte, die den Menschen zwang, ihm nachzugeben. Den Verkehr mit einer Eselin mußte ein Mann, dem keine Frau zur Verfügung stand, weniger hart büßen als ein Verheirateter – so viel Verständnis brachte man auf. Priester, denen es gelang, den Trieb im Verborgenen auszuleben, wurden, wenn sie intern ertappt wurden, nach Möglichkeit so bestraft, daß die Umwelt davon nichts erfuhr – eine Tradition, der die Kirche heute noch folgt. Wurde aber die «Unzucht» eines Geistlichen durch die Schwangerschaft der von ihm beigewohnten Frau ruchbar, gewärtigte er eine harte Strafe; d. h., bestraft wurde, daß das Vergehen zum öffentlichen Ärgernis geworden war und das Ansehen der Kirche schädigte.

Päpste, Priester, Prostituierte

Denn nach außen versuchte die Kirche stets, den Eindruck der eigenen Unbescholtenheit aufrecht zu erhalten. Nach innen agierte sie freimütiger. Wie schon Augustinus sein grundsätzliches Einverständnis mit Prostitution zum Besten gegeben hatte, so ließ die Amtskirche – um dem immer wiederkehrenden Wunsch nach Aufhebung des Zölibats die Spitze zu nehmen – verlauten, daß der Besuch einer Prostituierten für Priester eine durchaus empfehlenswerte Lösung, gewissermaßen das kleinere Übel sei. Die Kirchenführung schritt selbst entschlossen voran. Als der Hof des Papstes Innozenz IV. nach sechsjährigem Aufenthalt in Lyon von der Stadt Abschied nahm, ließ er sie, wie Kardinal Hugo meinte, 1250 als einziges «Freuden»haus zurück: Bei der Ankunft habe man drei oder vier Bordelle vorgefunden; bei der Abreise habe es nur noch ein einziges gegeben, aber dieses reiche von einem Stadttor zum anderen.

Konzile, die Versammlungen der potentesten Geistlichen, lockten Prostituierte an wie das Licht die Motten. Der Bedarf regelte die Nachfrage: Hunderte von Huren auf dem Konzil zu Konstanz 1414/1418. 800 auf dem Konzil zu Basel 1431. Und es mag den dabei in die Zigtausende gehenden sexuellen Begegnungen jener geistlich-heimlichen Art mit Prostituierten zuzuschreiben sein, daß auf dem Konstanzer Konzil erstmalig und ohne Skandal zu erregen über die Ejakulation debattiert werden durfte. Die Kirchenherren gelangten zu der Überzeugung, daß Samenerguß nicht nur ein natürlicher, sondern nachgerade gesunder und für das psychische Gleichgewicht unverzichtbarer Vorgang sei, ergo für Unverheiratete – und damit für alle Diener Gottes – Unzucht nicht nur unvermeidlich, sondern notwendig sei. Da ihnen außerdem gerade Beziehungssex als äußerst verwerflich erschien, hielten sie den stets mit einer anderen Hure vollzogenen *Quicky* für weniger schädlich als das Verhältnis mit einer Geliebten. Eine ernsthaft kranke Gesellschaft.

Nicht weniger hanebüchen muten die Argumente an, mit denen man sich solchen Gelegenheitssex gestattete und den Umgang mit Prostituierten erlaubte, nachdem bereits im 13. Jahrhundert die Ohnmacht gegenüber dem Sexualtrieb als Naturgewalt eingeräumt worden war. Wegweisend hatte der heilige *Thomas von Aquin* gewirkt. Einer seiner kommodesten Entschuldigungsgründe für den Mann, der sich mit Prostituierten einließ, basierte auf der den Frauen zuerkannten Natur, die sich aus Wollust, Geilheit und Unersättlichkeit zusammensetze; je schöner – und damit sündiger – sie sich präsentierten, desto mehr entschuldigte dies den zu ihnen hingezogenen Mann. Mit raffinierter Scholastik arbeitete Thomas heraus, daß die Schwere des vom Mann begangenen Sexualdelikts nach dem moralischen Wert der Frau zu bemessen sei. Deshalb wiege Versündigung mit einer Frau, die wegen ihrer Tugend und ihres Anstands Gott sehr nahe stehe, am schwersten, wogegen ein Mann, der sich einer tugendlosen, gottfernen Hure bediente, ein entsprechend geringes Maß an Schuld auf sich lade. Diese Haltung ist, wie man weiß, auch in der Männergesellschaft von heute nach wie vor akzeptierte «Moral».

Selbst mit dem Sündengeld, das die Huren einstrichen, hatte der Heilige keine Probleme. Ganz Kind seiner Zeit, die sich um die Theorie eines neu aufkommenden Arbeitsethos bemühte und konkret mit der Frage tangiert wurde, ob man das Geld von Pariser Prostituierten, die ein Fenster für Notre-Dame stiften wollten, annehmen dürfe oder nicht, stellte Thomas nüchtern fest, daß Huren ihren Körper vermieteten und daher eine Arbeit leisteten. Wer aber Arbeit leiste, verdiene entsprechend der Qualität der geleisteten Arbeit Lohn, selbst wenn die Art des Erwerbs gegen Gottes Gesetz verstoße, was wiederum den Erwerb als solchen jedoch nicht als ungerecht erscheinen lasse. Wörtlich sagte er: «Die Stellung der Prostituierten ist verachtenswert, nicht das, was sie verdient; und wenn sie ihren Besitz der Kirche nicht schenken kann, so kann doch die Kirche die Almosen der Prostituierten in aller Rechtmäßigkeit annehmen.»

In Fortführung dieses Gedankengangs entwickelte die Kirche ein gelungenes Einnahmesystem. Regional zwangen Bischöfe ihre Geistlichen, die sich Geliebte hielten, zum Dispens, d. h. zur Duldung ihrer Beziehung gegen Bezahlung. Es war ein lohnendes Geschäft. Das Konkubinat war so weit verbreitet, daß man an diesen Orten die «Nutten-Abgabe» zu Beginn der Neuzeit schließlich von jedem Geistlichen, gewissermaßen als Steuervorauszahlung, erhob. Der keusche Priester, der die Zahlung verweigern wollte, wurde kaum ernst genommen, eher verlacht und daran erinnert, daß er mit diesem guten Werk den Bischof finanziell zu unterstützen habe. Zu Beginn des 14. Jahrhunderts errichtete der Straßburger Bischof ein zinsträchtiges «Frauenhaus». In Mainz unterhielt das Leonhardsstift ein eigenes Bordell, und der dortige Erzbischof stritt sich im 15. Jahrhundert mit der Stadt um die Einnahmen von den «gemeinen Frauen und Töchtern». In Rom besserte die päpstliche Kanzlei ihr Budget durch Gelder auf, die sie aus den von ihr unterhaltenen Bordellen bezog. Als *Giovanni Boccaccio* (gest. 1375), Verfasser amouröser Geschichten, befand, daß die römischen Geistlichen «vom Größten bis zum Kleinsten durchgängig auf die schändlichste Weise der Wollust frönten und sich nicht nur den natürlichen, sondern auch den widernatürlichsten Lüsten ohne Scham und Scheu überließen, so daß man durch den Einfluß der Buhlerinnen und unzüchtigen Knaben bei ihnen die wichtigsten Dinge erlangen und durchsetzen konnte», übertrieb er keineswegs.

Die Dispensregelung mag die Einkünfte mancher Geistlicher, die sich Geliebte hielten oder selbst Bordelle aufsuchten, geschmälert haben. Ihr Vorteil bestand darin, daß infolge des zumindest durch die Hintertür zugestandenen Sexuallebens ihre Psyche ein wenig aufgehellt wurde. Erhalten blieb die Angst vor öffentlicher Entdeckung, das Gefühl von moralischer Schuldhaftigkeit und – in erster Linie für die

Frauen, die eine Beziehung zu einem Geistlichen unterhielten – von Minderwertigkeit: Faktoren, die die mittelalterliche Gesellschaft prägten.

Spirituelle Erleichterung

Die christliche Religion, die sich in kompletter Verdrehung der aus dem Alten und Neuen Testament zu entnehmenden Gnadenlosigkeit als «Liebeslehre» ausgab, reglementierte – wie heute die bürgerlichen Normvorstellungen von Liebe – das Sexualgeschehen und ließ, je restriktiver es ab dem Hochmittelalter gehandhabt wurde, den Typus des geistlichen Triebtäters entstehen, dessen ausgelebte Sexualität immer aggressivere Formen annahm. Den anderen Geistlichen, die auf Beziehungssexualität verzichteten, sich ernstlich kasteiten und um totale Triebunterdrückung bemühten, bot sich die Mystik als Substitut für ihre verzweifelt verdrängte Erotik an. Zu Objekten ihrer Begierde wurden der Gottessohn Jesus und die jungfräuliche Gottesmutter.

Gerade die männliche Sexualität richtete sich ersatzweise auf Maria aus: Die Verfechter der Jungfräulichkeit schufen mit ihrer «Marienliebe» eine neue faszinierende Gottheit der Lust. Zahlreiche religiöse Gemeinschaften entstanden ihr zu Ehren. Doch im Ergebnis rief auch die christlich-mystische Vergöttlichung der Sexualität Unaufrichtigkeit, Heuchelei und Verbrämung bis zur Neurose hervor.

Wie Mystik grundsätzlich erotische Komponenten aufweist, so wurden letztere bei der um 1200 einsetzenden hochmittelalterlichen Mystik zum bestimmenden Element. Ihre in Klöstern und damit in einer beklemmenden, von Triebstau und Entladungsverlangen aufgeheizten Atmosphäre verfaßten Leitschriften legen das Leid und die Not offen zu Tage, unter der die Mönche und Nonnen bei ihren mystischen Vereinigungsbemühungen mit Jesus oder Maria schier vergingen. Sie sind Spiegel geschundener, nach Befreiung schreiender Seelen, hochnotpeinliche bis erschreckende Zeugnisse «psychoneurotische[r] Symptome wie Wahnvorstellungen, Halluzinationen und Hysterie» (Taylor S. 23), und sie sind literarischer Ausdruck der Folgen, die man aus anderen Quellen kennt. Auch wer die Texte nicht überinterpretiert und um die mittelalterliche Unterscheidung zwischen buchstäblicher Aussage und übertragenem Sinn weiß, kann die Augen nicht vor der Koinzidenz von erotisch-sinnlicher Wortwahl und psychotischen Vorkommnissen, jenen oft beschriebenen schizophrenen Visionen und Ekstasen, in den Klöstern verschließen. Schon die «normale» Praxis sah vielfach so aus, daß die Diener Gottes, wie Papst Innozenz III. monierte, die Nacht über Venusdienst und am Morgen Mariendienst versahen. Die in Klausur gehaltenen Nonnen waren dagegen völlig auf sich selbst zurückgeworfen, gingen lesbische Beziehungen ein und verfielen in eine Schwärmerei, die nach der körperlichen Vereinigung mit Jesus trachtete. Die mystischen Zeugnisse, die sexuellen Erfahrungen und das vielfach nachweisbare gestörte Verhalten in eins gesetzt, erweist sich die Marienbegeisterung – in scharfem Gegensatz zur antiken Venusverehrung – als «Produkt und Ausdruck infantiler und verstümmelter Sexualität» (Kahl S. 52).

Jungfräulicher Liebreiz, Brüste und Schoß

Der überreizten Phantasie scheinen keine Grenzen gesetzt gewesen zu sein. Der Charakter und vor allem die äußere Gestalt Marias wurden spitzfindig und mit großem Ernst diskutiert und schriftlich festgelegt: Die Haare schwarz, die Augen dunkel, die Haut vornehm rötlich weiß, der Körper edel und «vollkommen schön». Bildhauer und Maler – wie etwa *Fra Filippo Lippi*, der mit einer Nonne seinen fast ebenso bedeutenden Sohn Filippino zeugte, oder wie *Giovanni Bellini* – zeigten Maria als elegante, attraktive Frau, die, städtisch-modisch gewandet, nichts Bäuerisches oder, wäre das Jesuskind nicht gewesen, Mütterliches aufwies, sondern erotische Sinnlichkeit versprühte. Für *Anselm von Canterbury* (gest. 1109) war sie «auffallend schön und wohlgestaltet, unerreicht an Lieblichkeit». Für *Bernhard von Clairvaux*, den vielleicht bedeutendsten Marienverehrer dieser Epoche (und größten Kriegstreiber zu den Kreuzzügen), war sie die «schönste der Frauen» und «Himmelspforte» – im Gegensatz zur normalsterblichen Frau, die als «Einfallspforte des Teufels» fungierte –, «die weite Paradiespforte» für *Walter von Breisach*, das «minnigliche Morgenrot» für den *Meister Boppe*, der «lichte Morgenstern» für den Karthäuserbruder *Philipp. Richard a S. Laurentio* (gest. 1230) wußte: «Durch ihre Bitten, Verdienste und Beispiele gibt sie dem Erschlafften Kraft.» Noch heute beten Katholiken am Fest Mariä Verkündigung: «Deine Lippen sind von Anmut übergossen, darum hat Gott auf immer dich gesegnet.» Und 1947 phantasierte der Franziskaner *M. Müller* in mittelalterlich «geschwollener», die verdrängte Sexualität enthüllender Diktion: «Wie in der sammelnden Spitze einer Pyramide war in Maria das brennende Sehnen aller Auserwählten und Heiligen der Vorzeit auf dem Höhepunkt und am Ziel angelangt.»

Bernhard von Clairvaux, der häufig vor der Muttergottes kniend abgebildet wurde, wobei sich ein Milchstrahl aus ihrer Brust über ihm ergoß, und der sich an der «Marienminne» berauschte, hatte – wie ein Liebhaber die sich zierende, schließlich dem Wunsch «des Herrn» ergebende – Jungfrau bedrängt: «Das ist es doch wohl, was du suchtest, um was du seufztest, was du bei Tag und Nacht in liebendem Beten ersehntest? Was also? Bist du es, dem dies versprochen wurde, oder sollen wir auf eine andere warten? Ja, du selbst bist es, keine andere. Du, sage ich, bist jene Verheißene, jene Erwartete, jene Ersehnte [...]. Warum erhoffst du von einem anderen, was dir doch selbst dargeboten wird? [...] Warum zögerst du? Was hält dich zurück? Glaube, bekenne, nimm entgegen! Öffne, selige Jungfrau, das Herz dem Glauben, die Lippen zum Bekenntnis, den Mutterschoß dem Schöpfer. Siehe, der Ersehnte aller Völker pocht draußen an die Tür. Was, wenn er durch dein Zaudern vorüberginge und du aufs neue schmerzvoll auf die Suche gehen müssest nach dem, den deine Seele liebt! Steh auf, beeile dich, öffne! [...] Eile durch Hingabe, öffne dich mit dem Bekenntnis: ‹Siehe, ich bin die Magd des Herrn, mir geschehe nach deinem Wort.›» (Super Missus est Homilia IV, 9).

Maria wurde dabei der Venus immer ähnlicher und genoß im Volksglauben Verehrung nach Art einer antiken Fruchtbarkeitsgöttin. Sie verhalf einer Äbtissin (!) zu einer schmerzlosen Geburt ihres Kindes. Sie erhörte Gebete, die auf die Fruchtbarkeit und Gebärfähigkeit der Frauen sowie auf die Wiederherstellung der «Männlichkeit» abzielten. Sie legte sich neben Ehemännern ins Bett, um die Präsenz der Ehefrau

Bernhard von Clairvaux (1090–1153), kniend vor der Muttergottes, die ihn mit Milch aus ihrer Brust bespritzt. Südniederländische Tafelmalerei, Ende 15. Jahrhundert.

vorzutäuschen, die gerade zu einem Seitensprung außer Haus war, und gewährte einem ihr ergebenen Geistlichen Schutz, wenn dieser sich zu seiner Konkubine aufmachte. Die Milch, die aus ihren Brüsten schoß, heilte Wunden.

Über die Haltung hinaus, die antike Venus-Verehrer und -Verehrerinnen der angebeteten Göttin gegenüber einnahmen, zielte die christliche Marienmystik auf ein höchstpersönliches Verhältnis ab. Der «Sklave», «Ritter» oder «Sohn» der «Herrin» Maria begehrte eine unverhohlen erotische, bisweilen inzestuöse Aspekte freilegende Beziehung und griff zu ihrer Beschreibung «Motive aus dem Ideenfeld von Verlobung und Vermählung» auf (Köster S. 473). Bruchlos, vom Mittelalter bis in die Neuzeit gleichbleibend, verschaffte sich die unterdrückte Sexualität der «Marienknechte» in einer emphatischen Metaphorik Luft und Ersatz:

«Dich erwähle ich heute zu meiner Mutter, dich will ich besitzen als meine Einzige, meine Braut, meine Ganzschöne, indem ich alles Irdische verachte [...]. Ich wünsche, es möchten alle Regungen meines Herzens zu dir hinstreben [...]. Darum erhebe dich in deiner Wohlgestalt, schreite glücklich fort und herrsche über meine Sinne, damit sie keinen ungeordneten Neigungen Raum geben. Herrsche über meine Einbildungskraft, auf daß sie voll sei deiner Vollkommenheit und Schönheit. [...] Herrsche über mein Herz, auf daß alle seine Gefühle sich dir hinwenden. Herrsche über meinen Willen, damit er tue, was deine Sache betrifft [...]. O Maria meines Herzens, sei du meine Braut. [...] Als Zeichen deines Jawortes erbitte ich von dir, o Mutter, nicht zwar als ein Wunder, sondern als eine Gnade, die du mir leicht gewähren kannst, befreie mich von allen ungeregelten Gefühlen meiner Natur. – Anstelle eines Ringes werde ich stets das Bild deiner Unbefleckten Empfängnis auf meinem Herzen tragen, damit ich zu jeder Stunde des Tages und der Nacht meiner süßesten Braut gedenke. Da nun alles unter Verlobten gemeinsam ist, wirst du mich der himmlischen Gaben teilhaftig machen, zu deren Spenderin du bestellt bist, und ich werde mich bemühen, deine Ehre zu fördern und deine Liebe zu entfachen [...]» (Jean de Marie Berthier im Jahr 1867; zit. nach Köster S. 473f.).

Die «inbrünstigen» Verehrer richteten ihr Hauptaugenmerk konsequenterweise auf Marias primäres und sekundäres Geschlechtsmerkmal, auf den jungfräulichen Schoß und ihre blanken Brüste. Wenn Bernhard von Clairvaux es wünschte, entblößte die Jungfrau ihre pralle Brust und bespritzte ihren Verehrer mit Milch. Ebenso gern ließ sie sich *Dominikus* zeigen, und *Alanus de Rupe* labte sich bevorzugt an ihrem Busen. Gründe, über Marias Brüste zu sprechen, gab es zuhauf: Beide zusammen symbolisierten das Alte und Neue Testament oder die Gottes- und die Nächstenliebe oder das Mitleiden und die Mitfreude; die eine gab den Dummen Milch, die andere den Gebildeten zur leichteren (berauschenderen?) Gottesschau Wein. Es fand sich kaum eine Zweiheit, die nicht allegorisch auf Marias Brüste appliziert wurde. Und etliche Wundergeschichten wollten glauben machen, daß Maria tatsächlich erschienen sei und Kranke heilte, indem sie diese mit einigen Tropfen ihrer Milch benetzte – und sei es nur, damit die Kirche mit einer neuen Reliquie, nämlich der Marienmilch im Glas, aufwarten konnte, die neue Pilgerströme und damit Einnahmen versprach.

Die erotische Parallele zur Marienbrustverehrung scheint in der weltlichen Dichtung auf; sie erweist die (Schutz-)Behauptung, daß die jungfräuliche Gottesmutterbrust allein spirituell und somit bar jedes sündigen Gedankens bewundert wurde, als frommen Wunsch. Der blanke Busen, wie ihn die «Hübschlerinnen» in den Badehäusern ihren Kunden präsentierten, war ein äußerst beliebter Blickfang. Nach dem gotischen Schönheitsideal hatte er rund und gerade abstehend zu sein. Maria präsentierte ihn zur Freude der Betrachter auf eben diese Weise und gewährte ihrem Diener die in Säuglingstagen angelegte, befriedigende Objektbeziehung. Die Frauenmode der Renaissance mit ihrer Überbetonung der Brustpartie lieferte das weltliche Pendant. Die *Cortigiane oneste*, die «ehrbaren Kurtisanen» in ihren aufregenden Aufmachungen, wurden in Rom und an anderen Zentren geistlich-höfischer Kultur zu standesgemäßen Begleiterinnen von Bischöfen und Äbten.

Die erotische Ausstrahlung, die der Marienbrust zukam, hatte auch *Jean Fouquet* – bar jedes mystischen Hintergrunds – völlig richtig begriffen. Um sie möglichst realistisch zur Geltung zu bringen, scheute er sich 1450/1453 nicht, Maria, die neben dem abgewandten Jesuskind stehend und daher höchst unmotiviert eine Brust nackt zeigt, als Doppelgängerin jener Agnès Sorel darzustellen, die dem französischen König

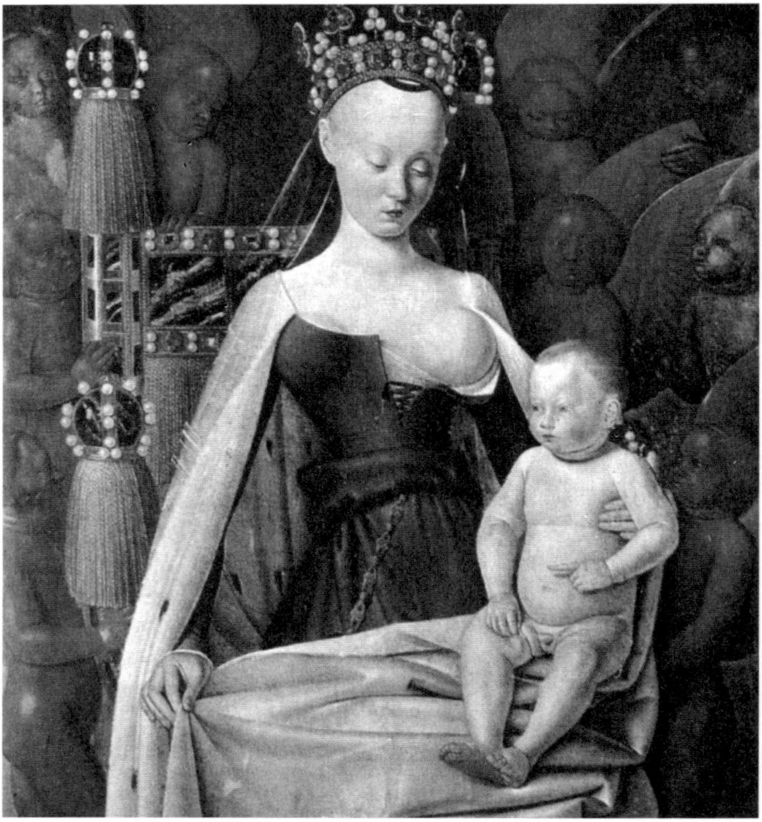

«Maria mit Kind» von Jean Fouquet, um 1450–53. Wie für die Aphroditestatue des griechischen Bildhauers Praxiteles (4. Jh. v. Chr.) die Hetäre Phryne Modell gestanden haben soll...

Karl VII. als Oberkonkubine zur Seite stand. Nicht anders als der Grieche *Praxiteles*, der seine berühmte Aphrodite in Gestalt der nicht weniger berühmten Hetäre Phryne aus dem Marmor gehauen hatte. Und *Giovanni Bellini*, auch Marienmaler und Zeitgenosse Fouquets, ließ auf seinem Gemälde «Das Fest der Götter» die heidnischen Damen auf die gleiche Weise jeweils eine ihrer Brüste zeigen. Im 16. Jahrhundert wurde es in adeligen Damenkreisen geradezu Sitte, sich mit entblößtem Oberkörper porträtieren zu lassen.

... zog Fouquet Agnès Sorel, die Konkubine König Karls VII. von Frankreich, als Vorbild für seine Maria heran.

Frommen Katholikinnen, sittenstrengen Katholiken und Protestanten sowieso, kam angesichts der Marienbilder ihrer Zeit nichts Mystisches in den Sinn; der Anblick trieb ihnen die Schamröte ins Gesicht. Sie hegten beträchtliche Zweifel an der immer wieder ins Feld geführten, meist am alttestamentlichen «Hohenlied» festgemachten Busenallegorik und nannten beim Namen, was ihnen literarisch oder bildlich vor Augen geführt wurde. *Hürisch* kam ihnen diese Maria vor, «aufreizend» wie eine «Buhlerin» und wie – man erinnert sich an dieselben abschätzigen Bemerkungen der frühen Christen über die Venus – die größte aller Huren.

Sie rührten damit an den Nerv der Erotisierung, die durch Maria als christliches Lustobjekt erweckt und befriedigt wurde. Die irritierende Ambivalenz, die sie als Reine und Nackte, als Jungfrau und Barbusige verkörperte, förderte ihren Reiz und transportierte ihn ungefährdet durch die Jahrhunderte. Aufgrund des mythologischen Ranges, den Maria heilsgeschichtlich einnahm, konnte von ihren Verteidigern die Betrachtung der Oben-ohne-Maria immer als unverfänglich und unschuldig ausgegeben werden; diejenigen, die etwas anderes darin entdeckten, wurden in simpler Ursachenverkehrung und platter Übertragung der eigenen Schuldgefühle zu den eigentlichen Schweinigeln erklärt. Eine Revision unterblieb, weil sie einem Eingeständnis gleichgekommen wäre. Deshalb warfen sich ihr mit derselben Begeisterung, mit der mittelalterliche Bewunderer angesichts der milchspritzenden Gottesmutter aufstöhnten, auch noch neuzeitliche Verehrer an die Brust:

«Man darf sich sodann getrost an ihre Brust legen und saugen bis zur Sättigung, und alle reinen Kräfte stehen offen, sie im paradiesischen Liebesspiel in sich zu ziehen [...]. In ihrer ganzen Beiwohnung ist reine Wollust. [...] O reine Wollust, komme und besuche die deinigen noch öfter und laß es ferner an deinen Liebes-Reizungen nicht fehlen [...], würdige uns deiner geheimen Beiwohnung immerfort, meine eine und reine Turteltaube» (zit. nach Deschner, Das Kreuz mit der Kirche, S. 104f., dem auch die nächsten Belege verdankt werden).

Der zweite Fixierpunkt mittelalterlicher bis neuzeitlicher Marienmystik war der Schoß der Jungfrau; es gab kaum eine Zone, die im Zusammenhang mit der Debatte um Marias Jungfernhäutchen vom Beginn der christlichen Zeitrechnung an die Gemüter mehr bewegte und ab dem 12./13. Jahrhundert die Mystiker erregte. Und die geistlichen Damen taten dabei mit. In einer Art Replik auf die zweideutige Aufmerksamkeit – nicht Wertschätzung! –, die ihre männlichen Leidensgefährten dem weiblichen Genital entgegenbrachten, richteten auch die Nonnen den Blick abwärts und gerieten darüber ebenfalls in gehörige Unruhe und Erregung. Sie hielten mit Jesus «himmlische Hochzeit», baten ihn auf ihr Kissen, gaben ihm auf seinen Wunsch hin die Brust. Jesus raubte ihnen, wie sie selbst betonten, die Ruhe; sie stellten ihn sich auf den Schoß und ließen sich dafür von ihm zur Belohnung küssen. Sie erschauerten vor ihm als ihrem «freundlichen Beweger», sie ließen sich von ihm «entzünden und aufreiben» und von seiner «ausgeschütteten Salbe» benetzen, worauf es sie selbst drängte, «sich ins Äußere und in den unteren Teil zu ergießen».

Bezeichnend auch immer wieder die «tiefe Wunde», die sie von der Liebe Jesu empfangen, die unerträgliche Hitze in Schoß und Brüsten, die sie bisweilen mit Brunnenwasser kühlen mußten, und das wonnigliche Zerfließen, wenn Jesus «flutet», wie *Mechthild von Magdeburg* schon im 13. Jahrhundert schrieb. Die heiliggesprochene Psychopathin *Theresa von Avila* spürte, wie ihr durch Jesus, der sich ihr mit einem «Stoß der Liebe» näherte, «ins innerste Mark die köstlichste, lieblichen Geruch verbreitende Salbe eingegossen» wurde.

Als symptomatisch für die psychische Zerstörung infolge der unterdrückten Sexualität darf der aktenkundig gewordene Fall der *Benedetta Carlini* gelten, der sich um das Jahr 1620 in einem Kloster zu Pescia abspielte. Sie genoß aufgrund ihrer Visionen, ihrer Stigmatisierung und anderer Wunderzeichen, die eine päpstliche Kommission bestätigte, große Verehrung, machte sich als Mystikerin einen Namen und stieg zur Äbtissin auf. Als solche aber schuf sie sich unter den Nonnen Feindinnen, die begannen, sie heimlich zu beobachten, und plötzlich entdeckten, daß sie im Widerspruch zu ihrer Behauptung, ständig zu fasten, heimlich Salami und Mortadella aß, daß sie sich die «Wundmale Jesu» selbst ins Fleisch grub und mit einer jungen Nonne ein intensives sexuelles Verhältnis hatte. Die Kommission trat erneut auf den Plan und bewertete ihre Erscheinungen nun völlig anders, darunter wohl auch die vom Tausch der Herzen zwischen ihr und Jesus, worüber Bartolomea, Benedettas Geliebte, bei der ersten Untersuchung ausgeführt hatte:

«Und als er es in sie hineintat, begann ich zu sehen, daß das Fleisch sich erhob und sich langsam, langsam bewegte, mit diesen Strahlen vorn; und alle Rippen wurden hochgehoben. [...] Aber es war so groß, daß man schon sehen konnte, es würde niemals hineinpassen, und es hob das Fleisch empor. Dann deckte sie sich wieder zu, aber bevor sie das tat, berührte ich es, und es fühlte sich sehr groß und so heiß an, daß meine Hand es nicht aushalten konnte» (zit. nach J. C. Brown, Schändliche Leidenschaften, S. 108).

Erst im Verlauf der zweiten Untersuchung und nachdem ans Tageslicht gekommen war, daß die beiden Frauen sich «manchmal drei Stunden» lang aufeinandergelegt und mehrmals wöchentlich, während die anderen Nonnen beteten oder arbeiteten, mit den «Finger[n] in ihre[n] Genitalien» gegenseitig befriedigt hatten, kam den Kommissionsmitgliedern zu Bewußtsein, daß Benedettas Mystik «eher etwas Schlüpfriges als etwas Göttliches an sich» hatte. Wohl wahr. Aber was eine kirchliche Institution hier selbst feststellte, erkennt man mit nüchterner Betrachtung auch bei den meisten anderen mystischen Schriften.

Gerade die extreme Diffamierung alles Sexuellen und die Kunstfigur Maria als vergöttlichtes weibliches Prinzip im Christentum, die Jungfrau, hatten zu einem einzigartigen und zuvor nicht gekannten Vulvakult geführt. Die in der Theorie zur Abnormität gesteigerte Körperfeindlichkeit und die auf unsägliche, sadistische Weise herabgewürdigte menschliche Natur rächten sich, indem sie sich in der Praxis Wege zur Befreiung suchten. Nicht nur in perversem Handeln – auch Benedetta hatte sich Bartolomea mit Gewalt gefügig gemacht –, und nicht nur in schlüpfriger mystischer Literatur. Den Blick permanent auf «Mariens Schoß» gerichtet, mußte sich dieser zwangsläufig auch in der bildenden Kunst Ausdruck verschaffen. Und nicht von ungefähr erlebt die *Mandorla*, jenes mandelförmige Rahmenornament um Maria oder Jesus, nun die größte Blütezeit. Manche gerieten den Künstlern, als hätten sie ein gynäkologisches Handbuch zur Vorlage gehabt. Sie lieferten spätestens hier den ungewollten, vielleicht sogar – so echt wirkt manche Vulva – gewollten Nachweis für ihre Intimkenntnisse, die sie gesammelt haben: Kleine und große Schamlippen werden voll ausgeprägt, darüber prangt ein fleischiger Kitzler. Für *Hildegard von Bingen* geriet, wie es um 1165 ein Mönch aufgrund ihrer «Anregungen» zeichnete, das Universum zur strahlenden Vagina.

In umgekehrter Analogie zum männlichen Sehnen nach den Brüsten der Jungfrau zielte das deformierte Sexualinteresse der «Bräute Christi»

Das Universum in der Vorstellung der Mystikerin Hildegard von Bingen. Die Miniatur ist um 1165 unter Aufsicht Hildegards entstanden.

schließlich auf den Penis Jesu ab und geisterte beständig um das biblisch vorgegebene Thema seiner Beschneidung. *Katharina von Siena* wähnte die Vorhaut als Ring an ihrem Finger, von Jesus selbst ihr angesteckt. Spätere Nonnen glaubten, sie zu schlucken. Die Männer entwickelten ihrerseits Penisneid und reklamierten das Stück auch für sich. Der Kult gipfelte in der 1427 gegründeten «Brüderschaft von der Heiligen Vorhaut». Insgesamt dreizehn Städte reklamier(t)en für sich, die Vorhaut Jesu zu besitzen, darunter Antwerpen, Brügge, Hildesheim und Paris. Die Ritter der Renaissance standen dem, im wahrsten Sinn des Wortes, so wenig nach wie die Landsknechte im 16. Jahrhundert; man trug demonstrativ Glied, geschützt durch ausgeprägte, metallene «Gliedschirme» oder einen versteiften, gepolsterten Hosenlatz.

Andere Versuche, sich Erotik nur in reinster und damit jungfräulicher, auf Maria projizierter Entsagungsform zu gönnen, uferten dahingehend aus, daß man sich die Zeugung und Geburt Jesu ohne Genitalkontakt vorstellen mußte. Bezüglich der Zeugung konnte man sich dank der wundertätigen Besamung durch den Heiligen Geist, die *eo ipso* eine «Befleckung» ausschloß, beruhigt zurücklehnen. Um so irritierender empfand man den Geburtsvorgang durch die jungfräuliche Vagina. Nicht alle waren so mutig wie Bernhard von Clairvaux, der versicherte, in einer Vision gesehen zu haben, wie Jesus aus Marias Vulva kam, was ja doch bedeutet, daß er auch einen Blick auf Marias Scham werfen konnte. Mutterfixierte Reinlichkeitsfanatiker wähnten seltsamerweise auch Marias Schamteile unsauber und flüchteten in die Vorstellung, Jesus habe durch den Nabel oder die Brust das Licht der Welt erblickt: Für Christen, die glaubten, daß Jesus durch verschlossene Türen schritt, kein Problem. Dagegen ein sehr großes stellte die beständige geforderte Triebbeherrschung dar. Sie führte dazu, daß alle ihre Protagonisten von nichts mehr als eben diesem Trieb beherrscht wurden.

Wer positiv über ihn schrieb, ihn gar zur Zeugung für notwendig erachtete, machte sich verdächtig. So sah sich die Äbtissin Hildegard von Bingen im 12. Jahrhundert, die sich abweichend von den offiziellen Morallehren den Geschlechtsverkehr als liebevolle, lustbetonte Begegnung von Frau *und* Mann vorstellte, mit Häresievorwürfen konfrontiert.

Marienminne und Frauenlob

Auffallend gleichzeitig mit der extremen Muttergottesverehrung zog die Frauenverehrung durch Troubadoure bzw. Minnesänger in das gesellschaftliche und kulturelle Leben ein. Wie die himmlische Maria wurden zahllose angehimmelte Herrinnen zu Objekten unerfüllter und damit auf immer ungestillter Sehnsüchte: Fazit einer auf den ersten Blick obskuren weltlichen Askese, die sich selbst als ritterlich ausgab. Maria, die der Geistliche anbetete, und die Geliebte, die der Minnesänger – ohne die letzte Erfüllung im Beischlaf zu suchen – leidenschaftlich begehrte, garantierten beide, daß der Liebesbeweis nicht angetreten werden durfte bzw. mußte. Doch während die mythologische Gestalt der Maria *per se* unerreichbar war, erlegte sich der Minnesänger die Unerreichbarkeit der verehrten Frau selbst auf. Es sei, da nicht mehr nachprüfbar, dahingestellt, ob er den Wunsch nach Geschlechtsverkehr von vornherein entschieden ausschloß, um keinen Ärger mit dem Gatten der Angebeteten zu bekommen (und ihn dann doch zu vollziehen; auch dafür existieren Belege), ob er den Verkehr aus sexueller Versagensangst oder aus Furcht vor ungewollten Nachwuchs mied, ob ihn Mutterfixiertheit plus Inzestprojektion, (latente) Homosexualität oder eine psychotische Neigung (wie Masochismus) am Vollzug hinderte, oder ob er ihn scheute, weil er befürchtete, die Liebe durch die «Unreinheit» des Beischlafs zu verletzen und die Geliebte dadurch zu entweihen. Letzteres würde bedeuten, daß die Troubadoure Sex als sehr profanen, letzten Endes enttäuschenden, weil den zuvor damit verbundenen Erwartungen nie genügenden Vorgang erachteten. Auf jeden Fall war für sie der Weg das Ziel, die Werbung und nicht der Erwerb.

Es spricht in der Tat das meiste dafür, daß in diesen Beziehungen auf den Beischlaf verzichtet wurde, wenngleich keineswegs auf Erotik. Während sich die erotische Beziehung zwischen Maria und «Anbeter» in sublimen Formen äußerte, konnte sie sich zwischen Herrin und Minnesänger sehr wohl körperlich gestalten. Man zeigte sich nackt, legte sich unbekleidet zusammen ins Bett, küßte, umarmte und streichelte sich. Nur der Beischlaf unterblieb in der Regel. Ein Schelm, der Schlechtes dabei denkt? Kaum. Der mittelalterliche Mensch dachte im höchsten Maß formalistisch und handelte buchstabengetreu. Wurden sexuelle Stimulationen manuell gegenseitig vorgenommen, machte sich niemand der Onanie bzw. Masturbation oder des Geschlechtsverkehrs schuldig. Und: Die «Handreichungen» blieben garantiert folgenlos. Wenn die

Geliebte des US-amerikanischen christlich-konservativen Politikers Newt Gingrich 1995 einräumte: «Wir hatten oralen Sex, damit er sagen konnte ‹Ich habe nie mit ihr geschlafen›», dann steht dies exakt in jener mittelalterlichen Tradition und kirchlich verlogenen Denkart.

Aber die Kirche roch damals den Braten und erweiterte den inquisitorischen Fragenkatalog um einige Unzuchtpunkte. Kurzfristig drohte den Troubadouren, wie Ketzer verfolgt zu werden. Und nicht wenige Zeitgenossen belustigten sich über deren «entsagungsvolle» Frauenverehrung, lasen am Verhalten der Troubadoure nur wieder die gefährliche «Macht des Weibes» ab und trieben die Dämonisierung der Frau auf eine neue Spitze.

Das Kontrastbild zu der von den Frauenverehrern hochgehaltenen «höfischen, reinen Liebe» lieferte die Ehe mit der christlichen Pflicht zum lustlosen «Beilager», das – übersetzt man die Mahnungen der Moraltheologen modern – mit der Absicht zur Zeugung als *Quicky* im Dunkeln oder mit geschlossenen Augen vollführt wurde, fast vollständig bekleidet und ausnahmslos in der «Missionarsstellung», keinesfalls an Sonn- und Feiertagen und in der Fastenzeit und natürlich nicht während Menstruation und Schwangerschaft. Liebe assoziierte mit dieser Reproduktionsanstalt kaum jemand; sie galt unter Eheleuten eher als unschicklich und wenig förderlich. Die gängige Ehepraxis konterkarierte das Selbstverständnis des Christentums als «Religion der Liebe».

Aus solchem Ehelos heraus richteten die meist verheirateten, ehesexerfahrenen Minnesänger ihre zähe, schmachtende Hingabe auf eine ferne Geliebte und huldigten einer Idealvorstellung, wie sie bei der Begegnung zwischen *Tristan und Isolde* von Wolfram von Eschenbach in Szene gesetzt wurde: Beide liegen nackt auf dem Bett, zwischen sich das unbewegliche (Phallussymbol) Schwert. Daß es dieselben glühenden Frauenverehrer nicht hinderte, gleichzeitig das eigene angetraute Weib zu verprügeln, erfährt man nur am Rande.

Minnedienst, Frauendienst und Mariendienst flossen ineinander und gaben der hochmittelalterlichen Spielart einer unkörperlichen Liebe ihr eigentümliches Gepräge. In den Liedern der Troubadoure und Minnesänger ist bisweilen nicht zu unterscheiden, ob sie an die realen Gestalten einer irdischen Angebeteten oder an die jungfräuliche Jesus-mutter gerichtet waren. So schrieb Bernard de Ventadour im 12. Jahrhundert:

Ich steh' vor meiner Dame
In tiefer Demut
Und falte meine Hände
In süßer Wehmut,
Stumm bete ich sie an,
Die mich erhören kann.

Auch Dante pries seine geliebte Beatrice, Petrarca, der Geistlicher war, seine Laura wie die Muttergottes mit denselben Worten.

Begrifflich geriet dabei einiges durcheinander. Die Anrede für beide konnte *Madonna* oder *Maitresse*, «Herrin», sein, wobei der zweite Ausdruck «eine Frau in einer dauerhaften, nicht ehelichen Beziehung zu einem Mann» (Taylor) bezeichnete; er erfuhr im Mittelalter einen ähnlichen Bedeutungswandel wie *abbesse* von «Äbtissin» zu «Puffmutter». In dem 1056 gegründeten Kloster Marcigny sowie bei den Dominikanern durchgängig galt Maria zwar ohne jede Anzüglichkeit als *Notre-Dame-Abbesse*; doch durch die ganzen folgenden Jahrhunderte hindurch notierten geistliche – und damit unverdächtige – Kritiker, daß ein ins Kloster gegebenes Mädchen unweigerlich zur Hure würde und die Klöster Bordellen glichen, wo «Venusdienst» geleistet würde.

Die Venus kehrt zurück

Die Behauptung, daß der Teufel in Gestalt der Aphrodite bzw. Venus erscheine, wurde zum 12. Jahrhundert hin kaum mehr geäußert. Ungeachtet aller früheren Bestrebungen von christlicher Seite, die Erinnerung an sie zu tilgen und Sexualität als teuflisch, sündig und schuldhaft auszugeben, feierte die Göttin im Hochmittelalter eine faszinierende Auferstehung. Als *vrowe Uenus*, «Frau Venus», die es verstand, «Freude hervorzurufen», kehrte sie zurück ins kulturelle Leben, das sich seiner antiken Wurzeln erinnerte und die alten Sagenstoffe wieder hoffähig machte. Ein lange verfemter Dichter wie *Ovid*, der wie kein zweiter die Venus zur Muse hatte, durfte wieder zum Vorbild genommen werden. Sexuelle Begierde wurde in ihrem Namen wieder frei ausgesprochen: Die Glut der Venus machte rasend und drohte den Verliebten zu verzehren. Ergeben trat man in ihren Sold, scheute sie, fürchtete ihre Fesseln, ihren «Liebesbrand» und erbat sich doch von ihr Erfüllung:

Venus, trachte beizustehn
allen, die um Hilfe flehn,
mit Cupido im Verein!

Venus, steh den Burschen bei
und erhör den Hilfeschrei
um die Gunst der Mägdelein!

Venus, die da war und ist,
sie beschieße voller List
die süßen Frauenzimmer!

Die der Liebe Waffen lieh,
nicht verlaß die Burschen sie,
doch auch die Mädchen nimmer!
(*Carmina Burana* 148; 12./13. Jahrhundert)

Selbst in theologischen Schriften konnte allegorisch wieder die Venus auftreten, ohne daß ihre Autoren der Exkommunikation anheimfielen. Wie in antiken Schriften übernahm sie die Rolle der Natur, ohne die es keine Vermehrung und kein Gedeihen gab. Und doch war es erst das Vorspiel zu dem großartigen Part, den sie in der Renaissance schließlich übernehmen sollte. Papst Pius II. bekannte zwar, sich vor der Venus zu ekeln, doch erst, wie er freimütig einräumte, seitdem er alt geworden sei und die Venus sich von ihm zurückgezogen habe.

Ihre wichtigsten Wegbereiter waren Nichtgeistliche: Die bereits erwähnten Dichter und gebildeten Ritter, provenzalische Troubadoure und deutsche Minnesänger. Sie schufen mit der Venus, die natürlich kein Mensch real für eine Göttin hielt, ihrem auf Liebe und Vergöttlichung des Weiblichen ausgerichteten Lebensgefühl eine Personifikation. *Ulrich von Lichtenstein* verkleidete sich als Venus, als er 1227 zu seinem publicityträchtigen Zug von Venedig nach Wien aufbrach. Er hatte zuvor durch Boten die Ritterschaft halb Europas wissen lassen, daß am 24. April zu Venedig Venus dem Meer entsteigen und zu einer Reise nach Wien aufbrechen werde, um unterwegs mit jedem, der sich stelle, den Kampf zu wagen. Ulrich verlor keinen einzigen. Wie von ihm vorgeführt, siegte die Venus bis zur Renaissance allerorten, philosophisch getragen vom wiederentdeckten *Epikur*, den man – wie einst die Kirchenväter in ihrer damals ablehnenden Haltung – dahingehend mißverstand, daß erlaubt sei, was Spaß bereite.

XIII. Himmel, Harem, Hölle

Gott verfluche die Venus, denn sie hat
die beiden Engel Harut und Marut verführt!
MOHAMMED

An jedem Tag wird jeder Mann
zu hundert Jungfrauen kommen.
MOHAMMED ÜBER DAS PARADIES

Wer den Wert der Frauen
und das in ihnen liegende Geheimnis kennt,
der wird sich nicht enthalten, sie zu lieben;
ja, die Liebe zu ihnen
gehört zur Vollkommenheit des Gotteskundigen.
DER ARABISCHE MYSTIKER IBN 'ARABI IM 13. JAHRHUNDERT

Satan, Seele, Frau, alle drei nur eins.
DER TÜRKISCHE MYSTIKER MUSTAFA ZARIR
ENDE DES 14. JAHRHUNDERTS

Venus verführt die gefallenen Engel

Im Koran werden an einer Stelle (2,102) zwei Engel «in Babylon» namens *Harut* und *Marut* erwähnt, die die Menschen in der Zauberei unterwiesen und ihnen damit die Fähigkeit gegeben haben sollen, «zwischen einem Mann und seiner Gattin ein Zerwürfnis hervorzurufen». Die beiden Engel hätten aber, so der Koran, die Menschen darauf hingewiesen, daß Gott sie als «eine Versuchung» geschickt habe, um ihre

Glaubensstärke zu prüfen. Was sich hinter dieser etwas zusammenhanglosen mythischen Andeutung verbirgt, machen erst die Korankommentatoren und Geschichtsschreiber kund. In zahlreichen, z. T. sich erheblich unterscheidenden Versionen ist folgendes der Kern der Geschichte: Nach der Erschaffung der Menschen begannen diese bald, die ihnen von Gott mitgegebenen zehn «Lüste» in sündhafter Weise auszuleben, worauf sich die Engel bei Gott beklagten. Dieser ließ sie zwei aus ihrer Mitte auswählen, damit er sie auf die Erde schicke, um dort unter den gleichen Bedingungen wie die Menschen ihre Standhaftigkeit zu beweisen. Vor allem des Götzendienstes, des Mordens, des Weingenusses und der Unzucht sollten sie sich enthalten. Das Experiment scheiterte kläglich. Die beiden auserwählten Engel, Harut und Marut, verfielen den Reizen einer schönen irdischen Frau, die sie zu allem verführte, was ihnen verboten worden war. Zur Strafe wurden sie in einem Brunnenschacht in Babylon aufgehängt, wo sie die Menschen weiter in der Zauberei unterrichteten.

Der Name der verführerischen Dame wird in den arabischen Quellen mit *Zuhara* oder auch *Bidukht* und *Anahid* wiedergegeben; ersteres ist die arabische Bezeichnung des Venus-Planeten, die beiden letzteren sind die persischen Namen sowohl des Venus-Planeten wie auch der vorislamischen Venus-Göttin in Iran (vgl. Kap. VIII). «Zuhara war», so heißt es in einer Version der Geschichte, «eine schöne Frau aus Persien. Sie machte sich an die beiden Engel Harut und Marut heran, worauf diese sie verführen wollten. Da verlangte sie, daß die beiden ihr zuerst das Wort nannten, mit Hilfe dessen jemand, der es ausspricht, in den Himmel aufsteigen kann. Sie sagten es ihr, worauf sie es aussprach und in den Himmel aufstieg, wo sie in einen Planeten verwandelt wurde.» Dem Propheten oder Omar, dem zweiten Kalifen, wurde der Ausspruch zugeschrieben: «Gott verfluche die Venus, denn sie hat die beiden Engel Harut und Marut verführt» (Ibn Kathir 1,243).

Wie so vieles im Koran und in der islamischen Mythologie hat auch diese Geschichte viel ältere Wurzeln. Die Namen der beiden Engel, Harut und Marut, sind eine arabische Verballhornung von *Haurvatat* und *Ameretat*, «Lauterkeit» und «Unsterblichkeit», zweier Erzengel der zoroastrischen Mythologie des vorislamischen Iran. Bereits die Genesis, der älteste Teil der Bibel, spricht das Phänomen an: «Da sahen die

Gottessöhne [die als Engel gedeutet werden], daß die Töchter der Menschen schön waren, und sie nahmen sich zu Frauen, welche sie nur mochten» (Gen 6,2).

Davon, daß die Engel sich damit versündigt hätten, ist in der Genesis noch nicht die Rede. Um so massiver taucht dieser Vorwurf in der außerbiblischen jüdischen Literatur auf, beginnend mit den Pseudepigraphen ab dem zweiten vorchristlichen Jahrhundert (Bamberger, Fallen Angels, passim). Die «gefallenen» Engel, gelegentlich auch als Sterne gedeutet, erscheinen dort nicht als Harut und Marut, sondern tragen die echt semitischen Namen *'Azazel* (oder *'Azzael*) und *'Uzza* (oder *'Azza*), wobei die beiden Namensformen von derselben Wortwurzel gebildet sind und ursprünglich gewiß nichts anderes waren als zwei Bezeichnungen ein und derselben Person.

Engel sind, so will es nun einmal die patriarchalische Weltsicht von Judentum, Christentum und Islam, allesamt Männer, eben «Gottessöhne». Der letzte Versuch bzw. die letzte Versuchung, Gott auch Töchter zuzubilligen, ist in den «Satanischen Versen» festgehalten, durch die die drei venusischen Gottheiten in Mekka, al-'Uzza, al-Lat und Manat, als Töchter Allahs anerkannt werden sollten, doch der Versuch scheiterte, da der Erzengel Gabriel dem Propheten Mohammed postwendend klarmachte, daß er einer List des Teufels aufgesessen sei (vgl. Kap. VI).

Es bleibt das auf den ersten Blick äußerst rätselhafte Faktum, daß das jüdische Schrifttum einen gefallenen «Gottessohn» namens 'Uzza präsentiert, der im vorislamischen Mekka als Venusgöttin verehrt wurde und von Mohammed fast als «Gottestochter» anerkannt worden wäre, und in der islamisierten Legende von den gefallenen Engeln diese von der Venus verführt werden. Die kulturgeschichtliche Entwicklung, die dieses Puzzle hat entstehen lassen, dürfte folgendermaßen abgelaufen sein: Auf dem Weg zum patriarchalischen Monotheismus haben die Juden zunächst einmal die Götter und Göttinnen zu Kindern des einen Gottes gemacht, diese dann unter Beibehaltung des Namens «Gottessöhne» und unter Vermännlichung ihres Geschlechts zu Engeln degradiert und den am meisten verhaßten Engel, nämlich die ursprüngliche Venusgöttin, zur Unzucht «fallen» lassen. Im abgelegenen Mekka hielt sich derweil noch die Göttin al-'Uzza, während über iranisch-irakische

Umwege aber auch bereits die Geschichte von den gefallenen Engeln bekannt wurde. Nachdem die teuflische Versuchung Mohammeds, al-'Uzza als «Gottestochter» zu rehabilitieren, gescheitert und die ehemalige Göttin als eine «Schaitanin» entlarvt und vernichtet war, bot sich die Venus als Verführerin der – auch im Islam grundsätzlich männlichen – Engel geradezu an.

Paradiesische Jungfrauen

Die Angst vor der Gefahr, die von der Venus, sprich: von den körperlichen Reizen und den Zauberkünsten der Frau, für das Seelenheil des Mannes ausgehe, ist letztlich bis heute im islamischen Schrifttum spürbar. Doch anders als im Christentum kam es im Islam nie zu einer allgemein akzeptierten Verteufelung der Sexualität. Auch der Angriff des Propheten Mohammed gegen die weibliche Dreiheit in Mekka hatte sich ausschließlich gegen ihren göttlichen Aspekt gerichtet und nicht der Sexualität als solcher gegolten. Die Befriedigung sexueller Bedürfnisse war für Mohammed ein natürlicher Vorgang gewesen wie das Stillen von Hunger und Durst; allerdings wurde sie strengen Regeln unterworfen, die für den Mann erheblich günstiger ausfielen als für die Frau. Sexualität wurde auch in der Folgezeit von der islamischen Theologie immer nur aus dem Blickwinkel des Mannes geregelt und auf seine Ansprüche und Erwartungen hin ausgerichtet. Immerhin wurde nicht in Abrede gestellt, daß auch die Frau sexuelle Bedürfnisse hat: Ihr Recht auf Scheidung bei Impotenz des Mannes dürfte in der Praxis aber selten eingeklagt worden sein (so wenig dies später auch in der katholischen Kirche der Fall war); und ob es bei diesem Recht wirklich um das Recht der Frau auf Sexualität ging und nicht viel eher um das «Recht» oder gar die Pflicht zum Kinderkriegen, muß zumindest dahingestellt bleiben.

Die insgesamt positive Einstellung des Islam zur Sexualität – wohlgemerkt: zur Sexualität des Mannes – kommt nirgends plastischer zum Ausdruck als in den Vorstellungen vom paradiesischen Jenseits, in das diejenigen gelangen werden, die auf Erden gottgefällig gelebt haben. Neben anderen Annehmlichkeiten sind es vor allem die Paradiesesjungfrauen, die den frommen Männern im Jenseits versprochen werden.

Dem christlichen Abendland bot dies bis in die Moderne einen weiteren Hinweis dafür, daß der Islam eine Ausgeburt teuflischer Geilheit sein müsse.

Im Koran werden die Paradiesesjungfrauen *hur* (sg. *haura'*) genannt, was als *Huris* eingedeutscht wurde. Die eigentliche Bedeutung des Wortes ist «Frauen mit Augen, deren Weißes und Schwarzes besonders intensiv ist». In mehreren Suren des Koran werden die Huris in ihrer paradiesischen Umgebung beschrieben, z. B.:

«Sie (d. h. die ins Paradies aufgenommenen Menschen) sind es, die (Gott) nahestehen in den Gärten der Wonne [...]. Auf golddurchwirkten Ruhebetten liegen sie einander gegenüber, während ewig junge Knaben unter ihnen die Runde machen mit Humpen und Kannen und einem Becher mit Quellwasser, von dem sie weder Kopfweh bekommen noch betrunken werden, und an Früchten, was sie sich wünschen, und Fleisch und Geflügel, wonach sie Lust haben, und großäugigen Huris, wohlverwahrten Perlen gleich» (56,11–23).

oder:

«Darin (d. h. in den paradiesischen Gärten) befinden sich, die Augen sittsam niedergeschlagen, weibliche Wesen, die vor ihnen weder Mensch noch Dschinn entjungfert hat [...]. Sie sind, wie wenn sie aus Hyazinth und Korallen wären» (56,56 und 58).

oder:

«Die Gottesfürchtigen haben Glück zu erwarten, Gärten und Weinstöcke, gleichaltrige (Huris) mit schwellenden Brüsten und einen (immer wieder) gefüllten Becher» (78,31–34).

Im *Hadith*, den Sammlungen der Prophetenworte, sind diese koranischen Vorgaben weiter ausgeschmückt worden. So stellte man sich die Huris als geschaffen aus Safran, Moschus, Ambra und Kampfer vor. Ihre Augenbrauen seien auf Licht gezeichnete schwarze Linien, ihre Stirn eine aufgehende Mondsichel, und ihr Gesicht reflektiere das Licht Gottes. Juwelen und Edelsteine schmückten Hände und Füße. Sie wohnten in Schlössern, die aus einer einzigen Perle ausgehöhlt seien. Die Wonnen, die die Männer mit ihnen erlebten, wenn sie sie entjungferten, würden hundertmal größer sein als auf Erden, wobei die Jungfernschaft sich nach jedem Beischlaf wieder erneuere. Keine Unreinheit würde sie je befallen, d. h. sie erlebten keine Menstruation. Auch Wein würden sie, wie in den zitierten Koranversen angedeutet, mit den Männern trinken. Die Koranverse, in denen vom Wein im positiven Sinne die Rede ist, stammen alle aus der Zeit, als Mohammed noch in Mekka lebte, also vor der Auswanderung nach Medina. Erst dort wurde den Muslimen das Weintrinken ausdrücklich verboten. Es ist deshalb schon erstaunlich, daß in den erst später gesammelten und kolportierten Prophetenworten den Rechtschaffenen nicht nur die schönen Huris, sondern mit ihnen auch der Wein versprochen wurde. Fromme Muslime konnten sich dies nur damit erklären, daß dieser himmlische Wein nicht betrunken mache.

Einige besonders bevorzugte männliche Paradiesesbewohner, wie etwa Jesus, würden bis zu hundert Huris haben und mit jeder von ihnen so oft verkehren, wie sie auf Erden im Ramadan gefastet hätten. Ein wahrlich stattlicher himmlischer Harem, den man dem Sohn der Maria gewiß zum Entsetzen der Christenheit zubilligte. Nach einer weiteren Überlieferung soll Mohammed sogar gesagt haben, daß jeder ehemals fromme Mann an jedem Tag hundert Jungfrauen bekommen werde. Zumindest für das Jenseits wurde somit die Erfüllung sexueller Männerphantasien demokratisiert. Kein Wunder, daß die männliche Potenz, um solchen Anforderungen gerecht zu werden, auch erheblich gesteigert würde.

Männliche Huris werde es dagegen keine geben, d. h. den Frauen, die ins Paradies eingehen, bleibe wieder nur der ihr schon auf Erden angetraute Ehemann. «Geht mit euren Gattinnen ins Paradies ein und ergötzt euch!», heißt es im Koran (43,70), und in zwei anderen Koranversen (36,56 und 57) wird aus dem Paradies berichtet: «Sie (d. h. die Männer) und ihre Gattinnen liegen auf Ruhebetten und haben Früchte (zu essen) und alles, wonach sie verlangen.» War eine Frau im Verlaufe ihres Lebens nacheinander mit mehreren Männern verheiratet, kann sie sich wenigstens den auswählen, der ihr am besten gefallen hat. Mit den Huris haben die Frauen im Paradies gemeinsam, daß sie von der Menstruation befreit sind, doch stehen sie an Rang «siebzigtausend» mal höher als jene. Und alte Frauen werden im Paradies wieder zu jugendlichen Jungfrauen (Ritter S. 86), damit sie wohl an Attraktivität nicht den Huris nachstehen müssen.

Einige Verse in der Koransure 56 wurden auch dahingehend interpretiert, daß die Huris überhaupt nur die ehemaligen Ehefrauen sein würden, die, nachdem sie auf Erden bereits «altersschwach und triefäugig» gewesen waren, im paradiesischen Himmel als «jungfräulich liebreizend und ihre ehemaligen Ehemänner mit Anmut, Charme und Eleganz umgarnend» auftreten würden (Ibn Kathir, Bd. 6, S. 524). Allgemein durchgesetzt hat sich diese Interpretation nicht. Den meisten Männern, so lassen andere Überlieferungen erkennen, werden ihre irdischen Ehefrauen ohnehin im Himmel erspart bleiben, da diese erst gar nicht dorthin gelangen. Lautet doch ein weiterer dem Propheten unterstellter Ausspruch:

«Ich blickte ins Paradies und sah, daß die meisten seiner Bewohner (ehemals) arme Männer waren; und ich blickte in die Hölle und sah, daß die meisten ihrer Bewohner Frauen waren» (Bukhari 81,51).

Die Huris haben als himmlische sexuelle Wesen zweifelsohne den erotischen Aspekt der Venus-Göttin weitergeführt, – allerdings nur aus männlicher Sicht. Sie wurden als überirdische Sexobjekte von Männerphantasien dargestellt. Eine religiöse Identifikation konnte und kann die muslimische Frau schwerlich in ihnen finden.

Die koranischen und von den Hadith-Gelehrten recht deftig irdisch ausgeschmückten Paradiesesvorstellungen sind von einigen muslimischen Theologen, vor allem in neuerer Zeit, als Allegorien gedeutet worden, indem sie die geschilderten Freuden als Bilder für himmlische Freuden interpretierten, die mit irdischen Genüssen nicht vergleichbar seien. Islamische Mystiker gingen teilweise so weit, derartige Vorstellungen überhaupt abzulehnen, und es wird auch ein Prophetenwort aufgeführt, wonach es im Paradies gar keine Huris gebe (Ritter S. 523). Allein das Antlitz Gottes im Jenseits zu schauen, dürfe das Ziel der Gläubigen sein. Na ja.

Huris auf Erden: Der Harem

In der christlichen Polemik gegen den Islam waren in Sachen Sexualität die himmlischen Huris die eine Seite der Medaille, die andere bildete die irdische Polygamie, Stichwort: Harem. Daß man heute vor allem die benachteiligte Rolle der Frau in der islamischen Welt besonders betont, ist ein ganz junger Aspekt des westlichen Feindbildes, der das Thema Harem teilweise ersetzt hat, da angesichts der in Europa und Amerika praktizierten Promiskuität der Vorwurf der Polygamie doch allzu scheinheilig wirkte. Verschwunden ist der Vorwurf, wie ein Blick in die entsprechende populärwissenschaftliche Literatur zeigt, aber längst noch nicht.

Die Bestimmung, daß der Muslim bis zu vier Frauen gleichzeitig heiraten dürfe, geht auf einen Koranvers (4,3) zurück, der lautet: «Und wenn ihr fürchtet, in Sachen der Waisen nicht recht zu tun, dann heiratet, was euch an Frauen beliebt, zwei und drei und vier. Wenn ihr aber fürchtet, [so viele] nicht gerecht zu behandeln, dann [nur] eine oder was ihr [an Sklavinnen] besitzt.» Die muslimischen Rechtsgelehrten haben den Korantext meist wörtlich genommen und die Zahl der erlaubten Ehefrauen auf vier begrenzt, obwohl die Formulierung «zwei und drei und vier» sprachlich durchaus auch dahingehend gedeutet werden kann, daß eigentlich «zwei, drei, vier usw.» zu verstehen ist. Wie dem auch sei, dem Mann blieben vor der Abschaffung der Sklaverei – in Saudi-Arabien erst Anfang der fünfziger Jahre – immer noch seine Sklavinnen, sofern er begütert war und sich solche leisten konnte.

Und damit entpuppen sich die westlichen Männerphantasien über den islamischen Harem auch schon als neidvoll gepflegte Illusion. Denn einen Harem, geschweige denn attraktive Sklavinnen, konnte sich immer nur eine winzige Oberschicht leisten, so wie heute im Westen nur wenige betuchte Mannsbilder es sich leisten können, der Geliebten ein Penthouse zu finanzieren. Die Einehe war und ist in der islamischen Welt die Regel, und zwar auch in jenen Staaten, wo die Polygamie offiziell noch gestattet ist. Die Ausnahmen beschränken sich im wesentlichen auf Ehen mit zwei Frauen, wobei die erste, ältere, nicht selten bei der Auswahl der zweiten, jüngeren, mitgewirkt hat. Außerdem können sich Frauen im Ehevertrag, der in der islamischen Welt schon immer obligatorisch war, ausdrücklich ausbedingen, daß die Ehe geschieden wird, falls der Mann sich eine zweite Frau nimmt. Europäische und amerikanische Touristen werden von Fremdenführern in den alten Stadtkernen des Orients auf die im ersten Stock der Wohnhäuser über die Gassen vorspringenden Holzerker hingewiesen und dahingehend aufgeklärt, daß dies die Fenster der Harems waren. Dies ist zwar richtig, doch des Europäers Phantasie wird damit unbewußt fehlgeleitet, denn das arabische Wort *harim* hat zunächst zur Polygamie keinerlei Bezug und bezeichnet lediglich jenen Teil des Hauses, der für männliche Besucher tabu ist, eben *harim*, ein «unverletzlicher Ort», in dem sich das intime Leben einer Familie abspielt.

Die europäischen Haremsvorstellungen nähren sich vor allem aus den Schilderungen in *1001 Nacht*, aus Beschreibungen des Harems am Hofe der Sultane z. Zt. der türkischen Osmanen und aus reißerischen Berichten in der Regenbogenpresse über den Harem der saudiarabischen Könige, wobei der seit 1982 regierende König Fahd allerdings keine Schlagzeilen mehr liefert, da er monogam lebt.

Die zuverlässigsten Informationen über die ehemaligen Verhältnisse im Harem eines muslimischen Herrschers bietet immer noch die Darstellung von N. M. Penzer, die 1936 erstmals erschien und in der die wichtigsten Berichte über den Harem der osmanischen Sultane im Großen Serail (heute: Topkapi in Istanbul) vom 15. bis zum 17. Jahrhundert anschaulich zusammengefaßt sind. Im Harem des Sultans lebten zwischen 300 und 1200 Frauen, unter denen sich eine strenge Hierarchie herausgebildet hatte. Chefin war, assistiert vom obersten Eunuchen, die Mutter des Sultans, nicht der Sultan selbst. Starb diese, so rückte die erste Frau des Sultans an ihre Stelle. Bei den Frauen handelte es sich um Sklavinnen, die durch Intrigen und andere unfeine Mittel versuchten, zum Zuge, sprich: ins Bett des Sultans, zu kommen. Gelang es einer, galt sie als *ikbal*, eine «Glückliche». Gebar sie sogar einen Sohn und erfreute sich weiterhin der gelegentlichen Gunst des Sultans, konnte sie in den Rang einer *kadın*, einer «Frau», d. h. einer anerkannten Konkubine des Sultans aufsteigen und in der vagen Hoffnung leben, selbst einmal Chefin des Harems zu werden, sofern ihr Sohn das Sultanat übernehmen sollte. Naturgemäß war diese Karriere nur wenigen vergönnt. Auch als *kadın* war sie noch keine Ehefrau des Sultans. Solche gab es maximal vier. Die Sultane im 15. und in der ersten Hälfte des 16. Jahrhunderts hatten deren nicht einmal eine.

Das berühmteste Beispiel einer Haremskarriere ist die der russischen Sklavin *Hurrem*, die als *Roxelana* auch in die europäische Literatur und Malerei eingegangen ist. Nachdem sie keinen geringeren als Sultan Sulaiman, «den Prächtigen» (reg. 1520–1566), den bedeutendsten Herrscher in der Reihe der osmanischen Sultane, bezaubert hatte und

Die Europäer stellten sich den Harem erotischer vor, als er war. Gemälde von Maurice Bompard, um 1900.

bis zum Rang der zweiten *kadın* aufgestiegen war, gelang es ihr, sowohl die erste *kadın* als auch den ihr nicht gewogenen Großwesir beiseite zu schaffen und zur Alleinherrscherin im Harem zu werden. Und mehr noch: Erstmals seit fast anderthalb Jahrhunderten schloß ein Sultan wieder eine reguläre Ehe. Doch auch dies genügte Hurrem nicht. Ihr raffiniertes Intrigenspiel brachte Sulaiman schließlich so weit, sogar seinen erstgeborenen Sohn, den talentierten Mustafa, aus dem Weg räumen zu lassen, um Hurrems Sohn Selim die Nachfolge zu sichern.

Es gelang im Laufe der langen osmanischen Geschichte einer Reihe von Frauen aus dem Harem, erheblichen Einfluß auf den Sultan und damit auf die Geschicke des Reiches zu gewinnen. Einige Konkubinen machten, nachdem der Sultan sie «abgelegt» hatte, als Ehefrauen von Paschas Karriere. Doch die meisten Frauen im Harem teilten nie das Bett mit dem Sultan und konnten lediglich in der Hoffnung leben, innerhalb der Hierarchie des Harems selbst eine gewisse Position in den verschiedenen Abteilungen zu erreichen und zu verteidigen, und sei es als Hauptverantwortliche für die Zubereitung des Kaffees. Paradiesischer Friede herrschte nicht in diesem Kleinstaat irdischer Huris.

Vittoria Alliata, eine italienische Juristin und Orientalistin und zweifelsohne eine gute Kennerin der arabischen Welt, stellte 1980 in ihrem Buch «Harem» die rhetorische Frage: «Was ist der Harem anderes als der jahrhundertealte Vorläufer feministischer Selbsterfahrungsgruppen?» Nun hat man (Mann) gelegentlich von abtrünnigen Radikalfeministinnen zwar erzählt bekommen, daß feministische Selbsterfahrungsgruppen sich zuweilen auch massiv in Zank, Intrigen und Machtkämpfen austoben, doch Alliata meinte natürlich nicht diese Variante weiblicher Selbstfindung. Sie hatte auch nicht – dies sei zu ihrer Ehrenrettung gesagt – den historischen Harem der türkischen Sultane im Sinn, sondern schrieb über ihre Erfahrungen, die sie mit arabischen Frauen in der heutigen arabischen Welt, vor allem am Golf, gemacht hatte. Dabei gelangte sie auch zu folgender Feststellung:

«Sicher, unterdrückt im westlichem Sinn sind die Frauen: Sie verfügen über keine Bewegungsfreiheit, haben bis jetzt nur wenig Zugang zur Bildung, sie nehmen offiziell nicht an der Regierung teil, und sie können mit größter Leichtigkeit verstoßen werden. Von sexueller Freiheit ganz zu schweigen» (S. 68f.).

Moderne arabische Feministinnen wie etwa Fatima Mernissi können diese Aussage gewiß unterschreiben.

Richtig ist auch folgende Bemerkung Alliatas über die Wahrnehmung des Mannes durch die arabischen Frauen: «Der Mann, dessen erotische und heroische Qualitäten sie genau ergründen, wird – trotz seines Atavismus – auf ein recht bescheidenes Podest erhoben: Respekt, natürlich, und auch Achtung und Unterwürfigkeit, aber immer mit einem Hauch von Ironie [...]» (S. 72f.).

Und dies können auch alle westlichen Frauen bestätigen, die das Vergnügen hatten, in ein muslimisch-arabisches Damenkränzchen aufgenommen zu werden. Das Thema Sexualität inklusive der Potenz der jeweiligen Ehemänner ist dort beileibe kein Tabu.

Frauen, islamisch-mystisch gesehen

Europäische Frauen, die sich in den letzten Jahrzehnten in steigender Zahl zum Islam bekehrt haben, sind häufig einem romantischen Islambild aufgesessen, das entscheidend von der islamischen Mystik geprägt ist. Gewiß, diese Mystik ist, wie Mystik in anderen Religionen auch, oft zutiefst gewaltlos und friedfertig. Und es finden sich auch einige Beispiele für eine ausgesprochen positive Sicht der Frau. *Ibn ʿArabi* etwa, einer der ganz großen islamischen Mystiker, der im spanischen Sevilla, als dieses noch arabisch war, seine Ausbildung erfuhr und später in Mekka, in Anatolien und Syrien wirkte, wo er 1240 verstarb, hat aus seiner Wertschätzung der Frauen nie einen Hehl gemacht:

«Wer den Wert der Frauen und das in ihnen liegende Geheimnis kennt, der wird sich nicht enthalten, sie zu lieben; ja, die Liebe zu ihnen gehört zu der Vollkommenheit des Gotteskundigen; denn sie ist eine Erbschaft vom Propheten und eine göttliche Liebe. Sagt doch der Prophet: ‹Es wurden mir lieb gemacht der Wohlgeruch und die Frauen.› Er bezeichnet also niemand anderes als Gott selbst als Ursache der Liebe zu ihnen.»

Ibn ʿArabi stand, als er dies schrieb, unter dem Eindruck seines Verhältnisses zu ʿAin ash-Shams, «dem Sonnenauge», der Tochter eines einflußreichen Iraners, der sich in Mekka niedergelassen hatte. Doch Ibn ʿArabi blieb mit seinem Frauenbild in der islamischen Mystik eher ein Außenseiter.

Die zur islamischen Mystik bekehrten Europäerinnen verdrängen offensichtlich den Umstand, daß auch in ihrem neuen Glauben die Frau im allgemeinen eher schlecht wegkommt. Daß man (und dieses «man» bedeutet hier wiederum wirklich «Mann») die diesseitige, negativ empfundene Welt als Frau darstellte, könnte noch mit dem grammatikalischen Geschlecht der «Welt» entschuldigt werden, da diese im Arabischen wie im Deutschen feminin ist, doch die weiteren Ausschmückungen lassen einen tiefen Abscheu gegenüber den Frauen, ja regelrecht Angst vor ihrer Sexualität erkennen. Denn das Diesseits wird nicht nur als Eigentum des Satans, sondern auch als Inbegriff der treulosen, allzeit geilen Frau beschrieben, als «stinkendes altes Weib», das ständig hundert Männer gleichzeitig im Kopf hat und tagtäglich hunderttausend Männer umbringt (Ritter S. 47). Der dies schrieb, ist der berühmte persische Mystiker *Fariduddin ʿAttar*, der um 1220 im Ansturm der Mongolen im Iran sein Leben verlor.

Berühmter als ʿAttar ist *al-Ghazali* geworden, der vielen als der größte islamische Mystiker und Philosoph überhaupt gilt, 1111 in Bagdad gestorben ist und bereits im europäischen Mittelalter als *Algazel* bekannt wurde. Im islamischen Raum wird er noch heute sozusagen als einer der Kirchenväter verehrt, und aus seinen Werken wird häufig zitiert. Sein Hauptwerk ist seine mehrbändige Schrift *Die Wiederbelebung der religiösen Wissenschaften*, und darin findet sich auch ein Kapitel mit dem Titel: «Über die Begierde nach der Vulva». Al-Ghazali nennt einleitend zwei Gründe, warum diese Begierde dem Menschen, besser: dem Mann, «aufgebürdet» wurde. Zum einen solle der Genuß des Geschlechtsverkehrs, der stärkste der irdischen Genüsse, ihn auf die «Genüsse im Jenseits» vorbereiten, zum anderen gäbe es ohne diese Begierde keine Nachkommenschaft und keine «weitere Existenz». In wohltuendem Gegensatz zur Realitätsferne der christlichen Kirchenväter wird somit von al-Ghazali die Sexualität prinzipiell als positiv und notwendig angesehen. Auffallend ist, daß er von der Sexualität als Mittel der Fortpflanzung die eigentliche sexuelle Lust trennt und dieser eine eigene Funktion als Vorbereitung auf die Genüsse des Paradieses einräumt. Eingedenk der hundert Huris, die jedem – ehemals frommen – Manne dort zur Verfügung stehen sollen, gewiß ein notwendiges Zugeständnis.

Al-Ghazali warnt allerdings vor den Gefahren, die in der Sexualität liegen und «zur Vernichtung des Glaubens und des Diesseits» führen können, sofern sie nicht «gezügelt, beherrscht und auf ein ausgewogenes Maß reduziert wird». Der Forderung, sexuelle Aktivitäten auf ein ausgewogenes Maß zu beschränken, wird gewiß auch ein aufgeklärter Geist 900 Jahre nach al-Ghazali zustimmen, so wie er auch das von al-Ghazali zitierte angebliche Prophetenwort nicht völlig von der Hand weisen wird: «Wenn sich das Glied des Mannes aufrichtet, entschwinden zwei Drittel seines Verstandes.»

Sofern al-Ghazali in diesem Zusammenhang überhaupt auf die Frauen zu sprechen kommt, fällt sein Urteil aber vernichtend aus. «Keine Versuchung lasse ich [auf Erden] zurück, die schädlicher für die Männer ist als die Frauen», wird wieder der Prophet zitiert, und dieser soll auch gesagt haben: «Hütet euch vor der Versuchung durch das Diesseits und der Versuchung durch die Frauen, denn die erste Versuchung der Juden rührte von den Frauen her.»

Kein Wunder, daß al-Ghazali mit Hilfe angeblicher Prophetenworte die Frauen überhaupt in die Nähe des Teufels rückte, z. B.:

«Die Frauen sind die Schlingen des Teufels. Wäre nicht diese [sexuelle] Begierde, hätten die Frauen keine Macht über die Männer.

Gott hat in der Vergangenheit keinen Propheten gesandt, ohne daß der Teufel die Hoffnung aufgab, ihn durch die Frauen zu vernichten. Vor nichts fürchte ich mich mehr als vor ihnen.

Der Satan spricht zur Frau: ‹Du bist die Hälfte meines Heeres. Du bist mein Pfeil, mit dem ich treffe [...].› Denn die eine Hälfte seines Heeres ist die Begierde, die andere ist der Zorn, und die mächtigste Begierde ist jene nach den Frauen [...].»

Die zutiefst frauenfeindliche Haltung vieler muslimischer Mystiker kommt treffend auch in einem Gedicht des *Mustafa ibn Yusuf ibn Omar Zarir* zum Ausdruck, der Ende des 14. Jahrhunderts im türkischen Erzerum wirkte und dem heute noch berühmten mystischen Orden der Mevlevis angehörte:

«Dem Pferd und der Frau hüte dich zu glauben, denn sie sind niemand Freund, glaub ihnen nicht.

Wenn der Mond auch noch so viel Liebe zeigt, im Grunde sind es nur Rivalen, glaub ihnen nicht.

Wenn sie dir zu Füßen fällt und weint, – sie weint nur aus List, glaub ihr nicht.

Wenn sie sagt: ‹Ich liebe dich›, und sich für dich aufopfern will, an ihr Opfer glaube nicht.

Ihr Tun ist List, und ihr Wort ist Lüge, im Grunde ist sie listenreich, glaub ihr nicht.

Sie nimmt dein Herz und wird Herzräuberin, aber daß die Herzräuberin auch Herzhalterin wird, das glaube nicht.

Sie liebt, nur daß sie deiner bald überdrüssig wird, dann betrügt sie wieder, die Betrügerin, glaub ihr nicht.

Ihre Lebendigkeit ist List, was sie auch sagt, ist List, glaub ihr nicht.

Weil Satan, Seele, Frau, alle drei nur eins sind, sei ihnen kein Kunde, glaub ihnen nicht» (Björkmann S. 271ff.).

Im letzten Vers nennt der Dichter *expressis verbis* die Quintessenz seiner frauenfeindlichen Philosophie: Die Frau ist identisch mit dem Teufel, dem Bösen schlechthin, und verkörpert die «Seele», womit die diabolische Triebseele gemeint ist, die ständig versucht, den Gläubigen vom rechten Weg abzubringen.

Annemarie Schimmel, die 1995 für ihre Verdienste, den Islam im Westen verständlicher gemacht zu haben, den Friedenspreis des Deutschen Buchhandels erhielt, hat ihrem wenige Monate zuvor erschienenen Buch über das Weibliche im Islam den Titel gegeben: *Meine Seele ist eine Frau*. Dies ist gewiß werbewirksam, führt den potentiellen europäischen Leser aber völlig in die Irre, denn diese weibliche Triebseele (*nafs*) ist eben bei den islamischen Mystikern der teuflische innere Schweinehund bzw. die Schweinehündin, die ständig gegen den Verstand (*'aql*) kämpft (der – natürlich – männlich ist) und den vernunftbegabten Mann zum Ausleben der sexuellen Lust animiert.

Daß dieser frauenfeindlichen Haltung auch eine kritische Einstellung der Mystiker gegenüber der Ehe entspricht, ist nur konsequent. So soll der Novize eines mystischen Ordens gänzlich auf die Heirat verzichten, da ihn die Beschäftigung mit seiner Frau von der Beschäftigung mit Gott abhalte, und wenn der Mystiker, um der Versuchung der Triebseele zur Unzucht zu entgehen, schließlich doch heiratet, soll er sich mit einer einzigen, zudem möglichst häßlichen Frau begnügen. Zumindest der Anfänger auf dem mystischen Weg soll auch dem Wunsch nach Kindern widerstehen, da die Sorge für ihren Lebensunterhalt ihn von der Gotteserkenntnis abbringe. Der Derwisch, der eine Frau heirate, so ein Gleichnis in einem Geschichtchen bei 'Attar, sei wie ein Mann, der auf einem Schiff sitze, denn komme noch ein Kind hinzu, werde er untergehen.

Aus diesen Äußerungen zu schließen, die islamischen Mystiker seien auch in der Realität freudlose Gesellen gewesen, die in ihrem Streben nach alleiniger Hinwendung zu Gott auf Macht, Besitz, sexuelle Lust und andere irdische Annehmlichkeiten generell verzichtet hätten, wäre allerdings verfehlt. Was ihnen ein Greuel gewesen zu sein scheint, war lediglich die Alltagsehe mit ihren materiellen sozialen Verpflichtungen. Die Verlockungen, die vom Anblick eines schönen Menschen ausgehen können, waren für sie aber durchaus kein Werk des Teufels. Im Gegenteil. Für viele, die sich im Laufe der Jahrhunderte immer stärker pantheistischen Vorstellungen verschrieben, manifestierte sich Gott geradezu im Antlitz und der Gestalt der geliebten Schönen oder – noch häufiger – des «bartlosen Knaben». Die in den Schriften zahlreicher Mystiker offen zutage tretenden homo- und pädophilen Neigungen haben hier ihre himmlische Verklärung und ihren irdischen Niederschlag gefunden. Die offizielle, aller Mystik abholde sunnitische Theologie hat derartige Tendenzen stets heftig bekämpft, ohne sie jedoch völlig unterdrücken zu können.

Daß alle frauen- und ehefeindlichen Bestrebungen sich im Islam nie durchsetzen, geschweige denn in einem Zölibatsgebot konkretisieren konnten, hat seine Ursache in der nicht zu verleugnenden Zuneigung des Propheten zum weiblichen Geschlecht. Selbst frauenfeindliche Mystiker taten sich schwer mit diesem historischen Faktum. So warnte etwa al-Ghazali den Novizen in der Mystik, «sich nicht von den zahlreichen Ehen des Propheten blenden zu lassen, denn des Propheten Herz wurde durch alles Weltliche nicht von Gott abgelenkt». Geradezu rührend wirkt al-Ghazalis Deutung einer angeblichen Äußerung des Propheten, wonach dieser, als er neun Frauen hatte, dem Erzengel Gabriel eine Potenzschwäche geklagt und der Engel ihm darauf geraten habe, *Harisa*, ein Gericht aus Fleisch und Weizengrütze, zu essen. «Nicht des Genusses wegen» habe der Prophet um Abhilfe gebeten, sondern um seine Frauen den Nachstellungen anderer Männer gegenüber immun zu machen, zumal «er anderen verbot, sie zu heiraten, auch wenn er sich von ihnen trennte».

Die offizielle islamische Theologie hatte mit derlei die männliche Sexualität bejahenden – angeblichen oder auch echten – Äußerungen des Propheten nie Probleme. Schließlich gab es ja die ausdrückliche Weisung Gottes im Koran: «Eure Frauen sind euch ein Saatfeld. Geht zu ihm, wann immer ihr wollt» (2,223).

Der Schleier: Die Verhüllung der teuflischen Versuchung

Im Frühjahr 1995 verhängte der französische Kultusminister einen Erlaß, der es muslimischen Mädchen untersagte, in den Schulen ihr traditionelles Kopftuch zu tragen, als sei dadurch der Bestand der französischen Republik gefährdet. Das Thema Schleier – wobei es sich meist wirklich nur um ein Kopftuch handelt – hatte in Europa wieder einmal Konjunktur. Doch nicht nur im Westen ist der Schleier zum Symbol mangelnder Gleichberechtigung der muslimischen Frau geworden, sondern auch im Orient ist er seit gut einem Jahrhundert ein ständiges Streitobjekt. Ausgangspunkt sind zwei Koranverse, die lauten:

«Und sag den gläubigen Frauen, sie sollen ihre Augen niederschlagen, und sie sollen darauf achten, daß ihre Scham bedeckt ist, den Schmuck, den sie tragen, nicht offen zeigen, soweit er nicht (normalerweise) sichtbar ist, ihren Schal sich über den (vom Halsausschnitt nach vorne heruntergehenden) Schlitz (des Kleides) ziehen» (24,31).

«Prophet! Sag deinen Gattinnen und Töchtern und den Frauen der Gläubigen, sie sollen sich (wenn sie aus dem Hause gehen) etwas von ihrem Gewand über den Kopf ziehen. So ist es am ehesten gewährleistet, daß sie (als ehrbare Frauen) erkannt und daraufhin nicht belästigt werden. Gott aber ist barmherzig und bereit zu vergeben» (33,59).

Während den Männern im Koran (24,30) lediglich zur Pflicht gemacht wird, ihre Scham zu bedecken und ihre Augen – gemeint ist wohl angesichts von Frauen – niederzuschlagen, sind die Vorschriften für die Frauen etwas ausführlicher, aber keineswegs so eindeutig, daß sie ein klares Regelwerk ergeben. In der Schari'a besteht weitgehend Konsens, daß außerhalb des Hauses Gesicht, Hände und Füße nicht bedeckt zu sein brauchen. Der in manchen Regionen noch heute zu beobachtende echte Gesichtsschleier hat somit keine islamrechtliche Grundlage.

In Ägypten ist 1993 ein Buch neu aufgelegt worden, das, als es 1899 erstmals erschien, eine ungewöhnlich heftige Reaktion auslöste. Es trägt den Titel *Die Befreiung der Frau* und stammt aus der Feder des Sozialreformers *Qasim Amin*, der noch heute als Begründer der ägyptischen Frauenbewegung gefeiert wird. Für damalige Verhältnisse äußerst heftig zieht er gegen die Beschränkung der Frau auf Haus und Familie zu Felde, beklagt ihre mangelnden Bildungsmöglichkeiten und sieht im Schleier nichts anderes als ein Mittel der Unterdrückung.

«Die Angst vor der Versuchung», so Amin, «sehen wir fast jede Zeile durchziehen, die über diese Frage geschrieben wird». Und es ist diese vorgeschobene Gefahr der Versuchung, die er dann satirisch aufs Korn nimmt:

«Den Männern wird nicht befohlen, sich zu verhüllen und ihr Gesicht zu verschleiern, wenn sie fürchten, für die Frauen eine Versuchung zu sein! Wird die Standhaftigkeit des Mannes für geringer erachtet als die der Frau? Hält man den Mann für schwächer als die Frau, wenn es darum geht, die Triebseele zu unterdrücken und die Lust zu zügeln? Wird die Frau in alledem als stärker angesehen, weshalb es Männern, so schön sie auch sein mögen, gestattet ist, ihr Gesicht vor den Augen der Frauen zu entblößen, während dies Frauen gegenüber den Männern absolut verboten ist, aus Angst, die Zügel der Leidenschaft der Triebseele würden der Macht des Verstandes des Mannes entgleiten, so daß er in Versuchung für jede Frau gerät, die sich ihm anbietet, so häßlich sie auch aussehen und so abstoßend sie auch sein mag?» (ʿAbduh 2,112).

Daß Amin damit den Kern des Pudels getroffen, sprich die Grundfesten des islamischen Patriarchats erschüttert hatte, bewies die massive, aber recht hilflos wirkende Kritik, die er sich damit zuzog. Ein Theologe der al-Azhar-Universität konterte mit dem Argument, daß die Frau eben «ein Objekt für die Begierden» darstelle und, immer wenn ein Mann und eine unverschleierte Frau zusammen seien, «der Teufel in dieser Zeit der dritte unter ihnen ist» (Reinholz 119). Da war er wieder, der Teufel in Gestalt der sexuellen Lust.

Daß durch die strikte Trennung der Geschlechter, symbolisiert durch den Schleier, die sexuelle Moral keinesfalls gefördert, sondern sexuelle Phantasien nur angeregt werden, hat Qasim Amin bereits vor hundert Jahren erkannt. Die Folge in bestimmten Teilen und Schichten der islamischen Gesellschaft sind vor allem unter Heranwachsenden Psychosen und Frustrationen und eine im Vergleich zum Westen verstärkte Flucht in die Homosexualität bei beiden Geschlechtern.

XIV. Geschlechtsteufel und Hexenwahn

Hexen, das sind die bösen Teufelshuren
LUTHER, 1522

Der Siegeszug von Venus und Maria verlief parallel. Weltliche und Geistliche idealisierten in ihnen ihre Vorstellungen von weiblicher Erotik und Sexualität. Minnesang, Liebeslyrik und Mystik waren ihre Ausdrucksformen.

Doch die wirkliche Welt gab sich anders. Hier regierte, von der Kirche in Szene gesetzt, der Teufel; selbst Luther warf mit dem Tintenfaß nach ihm. Der Höllenfürst forderte um so mehr Tabubrüche und Gebotsverletzungen, je höher die moralischen Schranken aufgetürmt wurden. Seine Existenz wurde in dem Maß als realer empfunden, in dem die Realität bis zur Desorientierung und Unerträglichkeit in ein dunkles Chaos abstürzte. Mißernten und Hungersnöte, Pestepidemien und Syphilis, Glaubenszweifel und Kirchenspaltung, verheerende Unruhen und Kriege prägten die Jahrhunderte des Spätmittelalters und der Frühen Neuzeit für den größten Teil der Menschen. Der andere, weitaus geringere Teil, der es sich leisten konnte, den Rückgang der Pest und das Abklingen der Syphilis in abgelegenen Lustschlössern bei heiteren Festen und deftigen Orgien abzuwarten, oder der an Universitäten und in Klosterbibliotheken Zeitgeistdebatten führte und, als Humanist, neue Weltbilder entwarf, bekam von dem arbeitenden oder in permanenter Not und Unsicherheit darbenden Volk wenig mit. Man brachte angesichts der nackten, schlanken und sehr mädchenhaften Venus, wie sie Lukas Cranach d. Ä. darbot, das Blut in Wallung. Auch Correggio malte, wie unzählige andere, nicht nur Marias Himmelfahrt, sondern ebenso seine erotische «Venus mit schlafendem Cupido».

Nicht von ungefähr trieb gerade beim «gemeinen Volk» der Teufel sein Unwesen, willfährig, wie auch die Gelehrten meinten, vor allem von Frauen unterstützt, die als «Verkörperung aller Laster» und insbesondere aufgrund der «ihnen eigenen Geilheit» Luzifer als erste zum Opfer fielen. Geistlichkeit und Bildungsschicht, die immer noch weitgehend identisch waren, mußten es wissen. Sie bedienten sich zur sexuellen Befriedigung größtenteils der «Frauen aus dem Volk», waren Stammkunden in Badehäusern und Bordellen. Wenn den Heidelberger Studenten des 15. Jahrhunderts der Besuch solcher Etablissements untersagt war, dann nur, damit die Professoren nicht gesehen wurden. Doch die «Freudenhäuser» standen bald nicht mehr in der gewohnten Zahl zur Verfügung; die Huren gerieten, von den ehrbaren Bürgerinnen eifrig denunziert, allerorten leicht in Hexenverdacht. Hure oder Teufelshure – das war eine Frage des Blickwinkels. In Bologna wurde 1486 von Inquisitoren ein komplettes Bordell mit weiblichen Teufeln ausgehoben; der Inhaber starb auf dem Scheiterhaufen. Ab der ersten Hälfte des 16. Jahrhunderts wurden die meisten Bordelle zudem wegen der Syphilis – und erst infolgedessen durch die neuen städtischen Sittengerichte – geschlossen. Die *Venerie*, wie die Seuche nach der Liebesgöttin genannt wurde, bzw. *frantzosen kranckheyt* trug erheblich zur «Verdüsterung Europas» (E. Friedell) bei. Die Päpste Alexander VI. (1492–1503), Julius II. (1503–1513) und Leo X. (1513–1521) hatten sich, überhaupt nicht sexualfeindlich, ebenso wie der Humanist und Kritiker «mönchischer Dummheit» Ulrich von Hutten, wie Kaiser Karl V. (gest. 1558) und hunderttausend andere mit ihr infiziert. Die Schuld schob man – nicht anders als die katholische Kirche wieder hinsichtlich Aids – dem «Geschlechtsteufel» zu.

Der Leibhaftige

Es war ein gerüttelt Maß «mönchischer Dummheit» vonnöten, um die Vorstellung vom «Leibhaftigen» zu entwickeln, d. h. vom Teufel als körperlichem Wesen, der in allerlei Gestalten auftreten konnte. Von garstiger, viehischer Gestalt, ließ er sich beim Teufelssabbat huldigen und den After küssen. Sein Glied war riesig, bisweilen schuppenbesetzt und kalt und verursachte beim Geschlechtsverkehr meistens Schmerzen. Zeugen konnte er nur mit fremdem Samen, den er sich als *Succubus*, d. h. in Frauengestalt als «Darunterliegender», von einem Mann besorgte und danach als *Incubus*, d. h. als «Daraufliegender» einer Frau spendete.

Daraus resultierte der «Wechselbalg», ein mißgebildetes oder extrem verhaltensauffälliges Kind. Darüber hinaus richtete der Teufel selbst kaum Unheil an. Erst vermittels eines Mediums, in der Regel einer Frau, verübte er Schäden.

Im Teufel manifestierte sich in den schwärzesten Farben die Macht männlicher Sexualität, die von ihren geistlichen Kritikern am stärksten als Belastung, als sündige, teuflische Lust, empfunden wurde. Er personifizierte das eigene «böse» Selbst. Gleichzeitig entwarfen sie, als Projektion ihrer Wunschbilder, die allzeit gefügige Frau, die es selbst mit dem Teufel trieb.

Die Hexe

Die Frau, die vom 14. bis ins 18. Jahrhundert schließlich als Hexe verbrannt wurde, war – wie das Kontrastbild Maria – ein Phantasieprodukt, das sich aus zahlreichen und höchst verschiedenen Quellen speiste: aus überliefertem Aberglauben, tatsächlich nie abgelegter Volksmagie und Beschwörungskunst, Fetischzauber, Wahrsagerei und «Crystallenguckerei», altem Kräuter- und Heilwissen, dem vor allem verwitwete und schutzlose Alte nachgingen; aus unerklärbaren Phänomenen wie Tod- und Mißgeburten, für die man Hebammen verantwortlich machte, oder aus simplen körperlichen Unbilden wie dem frühmittelalterlich schon so genannten *haegtessan gescot*, dem «Hexengeschoß» bzw. dem heutigen Hexenschuß.

Hexen waren ausnahmslos Opfer einer Denunziation und die Folge unbeschreiblicher Folterungen. Auf ihnen baute das gesamte Inquisitionsverfahren auf, im Gegensatz zum älteren Akkusationsverfahren, das nur auf eine Klage hin aktiv wurde. Wenn sich die Inquisitoren eine Stadt vornahmen, brachten sie zunächst am Rathaus oder an der Kirche einen Aushang an, in dem sie unter Androhung der Exkommunikation zur Denunziation aufforderten. Es wurde nach harmlosen und sehr allgemeinen Dingen gefragt, nach irgendwelchen Schädigungen an Menschen, Tieren und Feldfrüchten, und damit an die niedersten Gefühle wie Neid und Mißgunst appelliert. Zusammen mit enttäuschter Liebe stellten sie die aus den Hexenverhören zutage getretenen Handlungsmotive dar. Jeder, der einem anderen etwas am Zeug flicken wollte, konnte sich melden. Man meinte ja nur – und war im Nu selbst verstrickt. Ausdrücklich waren Exkommunizierte, die einiges gut zu machen hatten, und Verbrecher als Zeugen zugelassen, Verteidiger dagegen in der Regel nicht.

Die Untersuchung erfolgte nach einem festgelegten, starren Fragenkatalog. Es gab keine Antwort, die nicht neuen Verdacht erregte. Es wurde gepeinigt und auf unmenschlichste Weise gequält, bis sich die Selbstbezichtigung der in überwiegendem Maß weiblichen Opfer ins Unsägliche steigerte, was wiederum die Inquisitoren von der Berechtigung des Verfahrens überzeugte. Der so in Bewegung gebrachte *Circulus vitiosus* war nicht zu stoppen. Fragen und Antworten, ihren Gehalten nach eine Mixtur aus realen Vorkommnissen, Verfehlungsängsten, Tabuscheu und sich nur in der Vorstellung gestatteten Begierden, führten fast ausnahmslos zur Verurteilung. Auf sexuellem Gebiet, das notorisch in keiner Verhandlung ausgespart wurde, hatte beinahe jede und jeder einen «wunden Punkt», ob es sich um Inzest oder lediglich nächtliche Samenergüsse handelte, um Kopulation unter der Kanzel oder nur feuchte Träume. Stichwörter waren die *hurerey*, welche eine grundsätzliche Bereitschaft, sich mit dem Teufel einzulassen, signalisierte, sowie der «Hexensabbat»:

«Und mehrere haben uns gesagt, daß die Vergnügungen und die Lust dort so groß und von so vielerlei Art seien, daß es weder einen Mann noch eine Frau gebe, die nicht sehr gern dorthineilten [...]. Die Frau treibe ihr Spiel in Gegenwart ihres Ehemannes ohne Argwohn und ohne Eifersucht, er sei dabei oft sogar der Kuppler; der Vater defloriere die Tochter ohne Scham, die Mutter raube die Unberührtheit des Sohnes ohne Scheu, der Bruder [die] der Schwester; man sehe dort die Väter und Mütter ihre Kinder bringen und anbieten» (zit. nach Becker, Bovenschen, Brackert S. 226).

Jedes Verhör unter der Folter erbrachte nicht nur die gewünschten Antworten, denn vorher hörten die Peiniger nicht auf, sondern nach dem Schneeballsystem immer neue Beschuldigte, die angeblich auch beim Hexensabbat mitgetan hatten, so daß bisweilen ganze Dörfer der weiblichen Einwohnerschaft beraubt wurden.

Biblischen Aufforderungen gemäß kamen sie auf den Scheiterhaufen. «Die Zauberer sollst du nicht am Leben lassen», heißt es Exodus

22,18, wobei Luther (2 Mose 22,17) an derselben Stelle bezeichnenderweise «Zauberinnen» übersetzte. Nach Matthäus 13,42 werden die «Kinder des Bösen» wie Unkraut, das der Teufel aussät, «in den Feuerofen» geworfen. Auch die Richtung, in der man suchen mußte, war vorgegeben: «Die der Lust sich ergeben, über die gewinnt der Teufel Macht.»

Am Anfang ihrer Karriere ging die Hexe – analog zur Nonne, der «Braut Christi» – ein sexuelles Verhältnis mit dem Teufel ein, die «Teufelsbuhlschaft». Erst dieses befähigte sie zum Flug durch die Luft und zu dem Schadenszauber, mit dem sie Unwetter hervorrief, Frühgeburten und Impotenz bewirkte oder auch das männliche Glied ganz verschwinden ließ. Umgekehrt konnte sie auch *Veneficia*, «Venusmittel», geheißene Liebestränke verabreichen und Liebesraserei erzeugen. Sie waren schuld, wenn einem Mann die Ehefrau häßlich erschien, so daß «seine Rute nicht steifte». Der Hexenrichter von Arras glaubte 1459: «Sie reiten auf gesalbten Stöcken durch die Luft zum Hexensabbat [...]; nach der Mahlzeit treiben sie untereinander und mit dem Teufel, der bald die Gestalt eines Mannes, bald die eines Weibes annimmt, die abscheulichste Unzucht.»

Nach einer späteren Darstellung um 1600 (Kunze S. 261) wurde «allerhand greuliche sowohl sodomitische als natürliche Unzucht getrieben, zwischen den Brüsten, unter den Axeln, hinter und fürwärts.» Ähnliches muß Papst Innozenz VIII. vor Augen gestanden haben, als er in seiner Bulle von 1484 zum typischen Hexenmerkmal erklärte, daß sie «mit dem Teufel Unzucht treiben».

Die Peiniger

In Nordfrankreich wirkte sich die Aufforderung zur Hexenverfolgung, die *Nicolaus Jaquier* 1458 herausgab und später vor allem von Protestanten geschätzt wurde, verhängnisvoll aus. Gedrängt von den Eiferern *Institoris* und *Sprenger*, erteilte Papst Innozenz VIII. mit besagter Bulle die Legitimation zur Massenverfolgung; und die beiden elsässischen Dominikaner gingen nicht nur sofort ans Werk, sondern lieferten mit ihrem berüchtigten «Hexenhammer» (*Malleus maleficarum*) ein Handbuch zur Hexenerkennung und -abstrafung. Es bildete das endgültige Fundament für die Hexenjagd auf breitester Front auch im Heiligen Römischen Reich Deutscher Nation. Die Autoren zeichneten sich nicht durch zarte Gemüter aus; sie waren zerfressen von Frauenhaß, von einer Gier nach Ansehen und Einfluß. Institoris hatte zuvor einmal die Ablaßkasse mitgehen lassen und war deshalb inhaftiert worden. Zusammen mit Kollegen Sprenger fälschte er die Unterschrift von Kölner Professoren, die das gewünschte positive Gutachten über den «Hexenhammer» nicht unterzeichnen mochten. So wie es ihnen an Unrechtsbewußtsein mangelte, so heiligte ihnen das Ziel jegliches Mittel. Im «Hexenhammer» empfahlen sie den Richtern, eine Angeklagte zu einem «Geständnis» mit der Zusicherung zu bewegen, daß ihr das Leben erhalten bliebe, und sich danach bei der Verurteilung zum Feuertod damit herauszureden, daß er natürlich das ewige Leben gemeint habe, oder aber einen anderen Richter, der sich an das Versprechen nicht gebunden fühlen müsse, das Todesurteil sprechen zu lassen. Hier paarte sich Bauernschläue mit Skrupellosigkeit.

In der Praxis gesellte sich Sadismus hinzu. Durch den «Hexenhammer» davon überzeugt, «daß mehr unter den Weibern Ehebruch, Hurerei etc. sich findet», nahm sich das geistlich-männliche Gericht der Angeschuldigten an, ließ sie durch den Henker entkleiden, bisweilen die Schamhaare rasieren und den gesamten Körper minutiös nach den sogenannten Teufelsmalen absuchen, mitunter auch in der Vagina, die «auch an heimblichen Orthen inwendig, mit Anzündung eines Waxsteckns genau besichtiget» wurde. Vor allem Syphilitikerinnen konnten dadurch entdeckt werden. So erreichte das neue Interesse am Körper und an den auf der Haut sichtbaren, durch die Syphilis hervorgerufenen Veränderungen ihren perversen Höhepunkt. Im Zentrum der Inquisitorenfragen stand das Interesse nach der mit dem Teufel getriebenen Unzucht.

Es standen beileibe nicht nur alte, unansehnliche Hexen vor den Richtern: «Marie de la Ralde, achtundzwanzig Jahre alt, eine sehr schöne Frau, [...], sagte aus, daß sie nicht geglaubt habe, etwas Schlechtes zu tun, wenn sie zum Sabbat gegangen sei, und daß sie dort viel größere Lust und Befriedigung gehabt habe, als wenn sie zur Messe gegangen sei [...]» (zit. nach Becker, Bovenschen, Brackert S. 219).

Immer wieder wurde gerade die Schönheit der vorgeladenen Frauen und Mädchen hervorgehoben, die für sich genommen schon den Verdacht teuflischer Lüsternheit erwecken konnte. Die Opfer wurden mit den Jahren, die die Verfolgung anhielt, tatsächlich immer jünger und boten den Inquisitoren Anblicke, wie sie die erotischen Hexenbilder von Hans Baldung Grien zu Beginn des 16. Jahrhunderts oder gut fünfzig Jahre später die pornographischen Stiche von Agostino Carracci mit teuflischem Pan nebst geilen Gespielinnen zeigten. 1582 bekam es Landgraf Georg von Darmstadt Schwarz auf Weiß: «Da wir nunmehr die Alten nahezu erledigen und hinrichten ließen, so geht es jetzt an die Jungen.» Bei der letzten großen Verbrennungswelle 1629 im Bistum Würzburg war jede vierte Hexe noch keine vierzehn Jahre alt.

Die Frauen starben als leibhaftige Versuchung zur sexuellen Handlung, «zum Bösen». Was ihre geistlichen Richter sich selbst zu Schulden kommen ließen, verbrannten sie mit ihr im reinigenden Feuer, oder sie besänftigten ihren Sexualneid, indem sie die Objekte ihrer Begierde zur Strafe für (meist vermeintlich) erlebte Lust vernichteten. Die sadistische Brutalität, die gegen die Frauen angewandt wurde, erlöste die Peiniger von dem Aggressionsstau, den Triebunterdrückung und Frauenhaß – infolge von Enttäuschung und insbesondere der durch die Syphilis gebotenen Versagung – hervorgerufen hatten.

In den Kerkern kam es zu Vergewaltigungen, die man in perfider Verdrehung dem Opfer als Taten von Teufeln erklärte. Spätestens ein solches Verhalten erweist die immer wieder aufgestellte Behauptung, daß der Hexenwahn seine Ursache einem falschen Bewußtsein, sprich: der in allen Köpfen verbreiteten Vorstellung von der Existenz des Teufels, unhaltbar ist. Jene Vergewaltiger wußten, daß sie allenfalls im übertragenen Sinn selbst die Teufel waren.

Gegenstimmen

Auch für den Hexenwahn gilt: Ihn als «zeitbedingten Irrtum» auszugeben und die Mörder in kirchlichen Diensten damit freizusprechen, ist, da ahistorisch, unstatthaft. Vor und während des vom Klerus gesteuerten und von den – wie meistens – opportunistischen Gelehrten

Die Hexen, wie sie Hans Baldung Grien (1484/85–1545) darstellte, dürften mancher erotischen Vorstellung entsprochen haben, die sich Inquisitoren zur Zeit der Hexenverfolgungen von ihren zunehmend jüngeren und attraktiveren Opfern machten.

mehrheitlich abgestützten Massenmordes gab es die Stimmen, die, hätte man auf sie hören wollen, Hexenverbrennungen unmöglich gemacht hätten. Doch sie wurden unterdrückt, weil man sie nicht hören wollte. Der hochangesehene rechtskundige Bischof *Burchard von Worms* hatte es im 11. Jahrhundert der Dummheit des Volkes zugeschrieben, wenn es meinte, daß Frauen in Begleitung des Teufels nächtens ausritten, und eine solche Behauptung unter Buße gestellt.

Als im 15. Jahrhundert in Frankreich die Scheiterhaufen glühten, erklärte der Benediktinermönch *Edelin* die den Hexen nachgesagten Flugnummern und Sabbattreffen für Einbildungen und entging darauf nur knapp der eigenen Verbrennung. In Mailand bezichtigte der Franziskaner *Cassinis* die Inquisitoren, sich durch ihr Vorgehen selbst zu versündigen. *Erasmus von Rotterdam*, unehelicher Sohn eines Priesters und angesehenster Intellektueller der Hochrenaissance, belustigte sich über die hohe Geistlichkeit (und ließ sich andererseits von ihr hofieren), kritisierte Reliquien- und Heiligenverehrung und lehnte Aberglauben wie Teufelsspuk ab, den er als Erfindung der Inquisitoren ansah. Der *Bischof von Brixen* zählte zu den ganz wenigen, die einen Massenprozeß stoppten, in dem Institoris 48 Frauen und zwei Männer – so oft das übliche Zahlenverhältnis zwischen den Geschlechtern – der Hexerei angeklagt hatte. Der Bischof hielt Institoris für senil und kindisch, unterstellte ihm, wohl zu recht, sich auf seine Weise sehr für Frauen zu interessieren und verwies ihn des Landes. Allein dem couragierten Auftreten *Agrippas* verdankte eine in Metz angeklagte Alte ihr Leben. Der Arzt *Johannes Weyer* (Wier), der zu Beginn des 16. Jahrhunderts gegen den Wahn antrat, mußte sich von den pyromanen Fanatikern als «Beschirmer der Hexen» und als «Schwindelhirn» beschimpfen lassen und wurde als «reif für den Galgen» bedroht. Der Theologieprofessor *Cornelius Loos* wurde wegen seiner Einstellung gegen Hexenverbrennungen mehrfach inhaftiert. Erst dem Jesuiten *Friedrich Spee* gelang 1630/31, nicht zur Freude seiner Ordensoberen, mit seiner *Cautio criminalis* der breitere Durchbruch gegen die Inquisitorenfront; er erfaßte den Hexenglauben als Folge von Prozeßfehlern. Sein persönlicher Kontakt mit den Verurteilten als Seelsorger hatte ihn von ihrer völligen Unschuld überzeugt. Den entscheidenden Schritt ließ dann der Jurist *Christian Thomasius* um die Wende zum 18. Jahrhundert folgen, ein moderner, aufgeschlossener Protestant, der seine Umwelt von der Wertlosigkeit unter der Folter erreichter Geständnisse überzeugen konnte. Kurz zuvor, 1678, hatte der Erzbischof von Salzburg noch 97 Frauen verbrennen lassen. Lutheraner, Zwinglianer und Calvinisten hielten gut mit, wenn auch nicht ganz so zielstrebig: Noch nach 1650 kam es so in Württemberg, Mecklenburg und Schweden zu extremen Hexenverfolgungen.

Und es gab den ungleich freieren Geist der meisten nicht unter bischöflicher Knute stehenden Städte. Der Maler *Georg Pencz*, von dem sich ein Stich erhalten hat, der Abraham und Hagar völlig unbekleidet im erotischen Duett zeigt, hat es wohl nur seinem Wohnsitz in der Reichsstadt Nürnberg zu verdanken, daß er trotz einer Anklage 1524 als Ketzer am Leben blieb. In Frankfurt am Main gab es keine Hexenverbrennungen, in Rothenburg o. d. T. nur vereinzelte. In den Herzogtümern Jülich-Kleve-Berg, in direkter Nachbarschaft zu den Scheiterhaufen des Fürstbistums Köln, waren Hexenprozesse von der weltlichen Obrigkeit unterdrückt worden.

Hexenwahn war keine Zeitgeistverirrung. Er war die Verwirrung eines Standes, der sich mit dem geistlichen Rock schmückte und der wider mögliches besseres Wissen im Zeichen des Kreuzes das Volk zum Wahn trieb, so daß es hinter jedem Hagelschauer, jedem Kindstod und jedem verendeten Stück Vieh Hexerei vermutete und selbst zu schnüffeln und zu denunzieren begann. Manchem Mann gab dies Gelegenheit, sich seiner Ehefrau zu entledigen; manche Frau ließ die Konkurrentin oder die Geliebte ihres Mannes aus dem Weg räumen, indem sie diese als Hexe anschwärzte.

In jedem Fall aber bot sich den geistlichen Herren die letzte Gelegenheit, gegen die Frauen, gegen die ihnen – seit Evas Zeiten – zur Last gelegte Ursächlichkeit für sexuelle Begierde eine sadistische Hatz zu veranstalten. In den alten katholischen Bistumslanden brannten die Scheiterhaufen besonders hoch und häufig. Bamberg, Würzburg, Mainz, Trier und Köln lautete die Achse der geistlich-höllischen Vernichtungsmaschinerie. Um 1630 erfolgten unter dem Bamberger Bischof Fuchs von Dornheim ca. 900 Justizmorde, unter dem Würzburger Henkerbischof Adolf von Ehrenberg wurden ca. 1200 Frauen verbrannt.

Während die Humanisten es aufgaben, den Himmel nach Gott zu durchforsten, während Behaim den ersten Globus zusammenleimte und Wissenschaftler wie Galilei und der ebenfalls verbrannte Bruno die Schöpfungsgeschichte auf den Kopf stellten, grub sich die Kirche letztmalig theozentrisch ein, zerwühlten die überforderten Geistlichen ihr Ego und warfen den Seelenmüll und tausend Jahre verdunkelten Kuttensex in massenpsychotischem Sexualhaß mit den Frauen ins Feuer, ohne freilich Ersatz und damit Frieden zu finden. In Würzburg forderten noch 1750 Jesuiten, mit den Hexenverbrennungen fortzufahren. 1775 wurde in der Abtei Kempten die letzte Hexe auf deutschem Boden hingerichtet. Bis heute nehmen katholische Exorzisten Teufelsaustreibungen vor, Todesfolgen inbegriffen. 1986 erinnerte Papst Johannes Paul II. die Gläubigen an die reale Existenz des Teufels.

Die Kirchen witterten stets die Chance, ihre Gläubigen durch Krisenzeiten wieder fester hinter sich zu scharen. Sie setzten auf den menschlichen Mechanismus der Angst und des Bereuens. Wie er funktioniert, wußte schon der um 1700 in Wien predigende *Abraham a Santa Clara*, der nebenbei *Venus* zu «Weh-Nuß» verballhornte, treffend zum Ausdruck zu bringen: «Durch ihr Luederleben hat sie Französisch [d. h. die Syphilis] gelernt und ist krank worden. Und in ihrer Krankheit ist sie endlich zu Kreuz krochen; so geht's, wenn man nicht mehr luedern kann, fangt man's beten an.»

Moderne Umfragen scheinen ihn zu bestätigen. Aids-Aufklärung und entsprechende Befürchtungen vor Ansteckung zeigen besonders unter Jugendlichen erste Früchte. Sie bekennen sich zu romantischen Gefühlen, räumen, im Gegensatz zur Generation ihrer Eltern, Sexualität einen geringeren Stellenwert ein und glauben ans monogame Glück, wie Artikel in STERN und SPIEGEL nahelegen.

Die reformierte Lust: Disziplin statt Freiheit

Auch wenn das Ende der größten Hexenpogrome auffallend mit dem Einfall des protestantischen Schwedenkönigs Gustav Adolf zusammenfiel, mußten Frauen auch in reformierten Gebieten befürchten, als Hexen angeklagt und verurteilt zu werden. Ihre Situation war dieselbe wie in den katholischen Gebieten; und es waren lutherische Theologen, die sich 1591 in Wittenberg die Frage vorlegten, ob Frauen als Menschen zu gelten hätten.

Luther erleichterte durch sein eigenes Vorbild zunächst nur das Los vieler Geistlicher, die es zur Verheiratung drängte. Doch für sündig hielt er den ehelichen Beischlaf nicht minder. Allein den Zusammenhang von Heiligmäßigkeit und sexueller Enthaltsamkeit hob er auf und leistete damit einen wesentlichen Beitrag zur Versachlichung. Sexualtrieb galt den Reformern als natürlich. Selbst bigamistische und polygamistische Lebensformen wurden in protestantischen Kreisen nicht völlig in Abrede gestellt, regional auch praktiziert. An eine selbstbestimmte weibliche Sexualität reichten die Überlegungen und neuen Eheformen nicht heran; nach wie vor galt die Ehe als Institution, die das Geschlechtsleben in geordnete Bahnen lenken und die soziale Ordnung unter männlicher Vorherrschaft aufrechterhalten sollte. Unter dem äußeren gesellschaftlichen Druck und in Konkurrenz zu den spirituellen und libertären Eheauffassungen der Täufer und Träumer, die manche Kritiker aus dem eigenen Lager schon wieder als zuchtlos geißelten, geriet die Ehe der Lutheraner zum sittlichen Aushängeschild mit zum Teil öffentlichem Charakter; ihre nun verheirateten Geistlichen hatten mit dem besten Beispiel voranzugehen. Disziplin hieß die Losung. Die Calvinisten forderten für Ehebruch die Todesstrafe. Sitten- und Ehegerichte übernahmen in protestantischen Städten, die bald untereinander um die bessere Zucht wetteiferten, die Kontrolle über Anstand und Moral. Auf diesem Fundament, das sich zu Puritanismus und moderner Prüderie verbreiterte, sollten, zumindest theoretisch, weder eine Vergöttlichung noch eine Verteufelung der Sexualität mehr stattfinden können.

Psyche statt Venus

Es gehört zu den offenkundigen Widersprüchen der Zeit, daß die Scheiterhaufen noch nicht verglüht, ja in manchen Regionen Europas noch nicht entzündet waren, und demgegenüber Sexualität völlig unverhohlen und «bekennend» praktiziert wurde. Dabei meldeten sich erstmals authentisch Frauenstimmen zu Wort. Das *Heptameron*, eine in freier Anlehnung an Boccaccios *Decamerone* und angeblich nach wahren Begebenheiten zusammengestellte Sammlung von vulgären, grotesken und schlüpfrigen Geschichten, wurde bis 1549 von Königin *Margarete von Navarra* verfaßt. Die Schrift läßt ahnen, mit welcher Freizügigkeit man sich bei Tisch äußerte und wohl auch verhielt. Zur selben Zeit malte *Giulio Romano* Pornos und beschrieb analog zu diesen der umworbene und in Venedig hoch verehrte Pietro Aretino zwanzig «Stellungen der Liebe». *Fottiamci*, «laßt uns vögeln», war die Aufforderung, die er am liebsten hörte und aussprach. In England lebte König *Heinrich VIII.* seinen Leidenschaften nach; der Tick, daß er – parallel zu seinen Affären mit Mätressen – beständig verheiratet sein mußte, kostete zwei seiner sechs Ehefrauen den Kopf (und die Römische Kirche den Supremat über das Land). Ein Jahrhundert später erblickte in Spanien unter dem düsteren, erstickenden Mantel der Inquisition durch den geistlichen Autor *Tirso de Molina* die Figur des notorischen Verführers *Don Juan* das Licht der Welt, wenngleich mit dem Schluß, daß er beim Teufel in der Hölle landen mußte. Derweilen hatte man sich an den Höfen Frankreichs moralischer Fesseln weitestgehend entledigt und fühlte sich, auch in diesem Sinn, frei von allen Gesetzen, *absolutus a legibus*: absolutistisch eben. Die Promiskuität blühte wie nie zuvor. Geschlechtsverkehr wurde zum beliebtesten Gesellschaftsvergnügen, Kopulation bei festlichen Anlässen zum öffentlichen Ereignis.

Zwei wesentliche Veränderungen, die auf den ersten Blick mit Sexualität nichts zu tun haben, lieferten den Hintergrund für jenen Zeitgeist. Zum einen war dies in den Kolonien die Entdeckung fremder Kulturen und Völker, die man im Gegensatz zur eigenen «Zivilisation» als «Natur»-Völker bezeichnete. Deren meist spärliche Bekleidungen und, gemessen an christlichen Moralvorstellungen, häufig freizügigere Lebensweisen erhitzte nicht nur die Phantasie, sondern förderte die Vorstellung von einer natürlichen Sexualität, die sich, allen kirchlichen Geboten entzogen, völlig anders ausdrückte. Zum anderen waren dies die bahnbrechenden Fortschritte auf dem Gebiet der Physik. Die in der Natur zu beobachtenden Gesetzmäßigkeiten wurden plötzlich erörtert und der Mensch als nach diesen funktionierender Teil derselben betrachtet.

Die Kirche und mit ihr verbündete Kreise widerstritten heftig. Sie erklärten Naturwissenschaften zum verwerflichen Tun, und durch die

Gegenüberstellung von zivilisiert und natürlich bzw. kultiviert und widernatürlich entdeckte man die Primitivität eines von christlicher Moral unbeeinflußten Sexuallebens. Über dieses Verdikt vermochten sich nur die Potentaten, die von der Kirche unabhängig waren, und Freigeister, die keine Höllenstrafen fürchteten, hinwegzusetzen.

Insofern bediente sich der Mensch, der sich selbst Gesetz und über natürliche Vorgänge einigermaßen aufgeklärt war, nicht mehr der Venus zum Gelingen seiner Liebesabenteuer und hatte in der Tat vor dem Teufel keine Angst. Im Paris Ludwigs XIV., des «Sonnenkönigs», feierte man orgiastische Schwarze Messen. Der ehemalige Zuhälter *Molière* avancierte zum Hofdichter. In England ließ der *Earl of Rochester* gern ein Stück mit dem biblischen Titel *Sodom* aufführen, in dem Hofdamen namens Fuckidilla, Clytoris und Cunticula auftraten. Noch im 18. Jahrhundert meinte *Casanova*, daß man angesichts der unermeßlichen Zahl von Gelegenheiten, die selbst «anständige Frauen» zu Abenteuern böten, keine Huren benötige.

Doch die Geschichte wiederholte sich. Wie vordem der Papst und die Geistlichen, so gerieten jetzt der König und die Adeligen in die Kritik, die sich in Revolutionen entlud. Eines ihrer blutigen Kinder war die Entgöttlichung der Sexualität durch den *Marquis De Sade*, ein anderes die besänftigende Gegenreaktion des heraufziehenden Kleinbürgertums. Der Sexualtrieb, dem weder positiv noch negativ eine göttliche oder teuflische Urheberschaft zugerechnet, sondern der – bis zur völligen Emotionslosigkeit – rational erklärt worden war, verbürgerlichte und verkümmerte zur spießigen Biedermeieridylle. Daß gleichzeitig Bordelle wie Pilze aus dem Boden schossen, war die wohl nur konsequente Kehrseite der in die von den Romantikern erträumte Familienharmonie heimgeholten Prüderie.

Neue Dimensionen im Umgang mit Sexualität erschloß zu Beginn des 20. Jahrhunderts die Psychologie. Sie lieferte den Menschen Erklärungen für die verschiedenen Formen, in denen sich Sexualität ausdrücken konnte, und für den individuellen, höchst unterschiedlich motivierten Anteil, den sie an dem Gefühl hat, das als Liebe bekannt ist. Sie lieferte durch Sigmund Freud aber auch die Grundlage für die Unterscheidung in eine biologisch notwendige, also gewissermaßen natürliche Sexualität einerseits und gesellschaftlich normierte Sexualität andererseits. Aus der Polarisierung dieser beiden Gehalte erwuchs ein vehementer Streit, der schließlich mit ideologischen und politischen Mitteln ausgetragen wurde. Er spitzte sich an den Thesen des Psychoanalytikers Wilhelm Reich (1897–1957) zu, der den familiären Ordnungsprinzipien und ihren darauf basierenden Gesellschaftsformen einen repressiven Charakter zuerkannte sowie z. B. Neurosen grundsätzlich als «Folgeerscheinungen behinderten Genitallebens» auffaßte. Er sah in der Monogamie, zu welcher erst «die Schädigung der genitalen Sexualität» überhaupt befähige, eine widernatürliche Unterdrückung der Sexualität und forderte – so auch der Titel seiner 1945 publizierten Schrift – «die sexuelle Revolution», die in den gesellschaftskritischen Debatten der sechziger Jahre zum geflügelten Wort und für die alternativen Wohn- und Beziehungsformen zum provozierenden Aushängeschild wurde.

Epilog: Lust ohne Last?

Nichts sollte uns vergessen lassen, daß Sex in erster Linie dem Spaß dienen soll.

Mae West, Hollywoodstar und Sexsymbol

Die unterdrückende Sexualmoral ist also einmal in der Urgesellschaft eingebrochen und wird einmal in der menschlichen Gesellschaft verschwinden.

Wilhelm Reich, Der Einbruch der sexuellen Zwangsmoral, 1932

Menschen, die behaupten, angenehme, oberflächliche, unkomplizierte Sexualbeziehungen zu unterhalten, egal, ob mit Freunden, Gatten oder Fremden, verdrängen einfach nur das Gewirr psychodynamischer Verwicklungen aus ihrem Bewußtsein.

Camille Paglia, Die Masken der Sexualität, 1990

Im Zuge eines Erkenntnisfortschritts, der einer zweiten Aufklärung gleichkam, wurden seit dem Ende des 19. Jahrhunderts – fernab jeder Vergöttlichung oder Verteufelung – Erklärungen für menschliches Sexualverhalten angeboten, die es einer religiösen Bewertung entzogen. Psychologie, Verhaltensforschung und Biologie förderten die Gesetzmäßigkeiten zu Tage, denen Sexualität unterworfen ist. Doch dadurch wurde in erster Linie nur die Möglichkeit geschaffen, Sexualverhalten ohne Schuldzuweisung als Aspekt der menschlichen Natur zu begreifen. Eine praktische Auswirkung im Sinne eines problemfreieren Sexuallebens ergab sich, gesamtgesellschaftlich gesehen, daraus nicht. Es verharrte in der Diskrepanz zwischen unverändert geltenden christlichen Normprägungen und rapiden ökonomischen wie politischen Veränderungen. Im Fazit hat das Sexualverhalten mit der Entwicklung nicht Schritt gehalten und wird nach wie vor undemokratisch bzw. vordemokratisch gelebt. Indem die gesellschaftlichen Rahmenbedingungen – im wahrsten Sinn des Wortes – beim Alten blieben, mußte auch die sogenannte sexuelle Revolution der 68er mit ihrer Forderung nach Repressionsfreiheit, Aufhebung des Besitzrechts am Geschlechtspartner und der Wiederauflebung des Mottos «Erlaubt ist, was gefällt» scheitern und erlebte gar die Restauration vermeintlich überkommener Moralwerte und einen drastischen Einschnitt durch die Immunschwächekrankheit Aids. Teuflisch, wie sie – volkssprachlich ausgedrückt – wirkt, sieht die katholische Kirche in ihr tatsächlich einen Nachweis für die Existenz Luzifers und empfindet sie – eigentlich diabolisch – als Wasser auf ihre Mühlen bzw. als göttliche Strafe für grassierende Unmoral. Nicht anders bewerten muslimische Theologen die Krankheit als quasi natürliche Konsequenz für die im Westen praktizierte Promiskuität, jenen «Sexualkommunismus», den ein islamischer Rechtsgelehrter in Europa und den USA walten wähnt.

Es ist frappierend, wie sich die gegeneinander gerichteten Vorwürfe gleichen und wiederholen: Hatte das christliche Europa bis in die Neuzeit den Islam und dessen Begründer wegen der erlaubten «Vielweiberei» der Befürwortung sexueller Ausschweifung beschuldigt, geißelt nun die islamische Welt die westliche Libertinage. Gilt aufgeklärten westlichen Kreisen der Schleier der Muslimin als Zeichen ihrer Unterdrückung, deklarieren Muslime die permanente Zurschaustellung von nackten Frauen in westlichen Medien als Zeichen ihrer Entwürdigung und Herabsetzung zum Sexualobjekt.

Die kulturchristliche westliche Welt gibt sich in der Tat janusköpfig. Einerseits zeigt sie sich aufgeklärt und liberal; kein Thema ist tabuisiert, keine nackte Körperzone mehr irgendeinem Blick entzogen. Andererseits machen sich seit den neunziger Jahren unverkennbar von den Vereinigten Staaten über Europa bis Rußland Puritanismus und Konservatismus breit, angefangen bei amerikanischen Jugendlichen, die sich mit einem Gelübde zum Verzicht auf voreheliche Sexualität verpflichten, bis hin zu ekstatischen Formen einer neuen Marienverehrung in der ehemaligen Sowjetunion. Gleichzeitig werden die Kanzleien von Scheidungsanwälten und die Praxen von Psychoanalytikern und -therapeuten immer stärker frequentiert. Die kleinbürgerliche Familienstruktur löst sich in demselben Maß auf, wie ihre Verfechter ihre Werte hochhalten und sexuelle Freizügigkeit bekämpfen.

Nachdem bereits in der Zeit zwischen den beiden Weltkriegen auch in der islamischen Welt Frauenbewegungen auf den Plan getreten waren, die vehement Mitspracherechte sowie – als äußeres Symbol – die Abschaffung des Schleiers gefordert und zumindest in einigen Staaten wie etwa in der Türkei erreicht hatten, nahmen sich andere Staaten wie Saudi-Arabien gerade die striktesten Verfechter einer am Koran orientierten Moral zum Vorbild. Und in wieder anderen Staaten wie etwa in Iran, wo manches Sexualtabu längst der Vergangenheit anzugehören schien, werden Frauen seit den achtziger Jahren wieder unter den Schleier gezwungen. Dieselbe sexual- und frauenfeindliche Doppelmoral, die in den neokonservativen westlichen Kreisen zu beobachten ist, charakterisiert auch die entsprechenden Kreise in der islamischen Welt: Während im eigenen Land Frauen wegen unzüchtigen Verhaltens hingerichtet werden, nicht aber ihre Verführer oder Vergewaltiger, erkaufen sich Saudis im Ausland die «Liebe» von Prostituierten.

Der im Westen neu erstarkende Konservatismus mit seiner betont sexualitätsfeindlichen religiösen Komponente geht zunehmend ein geistliches Zweckbündnis mit Vertretern islamisch-fundamentalistischen Denkens ein. Es ist symptomatisch, daß in Deutschland 1995 auf Betreiben christlich-konservativer Kreise mit Annemarie Schimmel eine Orientalistin den Friedenspreis des Deutschen Buchhandels verliehen bekam, die einer naiven und undifferenzierten Verherrlichung frauenfeindlicher islamischer Mystik huldigt, und nicht etwa eine aufgeklärte Orientalin, die für Gleichberechtigung und sexuelle Befreiung in ihrem Kulturkreis streitet.

Ob unter diesen Vorzeichen und nach den geschilderten historischen Erfahrungen die Sexualität jemals allgemein aus der Verteufelung und der im Zusammenhang mit ihr so weit verbreiteten Unaufrichtigkeit und Heuchelei herausfindet und als Lust ohne Last empfunden werden kann, wird vom Grad der weiteren Aufklärung sowie, mehr noch, vom individuellen Bedürfnis jeder und jedes Einzelnen abhängen.

Bibliographie

Es versteht sich von selbst, daß zu einem umfangreichen Thema wie dem dieses Buches keine umfassende Bibliographie vorgelegt werden kann. Deshalb werden nur solche Titel aufgeführt, die entweder im Text ausdrücklich genannt sind oder denen sich die Autoren besonders verpflichtet fühlen. Ferner sind einige wenige Titel aufgenommen worden, die auch nichtwissenschaftlichen Leserinnen und Lesern eine weitere Vertiefung in Teilaspekte erlauben. Völlig verzichtet wurde auf die Erwähnung gängiger Nachschlagewerke in den verschiedenen Fachgebieten (wie z. B. Encyclopedia of Islam, Lexikon des Mittelalters u. ä.).

'Abduh, Muḥammad: al-A'māl al-kāmila, Teil 2, ed. M. 'Ammāra. Beirut 1972.

Abū Ṭālib al-Makkī: Die Nahrung der Herzen. Übers. von Richard Gramlich. Stuttgart 1992.

Alanus von Lille (ab Insulis): De fide catholica contra haereticos, praesertim Albigenses, libri quatuor, in: Migne, Patrologia latina, Bd. 210. Paris 1855, Sp. 305–430.

Alanus von Lille (ab Insulis): Liber poenitentialis, in: Migne, Patrologia Latina, Bd. 210. Paris 1855, Sp. 281–304.

Albertus Magnus: Commentarii in tertium librum sententiarum (hier: Dist. III A, art. 11 und Dist. III B, art 22), in: Opera omnia, ed. A. Borgnet, Bd. 28. Paris 1884.

Alliata, V.: Harem. Die Freiheit hinter dem Schleier. Aus dem Italienischen übers. von R. M. Gschwend. München 1981.

Alkuin: Epistolae = Monumenta Germaniae historica, Epistolae, Bd. 4. Berlin 1895.

Ambrosius von Mailand: Des heiligen Kirchenlehrers Ambrosius von Mailand ausgewählte Schriften, Bd. 1: Des heiligen Kirchenlehrers Ambrosius von Mailand Exameron, übers. von J. E. Niederhuber (Bibliothek der Kirchenväter, Bd. 17). Kempten/München 1914. – Bd. 3: Des heiligen Kirchenlehrers Ambrosius von Mailand Pflichtenlehre und ausgewählte kleinere Schriften, übers. von J. E. Niederhuber (Bibliothek der Kirchenväter, Bd. 32). Kempten/München 1917.

Andrews, P. B. S.: The Myth of Europe and Minos, in: Greece and Rome, 2nd series, vol. XVI (1969), p. 60–66.

Ariès, Ph. / Béjin, A. / Foucault, M. u. a.: Die Masken des Begehrens und die Metamorphosen der Sinnlichkeit. Zur Geschichte der Sexualität im Abendland, hg. von Ph. Ariès u. A. Béjin. Frankfurt a. M. 1986 (zuletzt: Frankfurt a. M. 1993).

Ariès, Ph., / Duby, G. (Hg.): Geschichte des privaten Lebens, Bd. 1: Vom Römischen Imperium zum Byzantinischen Reich. Frankfurt a. M. 1989 (zuerst [franz.]: Paris 1985).

Aune, D. E.: Magic in Early Christianity, in: Aufstieg und Niedergang der römischen

Welt, hg. von H. Temporini und W. Haase, II: Principat, Bd. 23,2. Berlin / New York 1980, S. 1507–1557.
Aurelius Augustinus: Der christliche Kampf und Die christliche Lebensweise, übertr. von A. Habitzky, eingel. und erl. von A. Zumkeller. Würzburg 1961.
Aurelius Augustinus: Die ehebrecherischen Verbindungen, übertr. von J. Schmid. Würzburg 1949.
Aurelius Augustinus: Die Enthaltsamkeit, übertr. von P. Keseling. Würzburg 1949.
Aurelius Augustinus: Heilige Jungfräulichkeit, übertr. und erl. von I. M. Dietz. Würzburg 1952.
Aurelius Augustinus: Vom Gottesstaat (De civitate Dei), 2 Bde., aus dem Lat. übertr. von W. Thimme, eingeleitet u. kommentiert von C. Andresen. München 1978.
Aurelius Augustinus: Das Gut der Ehe, übertr. von A. Maxsein. Würzburg 1949.
Aurelius Augustinus: Vom Gut der Witwenschaft, übertr. von A. Maxsein. Würzburg 1952.
Azraqī (al-), Abu l-Walīd: Akhbār Makka. Ed. R. Malhan. Madrid 1981.
Balkhī (al-): K. al-bad' wa t-tarīkh. Ed. Cl. Huart, 6 vols. Paris 1899–1919.
Balsdon, D.: Die Frau in der römischen Antike. München 1979 (zuerst [engl.]: London 1962).
Bamberger, B. J.: Fallen Angels. New York 1952.
Bartholomäus von Edessa, Elenchus et Confutatio Agareni, in: Migne Patrologia Graeca 104 (1860), Sp. 1383–1448; Contra Muhammed, ebd., Sp. 1447–1458.
Bauer, H.: Von der Ehe. Das 12. Buch von al-Ǧazālī's Hauptwerk. Übers. und erl. Halle 1917.
Becker, G. / Bovenschen, S. / Brackert, H. u. a.: Aus der Zeit der Verzweiflung. Zur Genese und Aktualität des Hexenbildes. Frankfurt a. M. 1977.
Beinert, W.: Heute von Maria reden? Kleine Einführung in die Mariologie. Freiburg/Basel/Wien 1973.
Beinert, W.: Die mariologischen Dogmen und ihre Entfaltung, in: Handbuch der Marienkunde, hg. von W. Beinert u. H. Petri. Regensburg 1984, S. 232–314.
Bender, H.: Rom und römisches Leben im Alterthum. Tübingen 1879.
Bernhard von Clairvaux: Super Missus est Homilia IV, in: Migne, Patrologia Latina, Bd. 183 (1854), Sp. 78–86.
Bīrūnī (al-), Abu r-Raihān Muḥammad: K. al-āthār al-bāqiya. Ed. E. Sachau. Leipzig 1923.
Björkman, W.: Ein Mevlevi-Dichter des 14. Jahrhunderts, in: Oriens 15 (1962), S. 271–276.
Böttcher, H. M.: Die große Mutter, Zeugungsmythen der Frühgeschichte. Düsseldorf/Wien 1968.
Borst, A.: Computus. Zeit und Zahl in der Geschichte Europas. Berlin 1990.
Borst, A.: Die Katharer. Freiburg i. Br. 1991 (3. Aufl.).
Borst, A.: Alltagsleben im Mittelalter. Frankfurt a. M. 1983.
Boudriot, W.: Die altgermanische Religion in der amtlichen kirchlichen Literatur des Abendlandes vom 5. bis 11. Jahrhundert. Bonn 1964 (zuerst: Bonn 1928).

Bouhdiba, Abdelwahab: La Sexualité en Islam. Paris 1975.
Bousquet, G.H.: La morale de l'Islam et son éthique sexuelle. Paris 1953.
Boyancé, P.: Le Pervigilium Veneris et les Veneralia, in: Mélanges d'archéologie et d'histoire offerts à André Piganiol, hg. von R. Chevallier. Paris 1966, S. 1547–1563.
Brady, Th. A.: The Reception of the Egyptian Cults by the Greeks (330–30 B. C.), in: The University of Missouri Studies, Bd. 10 (1935), Nr. 1.
Bresciani, E.: La dea cobra che allatta il coccodrillo a Medinet Madi, in: Aegyptus, 15. Jg. (1975), S. 39.
Brown, J. C.: Schändliche Leidenschaften. Das Leben einer lesbischen Nonne in Italien zur Zeit der Renaissance. Stuttgart 1988 (zuerst: Immodest Acts. The Life of a Lesbian Nun in Renaissance Italy. New York / Oxford 1986).
Brown, P.: Die Keuschheit der Engel. Sexuelle Entsagung, Askese und Körperlichkeit im frühen Christentum. München 1994 (zuerst: The Body and Society. Men, Women and Sexual Renunciation in Early Christianity. New York 1988).
Brunner, H.: Grundzüge der altägyptischen Religion. Darmstadt 1983.
Bühler, J.: Klosterleben im Mittelalter. Frankfurt a. M. 1989.
Buggle, F.: Denn sie wissen nicht, was sie glauben. Oder warum man redlicherweise nicht mehr Christ sein kann. Reinbek bei Hamburg 1992.
Bukhārī (al-), M. b. Ismā'īl: K. al-djāmi' aṣ-ṣaḥīḥ. Ed. M. L. Krehl. Leiden 1862.
Bumke, J.: Höfische Kultur. Literatur und Gesellschaft im hohen Mittelalter. 2 Bde. München 1986.
Buss, D.: Die Evolution des Begehrens. Geheimnisse der Partnerwahl. Hamburg 1994 (zuerst: The Evolution of Desire. New York 1994).
Buytaert, E. M.: Abelards Collationes, in: Antonianum 44 (1969).
Calvocoressi, P.: Who's who in der Bibel. München 1990.
Camelot, P.-Th.: Ephesus und Chalcedon, in: Geschichte der ökumenischen Konzilien, hg. von G. Dumeige u. H. Bacht, Bd. 2. Mainz 1963, S. 50–83.
Campenhausen, H. von: Lateinische Kirchenväter. Stuttgart 1972 (zuerst: 1960).
Chwolsohn, D.: Die Ssabier und der Ssabismus. 2 Bde. Amsterdam 1965 (Nachdruck der Ausgabe von St. Petersburg 1856).
Cicero, M. Tullius: Vom Wesen der Götter [De natura deorum], lat./dt., hg., übers. und erl. von W. Gerlach / K. Bayer. München/Zürich 1990.
Clemens von Alexandrien: Ermahnungen an die Griechen = Clement of Alexandria, Exhortation to the Greeks (griech./engl.), übers. von G. W. Butterworth. London 1960.
Cohen, D.: Law, Sexuality and Society. The Enforcement of Morals in Classical Athens. Cambridge 1991.
Colson, F. H.: The Week. An Essay on the Origin & Development of the Seven-Day Cycle. Cambridge 1926 (Reprint Westport 1974).
Crispino, A.M. / Giovannini, F. / Zatterin, M.: Das Buch vom Teufel. Frankfurt a. M. 1987 (zuerst: Il libro del diabolo. Bari 1986).

Crüsemann, F. / Thyen, H.: Als Mann und Frau geschaffen. Exegetische Studien zur Rolle der Frau. Berlin 1978.

Davis, F.: The Ottoman Lady. A Social History from 1718 to 1918. New York / London 1986.

Deschner, K.: Das Kreuz mit der Kirche. Eine Sexualgeschichte des Christentums. Düsseldorf/Wien/New York/Moskau 1994 (zuerst: Düsseldorf/Wien 1974).

Desroches Noblecourt, Chr.: La femme au temps des Pharaons. Paris 1986.

Di Nola, A.: Der Teufel. Wesen, Wirkung, Geschichte. München 1990 (zuerst: Il diavolo. Le forme, la storia, le vicende di Satana e la sua universale e malefica presenza presso tutti i popoli, dall'antichità ai nostri giorni. Roma 1987).

Dölger, F. J.: Das Sonnengleichnis in einer Weihnachtspredigt des Bischofs Zeno von Verona. Christus als wahre und ewige Sonne, in: F. J. Dölger, Antike und Christentum 6 (1950), S. 1–56.

Dölger, F. J.: Die Planetenwoche der griechisch-römischen Antike und der christliche Sonntag, in: F. J. Dölger, Antike und Christentum 6 (1950), S. 202–238.

Döllinger, I. v. (Hg.): Dokumente vornehmlich zur Geschichte der Valdesier und Katharer. München 1890.

Donadoni, S. (Hg.): Der Mensch des Alten Ägypten. Frankfurt a. M. 1992.

Doughty, Ch.: Travels in Arabia Deserta, 2 vols., Reprint London 1924.

Drijvers, H. J. W.: Die Dea Syria und andere syrische Gottheiten im Imperium Romanum, in: M. J. Vermaseren, Die orientalischen Religionen im Römerreich. Leiden 1981, S. 241–263.

Driver, G. R. / Miles, J. C.: The Babylonian Laws. Oxford 1956.

Duby, G.: Die Frau ohne Stimme. Liebe und Ehe im Mittelalter. Berlin 1989.

Dülmen, R. van (Hg.): Hexenwelten. Magie und Imagination vom 16.–20. Jahrhundert. Frankfurt a. M. 1987.

Duerr, H. P.: Nacktheit und Scham. Frankfurt a. M. 1988.

Du Manoir, H.: Maria. Etudes sur la Sainte Vierge, Bd. 1–6. Paris 1949–1961.

Dupont-Sommer, A.: Les Araméens. Paris 1949.

Eichner, W.: Die Nachrichten über den Islam bei den Byzantinern, in: Der Islam, Bd. 23 (1936), S. 133–162, 197–244.

Eilers, W.: Sinn und Herkunft der Planetennamen (Bayer. Akademie der Wissenschaften, Phil.-hist. Klasse, Sitzungsberichte, Jg. 1975, Heft 5). München 1976.

Embricho von Mainz: Vita Mahumeti = G. Cambier, Embricon de Mayence. La Vie de Mahomet (Collection Latomus, Bd. 52). Brüssel-Berchem 1962.

Ende, W.: Ehe auf Zeit (mut'a) in der innerislamischen Diskussion der Gegenwart, in: Die Welt des Islam, N. S. vol XX, Leiden 1980, S. 1–43.

Ennen, E.: Frauen im Mittelalter. München 1984.

Euripides: Sämtliche Tragödien und Fragmente. Griech./dt. Bd. 1 (Alkestis, Medeia, Hippolytos), übers. von E. Buschor. München 1968.

Euthymios Zigabenos: Panoplia dogmatica, Tit. 28,1, in: Migne, Patrologia Graeca 130, Sp. 1333.

Fahd, T.: Le Panthéon de l'Arabie Centrale. Paris 1968.

Fichtenau, H.: Lebensordnungen des 10. Jahrhunderts. München 1992 (zuerst: Stuttgart 1984).
Floratos, Ch.: Veneralia, in: Hermes (Zeitschrift für klassische Philologie), Bd. 88 (1960), S. 197–216.
Foerstauer, J.: Eros im Alten Orient. Stuttgart 1965.
Franzoni, G.: Der Teufel – mein Bruder. München 1990 (zuerst: Il diavolo, mio fratello. Soveria Mannelli 1986).
Friedell, E.: Kulturgeschichte der Neuzeit. München 1965 (zuerst: München 1927–1931).
Frischauer, P.: Knaurs Sittengeschichte der Welt, Bd. 1–3. Zürich 1968–1970.
Gebhard, H. H.: Hexenprozesse im Kurfürstentum Mainz des 17. Jahrhunderts. Aschaffenburg 1989.
Gekle, H.: Geburt der Moral: Prometheus und Ödipus, in: Moral. Erkundungen über einen strapazierten Begriff, hg. von R. Stäblein. Bühl/Moos 1993, S. 42–66.
Gelzer, M.: Die Unterdrückung der Bacchanalien bei Livius, in: Hermes (Zeitschrift für klassische Philologie), Bd. 71 (1936), S. 275–287.
Georgios Kedrenos, Compendium Historiarum, in: Migne, Patrologia Graeca 121 (1864), hier: Sp. 813.
Gese, H. / Höfner, M. / Rudolf, K.: Die Religionen Altsyriens, Altarabiens und der Mandäer. Stuttgart 1970.
Ghazālī (al-) M. b. M.: Iḥyā' 'ulūm ad-dīn. 4 Bde. al-Qahira o. J.
Götterlieder der Älteren Edda (Auswahl). Nach der Übersetzung von K. Simrock neu bearbeitet und eingeleitet von H. Kuhn. Stuttgart 1991.
Goetz, H.-W. (Hg.): Weibliche Lebensführung im Frühen Mittelalter. Köln/Weimar/Wien 1991.
Goitein, S. D.: Beholding God on Friday, in: Islamic Culture, vol. XXXIV (1960), S. 163–168.
Golther, W.: Handbuch der germanischen Mythologie. Leipzig 1895.
Graf, F.: Griechische Mythologie. München 1987.
Gramlich, R.: Ahmad Ghazali. Gedanken über die Liebe (Akademie der Wissenschaften und der Literatur. Abhandlungen der geistes- und sozialwissenschaftlichen Klasse 1976, Nr. 2). Mainz 1976.
Gramlich, R.: Die Nahrung der Herzen. Abū Ṭālib al-Makkīs Qūt al-qulūb. Stuttgart 1992.
Gregor von Tours: Zehn Bücher Geschichten (Gregorii episcopi Turonensis historiarum libri decem), bearb. von R. Buchner (lat./dt.) 2 Bde. Darmstadt 1970.
Grimm, J.: Deutsche Mythologie, Bd. 1–3. Berlin 1875–1878.
Grübel, I.: Die Hierarchie der Teufel. Studien zum christlichen Teufelsbild und zur Allegorisierung des Bösen in Theologie, Literatur und Kunst zwischen Frühmittelalter und Gegenreformation. München 1991.
Gundel, H.: Art. «Venus», in: Paulys Realencyclopädie der classischen Altertumswissenschaft, 2. Reihe, 15. Halbbd. Stuttgart 1955, Sp. 887–891.
Haag, H.: Teufelsglaube. Tübingen 1980.

Haller, J.: Das Papsttum. Idee und Wirklichkeit, Bd. 2. Reinbek bei Hamburg 1965.
Halm, H.: Die islamische Gnosis. Die extreme Schia und die Alawiten. Zürich/München 1982 (daraus stammen die Zitate aus der sogenannten «Urschrift», dem Umm al-kitāb).
Halm, H.: Kosmologie und Heilslehre der frühen Isma'īlīya. Wiesbaden 1978.
Halsberghe, G. H.: Le culte de Dea Caelestis, in: Aufstieg und Niedergang der römischen Welt, hg. von H. Temporini und W. Haase, II: Principat, Bd. 17,4. Berlin / New York 1984, S. 2203–2223.
Hammes, M.: Hexenwahn und Hexenprozeß. Frankfurt a. M. 1977.
Handbuch der Kirchengeschichte, hg. von H. Jedin, Bd. 2,1: Die Reichskirche nach Konstantin dem Großen: Die Kirche von Nikaia bis Chalkedon. Freiburg/Basel/Wien 1985 (zuerst: 1973).
Handwörterbuch des deutschen Aberglaubens, hg. von H. Bächtold-Stäubli, unter Mitwirkung von E. Hoffmann-Krayer, Bd. 1–9. Berlin / New York 1987 (zuerst: Berlin/Leipzig 1927–1942).
Hansen, J.: Quellen und Untersuchungen zur Geschichte des Hexenwahns und der Hexenverfolgung. Bonn 1901.
Harmening, D.: Superstitio. Überlieferungs- und theoriegeschichtliche Untersuchungen zur kirchlich-theologischen Aberglaubensliteratur des Mittelalters. Berlin 1979.
Haussig, H. W. (Hg.): Götter und Mythen im Vorderen Orient. Stuttgart 1965.
Heimpel, W.: A Catalogue of Near Eastern Venus Deities, in: Syro-Mesopotamian Studies 4/3 (1982), S. 8–22.
Heinemann, E.: Hexen und Hexenglauben. Eine historisch-sozialpsychologische Studie über den europäischen Hexenwahn des 16. und 17. Jahrhunderts. Frankfurt a. M. / New York 1986.
Heinrichs von Freiberg Tristan, hg. R. Bechstein (Deutsche Dichtungen des Mittelalters, hg. von K. Bartsch, Bd. 5). Leipzig 1877.
Henninger, J.: Arabia sacra. Aufsätze zur Religionsgeschichte Arabiens und seiner Randgebiete (Orbis biblicus et orientalis, Bd. 40). Freiburg (Schweiz) / Göttingen 1981.
Henseler, H.: Religion – Illusion? Eine psychoanalytische Deutung. Göttingen 1995.
Heyob, Sh. K.: The Cult of Isis among Women in the Graeco-Roman World. Leiden 1975.
Hieronymus: Des heiligen Kirchenvaters Eusebius Hieronymus ausgewählte Schriften, Bd. 1: Des heiligen Kirchenvaters Eusebius Hieronymus ausgewählte historische, homiletische und dogmatische Schriften, übers. von L. Schade (Bibliothek der Kirchenväter, Bd. 15). Kempten-München 1914.
Highwater, J.: Sexualität und Mythos. Wie die Kultur die Lust bestimmt. München 1995 (zuerst: Myth and Sexuality. New York 1990).
Hörig, M.: Dea Syria – Atargatis, in: Aufstieg und Niedergang der römischen Welt, hg. von H. Temporini und W. Haase, II: Principat, Bd. 17,3. Berlin / New York 1984, S. 1536–1581.

Hörner, K.: Harem oder Peep-Show – wo ist frau freier? in: Die Welten des Islam, hg. von G. Rotter. Frankfurt a. M. 1993, S. 178–184.
Hrotsvith von Gandersheim: Gesta Ottonis, in: Hrotsvithae opera, ed. P. v. Winterfeld (Monumenta Germaniae historica, Scriptores rerum Germanicarum, 1902).
Huizinga, J.: Herbst des Mittelalters. Studien über Lebens- und Geistesformen des 14. und 15. Jahrhunderts in Frankreich und in den Niederlanden. Stuttgart 1975 (zuerst [niederl.] 1941).
Hunt, M. M.: The Natural History of Love. New York 1959.
Ibn Hazm: Djamharat ansāb al-ʿarab. Ed. ʿAbdassalām M. Hārūn. Al-Qāhira 1382/1962.
Ibn Ishaq: Das Leben des Propheten. Aus dem Arabischen übertr. und bearb. von G. Rotter. Tübingen 1976.
Ibn al-Kalbī: K. al-aṣnām. Ed. Aḥmad Zakī. Al-Qāhira 1332/1914.
Ibn Kathīr, ʿImāduddīn abu l-Fidāʾ Ismāʿīl: Tafsīr al-Qurʾān al-karīm, 8 Bde., 2. Aufl. Beirut 1980.
Ibn Khaldūn: Muqaddima. Transl. F. Rosenthal, 3 vols. New York 1958.
Ibn Rustam aṭ-Ṭabarī: Dalāʾil al-imāma. Nadjaf 1369/1949.
Ibn Taimīya, Aḥmad: Risālat al-furqān. In: ar-Rasāʾil al-kubrā. Al-Qāhira 1323.
Ibn Shahrashūb, M. b. ʿAlī: Manāqib āl Abī Ṭālib. 3 Bde. Nadjaf 1375/1956.
Isidor von Sevilla: Etymologiarum sive originum libri XX, ed. W. M. Lindsay, 2 Bde. Oxford 1957 (zuerst: 1911).
Jungmann, J. A.: Beginnt die christliche Woche mit dem Sonntag?, in: Zeitschrift für Katholische Theologie 55 (1931), S. 605–621.
Kahl, J.: Das Elend des Christentums. Reinbek bei Hamburg 1968.
Karageorgis, J.: La Grande Déesse de Chypre. Lyon 1977.
Karwiese, St.: Erster vorläufiger Gesamtbericht über die Wiederaufnahme der archäologischen Untersuchung der Marienkirche in Ephesos. Wien 1989.
Katechismus der katholischen Kirche. München 1993.
Katholische Marienkunde, hg. von P. Sträter S. J., Bd. 1: Maria in der Offenbarung; Bd. 2: Maria in der Glaubenswissenschaft. Paderborn [3]1962.
Keel, O. / Uehlinger, C.: Göttinnen, Götter und Gottessymbole. Neue Erkenntnisse zur Religionsgeschichte Kanaans und Israels aufgrund bislang unerschlossener ikonographischer Quellen. Freiburg/Basel/Wien 1992.
Kerényi, K.: Die Mythologie der Griechen, Bd. 1: Die Götter- und Menschheitsgeschichten. München 1994.
Kienast, D.: Rom und die Venus vom Eryx, in: Hermes (Zeitschrift für klassische Philologie), Bd. 93 (1965), S. 478–489.
Klengel, H.: Hammurapi von Babylon und seine Zeit. Berlin 1977.
Knoch, O.: Maria in der Heiligen Schrift, in: Handbuch der Marienkunde, hg. von W. Beinert und H. Petri. Regensburg 1984, S. 15–92.
Koch, C.: Untersuchungen zur Geschichte der römischen Venus-Verehrung, in: Hermes (Zeitschrift für klassische Philologie), Bd. 83 (1955), S. 1–51.

Koch, F.: Sexuelle Denunziation. Die Sexualität in der politischen Auseinandersetzung. Frankfurt a. M. 1986.
Köster, H. M.: Die marianische Spiritualität religiöser Gruppierungen, in: Handbuch der Marienkunde, hg. von W. Beinert und H. Petri. Regensburg 1984.
Konrad von Megenberg: Das Buch der Natur von Conrad von Megenberg, hg. von H. Schulz. Greifswald 1897.
Konstantinos VII. Porphyrogennetos, De administrando imperio, in: Migne, Patrologia Graeca 113 (1864), hier: Sp. 193.
Kopp, C.: Das Mariengrab. Paderborn 1955.
Koran. Übersetzung von R. Paret. Stuttgart 1979.
Krone, S.: Die altarabische Gottheit al-Lāt. Frankfurt a. M. / Berlin 1992.
Kunze, M.: Straße ins Feuer. Vom Leben und Sterben in der Zeit des Hexenwahns. München 1982.
Lambert, W. G.: Morals in Ancient Mesopotamia, in: Jaarbericht van het Vooraziatisch-egyptisch Gezelschap Ex Oriente Lux, Deel V (1955–1958). Leiden 1959, S. 184–196.
Lambert, W. G.: A Middle Assyrian Medical Text, in: Iraq, vol. XXXI (1969), S. 28–39.
Langdon, S. H.: Semitic Mythology. London 1931.
Laurentin, R.: Die marianische Frage. Freiburg/Basel/Wien 1965 (zuerst: La question mariale, Paris 1963).
Lea, H. Ch.: Die Inquisition. Nördlingen 1985 (Auswahl; vollständig zuerst: History of the Inquisition of the Middle Ages. New York 1887).
Lefkowitz, M. R.: Wives and Husbands, in: Greece & Rome, Bd. 29 (1982), S. 31–47.
Le Roy Ladurie, E.: Montaillou. Ein Dorf vor dem Inquisitor 1294–1324. Frankfurt a. M. / Berlin / Wien 1980 (zuerst: Montaillou, village occitan de 1294 à 1324. Paris 1975).
Licht, H.: Sittengeschichte Griechenlands, 3 Bde., Berlin 1925–1928 (neu hg. von H. Lewandowsky. Stuttgart 1960).
Littmann, E.: Hārūt und Mārūt, in: Andreas-Festschrift. Leipzig 1916, S. 70–87.
Liutprand von Cremona: Gesandtschaft an den Kaiser Nikephoros Phokas in Konstantinopel (Liudprandi legatio ad imperatorem Constantinopolitanum Nicephorum Phocam), in: Ausgewählte Quellen zur deutschen Geschichte des Mittelalters (Freiherr vom Stein-Gedächtnisausgabe), begr. von R. Buchner u. fortgef. von F.- J. Schmale, Bd. 8: Quellen zur Geschichte der sächsischen Kaiserzeit. Darmstadt 1971, S. 524–589.
Lukian: Von der syrischen Göttin, in: Lukian, Sämtliche Werke, übers. und bearb. von C. M. Wieland und H. Floerke, Bd. 4. München/Leipzig 1911, S. 338–385.
Lukrez: Über die Natur der Dinge [De rerum natura], lat./dt., hg. von J. Martin. Berlin 1972.
Maria – Abbild oder Vorbild? Zur Sozialgeschichte der mittelalterlichen Marienverehrung, hg. von H. Röckelein / C. Opitz / D. R. Bauer. Tübingen 1990.

Marrou, A.: Augustinus. Reinbek bei Hamburg 1984 (zuerst: 1958).
Masters, R. E. L.: Die teuflische Wollust. München 1968 (zuerst: Eros and Evil. New York 1962).
Mas'ūdi (al-): Murūdj adh-dhahab. Ed. Ch. Pellat, 7 Bde. Beirut 1979.
Mildenberger, G.: Sozial- und Kulturgeschichte der Germanen. Stuttgart/Berlin/Köln/Mainz 1972.
Müller, M.: Maria in der Theologie des Mittelalters, in: Maria in der Offenbarung (Katholische Marienkunde, hg. von P. Sträter S. J., Bd. 1). Paderborn 1962 (zuerst: 1947), S. 268–316.
Nilsson, M. M.: Die Entstehung und religiöse Bedeutung des griechischen Kalenders. Lund/Leipzig 1918 (ergänzter Neudruck: Lund 1962).
Nilsson, M. P.: Geschichte der griechischen Religion, 2 Bde. (Handbuch der Altertumswissenschaften, 5. Abtlg., 2. Teil, Bd. 1–2). München 1941.
Nitzschke, B.: Von weiblichen und männlichen Tugenden & von dem, was der Auffassung widerspricht, sie seien natürlich, gottgewollt oder guten Willens zu dekretieren, in: Moral. Erkundungen über einen strapazierten Begriff, hg. von R. Stäblein. Bühl/Moos 1993, S. 88–124.
Ogilvie, R. M.: ... und bauten die Tempel wieder auf. Die Römer und ihre Götter im Zeitalter des Augustus. München 1984 (zuerst: The Romans and their Gods in the Age of Augustus. London 1969; [dt.] Stuttgart 1982).
Paglia, C.: Die Masken der Sexualität. München 1995 (zuerst: Sexual Personae. Art and Decadence from Nefertiti to Emily Dickinson. Yale University 1990).
Penzer, N. M.: The Harem. London 1936.
Peterich, E.: Götter und Helden der Germanen. München 1963.
Picatrix. Das Ziel der Weisen von Pseudo-Magriti. Translated into German by H. Ritter and M. Plessner. London 1962.
Pilz, E.: Die weiblichen Gottheiten Kanaans, in: Zeitschrift des Deutschen Palästina-Vereins 47 (1924), S. 129–168.
Pinzer, N. M.: The Harem. London 1936.
Plinius: C. Plinius Secundus d. Ä., Naturalis historia / Naturkunde, lat./dt. Ausgabe, hg. von R. König, Bd. 2. München 1974.
Plotin: Ausgewählte Schriften, in der Übers. von R. Harder, hg. von W. Marg. Stuttgart 1986 (zuerst: 1973).
Radke, G.: Zur Entwicklung der Gottesvorstellung und der Gottesverehrung in Rom. Darmstadt 1987.
Räkel, H.-H. S.: Der deutsche Minnesang. München 1986.
Rāzī (ar-), Fakhraddīn: as-Sirr al-maktūm fī mukhāṭabat an-nudjūm. Hs. Berlin 5886 (W. Alwart: Verzeichnis der arabischen Handschriften der Königlichen Bibliothek zu Berlin, Bd. 5. Berlin 1893, S. 282–285).
Rehn, R.: Lust und Glückseligkeit bei Epikur, in: Liebe und Leidenschaft. Historische Aspekte von Erotik und Sexualität (Bochumer Altertumswissenschaftliches Colloquium, Bd. 12), hg. von G. Binder / B. Effe. Trier 1993, S. 189–202.
Reich, W.: Der Einbruch der sexuellen Zwangsmoral. Köln 1995 (zuerst: 1932).

Reinholz, Chr.: Qāsim Amīn – Schriften eines ägyptischen Reformers zur Rolle der Frau. Unveröffentlichte Magisterarbeit. Hamburg 1989.
Reinsberg, C.: Ehe, Hetärentum und Knabenliebe im antiken Griechenland. München 1989.
Richlin, A. (Hg.): Pornography and Representation in Greece & Rome. New York / Oxford 1992.
Ritter, H.: Das Meer der Seele. Mensch, Welt und Gott in den Geschichten des Fariduddin 'Attar. Leiden 1955.
Robins, G.: Women in Ancient Egypt. London 1993.
Rohde, G.: Studien und Interpretationen zur antiken Literatur, Religion und Geschichte. Berlin 1963 (insbesondere die Kapitel «Die Bedeutung der Tempelgründungen im Staatsleben der Römer», S. 189–205, und «Rom und die anatolischen Muttergottheiten», S. 211–222).
Ronner, W.: Die Kirche und der Keuschheitswahn. Christentum und Sexualität. München 1971.
Roper, L.: Ödipus und der Teufel. Körper und Psyche in der Frühen Neuzeit. Frankfurt a. M. 1995 (zuerst: Oedipus and the Devil. Witchcraft, sexuality and religion in early modern Europe. London 1994).
Rordorf, W.: Der Sonntag. Geschichte des Ruhe- und Gottesdiensttages im ältesten Christentum. Zürich 1962.
Rordorf, W.: Sabbat und Sonntag in der Alten Kirche. Zürich 1972.
Rosenberg, A.: Engel und Dämonen. Gestaltwandel eines Urbildes. München 1992.
Rossiaud, J.: Dame Venus. München 1989 (zuerst: La Prostituzione nel Medioevo. Roma/Bari 1984).
Rotter, E.: Embricho von Mainz und das Mohammed-Bild seiner Zeit, in: Auslandsbeziehungen unter den salischen Kaisern. Geistige Auseinandersetzung und Politik, hg. von F. Staab. Speyer 1994, S. 69–122.
Rotter, E.: Die Sarazenenseuche oder Wie ein Feindbild entsteht, in: Die Welten des Islam, hg. von G. Rotter. Frankfurt a. M. 1993, S. 52–59.
Rotter, G.: Der *veneris dies* im vorislamischen Mekka, eine neue Deutung des Namens «Europa» und eine Erklärung für *kobar* = Venus, in: Der Islam, Band 70 (1993), Heft 1, S. 112–132.
Ruberg, U.: Verfahren und Funktionen des Etymologisierens in der mittelhochdeutschen Literatur, in: Verbum et Signum (Festschrift F. Ohly), hg. von H. Fromm / W. Harms / U. Ruberg, Bd. 1. München 1975, S. 5.
Rudek, W.: Geschichte der öffentlichen Sittlichkeit in Deutschland. Jena 1897.
Rushdie, Salman: The Satanic Verses. London 1988 (deutsche Version: Die satanischen Verse. O. O. 1989).
Sanders, G.: Kybele und Attis, in: M. J. Vermaseren, Die orientalischen Religionen im Römerreich. Leiden 1981, S. 264–297.
Schariati, Ali: Fatima ist Fatima. Bonn 1981.
Schienerl, P. W.: Antike Planetenamulette und ihr Weiterleben in der Motivik des rezenten islamischen Schmucks, in: Archiv für Völkerkunde 35 (1981), S. 47–63.

Schilling, R.: La religion romaine de Vénus depuis les origines jus- que'au temps d'Auguste. Paris 1954.
Schilling, R.: Les origines de la Vénus romaine, in: Revue des études anciennes, Bd. 61 (1959), S. 107–110.
Schilling, R.: Die Sinnbezogenheit des Wortes Venus zu seinen stammverwandten Formen, in: Hermes (Zeitschrift für klassische Philologie), Bd. 93 (1965), S. 233–243.
Schimmel, A.: Meine Seele ist eine Frau. Das Weibliche im Islam. München 1995.
Schlosser, H. D. (Hg.): Althochdeutsche Literatur. Frankfurt a. M. 1980.
Schmidt, K. L.: Lucifer als gefallene Engelmacht, in: Theologische Zeitschrift, Bd. 7 (1951) S. 161–179.
Schneider, C.: Geistesgeschichte der christlichen Antike. München 1970.
Schormann, G.: Der Krieg gegen die Hexen. Göttingen 1991.
Schott, S. (Übers.): Altägyptische Liebeslieder. Zürich [2]1950.
Schreiner, K.: Maria. Jungfrau, Mutter, Herrscherin. München/Wien 1994.
Schröter, M.: «Wo zwei zusammenkommen in rechter Ehe.» Sozio- und psychogenetische Studien über Eheschließungsvorgänge vom 12. bis 15. Jahrhundert. Frankfurt a. M. 1985.
Schürer, E.: Die siebentägige Woche, in: Zeitschrift für neutestamentliche Wissenschaft 6 (1905), S. 1–66.
Schultz, A.: Das höfische Leben zur Zeit der Minnesänger, Bd. 1. Leipzig 1889.
Schwaiger, G. (Hg.): Teufelsglaube und Hexenprozesse. München 1987.
Seibert, I.: Die Frau im Alten Orient. Leipzig 1973.
Seltman, Ch.: Riot in Ephesus. Writings in the Heritage of Greece. London 1958 (insbesondere das Kapitel «Sacred and Profane Love in Ancient Greece», S. 87ff.).
Shahar, Sh.: Die Frau im Mittelalter. Frankfurt a. M. 1983.
Sigusch, V.: Kritik der disziplinierten Sexualität. Frankfurt a. M. / New York 1989.
Simon, E.: Die Götter der Griechen. München 1985 (insbesondere das Kapitel «Aphrodite», S. 229ff.).
Simon, E.: Die Götter der Römer. München 1990 (insbesondere das Kapitel «Venus», S. 213ff.).
Singer, M.: Weibliches Subjekt und Gastfreundschaft. Ende und Anfang einer Moral, in: Moral. Erkundungen über einen strapazierten Begriff, hg. von R. Stäblein, Bühl/Moos 1993, S. 125–155.
Smith, W. R.: Kinship & Marriage in Early Arabia. Reprint London 1990.
Smith, W. R.: Die Religion der Semiten. Darmstadt 1967.
Söll, G.: Maria in der Geschichte von Theologie und Frömmigkeit, in: Handbuch der Marienkunde, hg. von W. Beinert und H. Petri. Regensburg 1984, S. 93–231.
Soldan, W. G. / Heppe, H.: Geschichte der Hexenprozesse (neu bearbeitet von S. Ries), 2 Bde. Kettwig 1986 (zuerst: 1880).
Specht, E. (Hg.): Nachrichten aus der Zeit. Ein Streifzug durch die Frauengeschichte des Altertums. Wien 1992.
Speidel, M.: Venus Victrix – roman and oriental, in: Aufstieg und Niedergang der rö-

mischen Welt, hg. von H. Temporini und W. Haase, II: Principat, Bd. 17,4. Berlin / New York 1984, S. 2225–2238.
Sprenger, J. / Institoris, H.: Der Hexenhammer (Malleus maleficarum), übers. und eingel. von J. W. R. Schmidt. München [5]1986 (zuerst: Berlin 1906).
Stadlbauer, F.: Realien der Marienverehrung im profanen Bereich, in: Handbuch der Marienkunde, hg. von W. Beinert und H. Petri. Regensburg 1984, S. 926–954.
Stauffer, E.: Antike Madonnenreligionen, in: Aufstieg und Niedergang der römischen Welt, hg. von H. Temporini und W. Haase, II: Principat, Bd. 17,3. Berlin / New York 1984, S. 1425–1499.
Stegmüller, O.: Überlieferungsgeschichte der Bibel, in: Die Textüberlieferung der antiken Literatur und der Bibel. München 1975 (zuerst: Zürich 1961), S. 149–206.
Stern, B.: Medizin, Aberglaube und Geschlechtsleben in der Türkei. Mit Berücksichtigung der moslemischen Nachbarländer. Berlin 1903.
Streminger, G.: Gottes Güte und die Übel der Welt: Das Theodizeeproblem. Tübingen 1992.
Ströter-Bender, J.: Liebesgöttinnen. Köln 1994.
Ṭabarī (aṭ-), Muḥammad b. Djarīr: Tārīkh ar-rusul wal-mulūk. Ed. M. abu l-Faḍl Ibrāhīm, 10 Bde. Al-Qāhira 1960.
Taylor, G. R.: Kulturgeschichte der Sexualität (mit einer Einleitung von Alexander Mitscherlich). Frankfurt a. M. 1970 (zuerst: Sex in History. London 1953).
Tertullian: Tertullians ausgewählte Schriften, Bd. 1: Tertullians private und katechetische Schriften, übers. von K. A. H. Kellner (Bibliothek der Kirchenväter, Bd. 7). Kempten/München 1912. – Bd. 2: Tertullians apologetische, dogmatische und montanistische Schriften, übers. von K. A. H. Kellner, hg. von G. Esser (Bibliothek der Kirchenväter, Bd. 24). Kempten/München 1915.
Theologisches Wörterbuch zum Neuen Testament, hg. von G. Kittel, Bd. 1. Stuttgart 1933 (Stichwort «gynä»).
Theweleit, K.: Objektwahl (All You Need Is Love...). Über Paarbildungsstrategien & Bruchstück einer Freudbiographie. Basel/Frankfurt a. M. 1990.
Tīfāshī (at-), Abu l-'Abbās Aḥmad b. Yūsuf: Surūr an-nafs. Ed. Iḥsān 'Abbās. Beirut 1400/1980.
Tresmontant, C.: Paulus. Hamburg 1990 (zuerst: 1959).
Trible, P.: Gegen das patriarchalische Prinzip in Bibelinterpretationen, in: E. Moltmann-Wendel (Hg.): Frauenbefreiung. München 1978, S. 93–117.
Umm al-kitāb, s. Halm, H.: Gnosis.
Unger, H.: Text und Bild im Mittelalter (Katalog zur Ausstellung der Universitätsbibliothek Bamberg 1986). Graz 1986.
Vardiman, E. E.: Die Frau in der Antike. Wien/Düsseldorf 1982.
Venantius Fortunatus: Carmina, in: Monumenta Germaniae historica, Auctores antiquissimi, Bd. 4,1, ed. F. Leo. Berlin 1891, S. 1–292.
Vertue, St. H.: Venus and Lucretius, in: Greece & Rome, Bd. 3 (1956), S. 140–152.
Vidman, L.: Isis und Sarapis, in: M. J. Vermaseren, Die orientalischen Religionen im Römerreich. Leiden 1981, S. 121–156.

Veyne, P.: Homosexualität im antiken Rom, in: Ph. Ariès / A. Béjin / M. Foucault u. a., Die Masken des Begehrens und die Metamorphosen der Sinnlichkeit. Zur Geschichte der Sexualität im Abendland. Frankfurt a. M. 1993, S. 40–50.

Vincent, J.-D.: Biologie des Begehrens. Wie Gefühle entstehen. Reinbek b. Hamburg 1990 (zuerst: Biologie des Passions. Paris 1986).

Wagenvoort, H.: Pietas – Selected studies in roman religion (Studies in greek and roman religion, hg. von H. S. Versnel, Bd. 1). Leiden 1980 (insbesondere das Kapitel «The Origin of the Goddess Venus», S. 166–196).

Wellhausen, J.: Reste arabischen Heidentums. Berlin/Leipzig [2]1927.

Wendorff, R.: Tag und Woche, Monat und Jahr. Eine Kulturgeschichte des Kalenders. Opladen 1993.

Williams, Ch.: Witchcraft. London 1941.

Winter, U.: Frau und Göttin. Exegetische und ikonographische Studien zum weiblichen Gottesbild im Alten Israel und in dessen Umwelt. Freiburg (Schweiz) 1983.

Wissowa, G.: Religion und Kultus der Römer. München 1971 (zuerst 1912 als Handbuch der klassischen Altertumswissenschaften, Abtlg. 4, Bd. 5).

Witt, R. E.: Isis in the Graeco-Roman World. London 1971.

Wolfram von Eschenbach: Willehalm, hg. von K. Lachmann, übers. von D. Kartschoke. Berlin 1968.

Yāqūt al-Ḥamawī, K. Mu'djam al-buldān. Ed. F. Wüstenfeld, 6 Bde. Leipzig 1866–1870.

Zerubavel, E.: The Seven Day Circle: The history and meaning of the week. London 1985.

Ziegeler, W.: Möglichkeiten der Kritik am Hexen- und Zauberwesen im ausgehenden Mittelalter. Zeitgenössische Stimmen und ihre soziale Zugehörigkeit. Köln/Wien 1983.

Verzeichnis der Abbildungen

S. 17. Fruchtbarkeitsgöttin aus Mari, um 2650 v. Chr. Damaskus, Nationalmuseum.

S. 41. Eva mit Granatapfel. Miniatur aus einer türkischen Handschrift des frühen 17. Jahrhunderts. Istanbul, Topkapi-Museum.

S. 42. Adam und Eva im Paradies. Miniatur aus einer Bilderhandschrift der *Chronologie* von al-Biruni, 1307. Edinburgh, University Library. Foto: Editori Fabbri, Mailand.

S. 49. Griechische Trinkschale mit erotischer Darstellung, um 510–500 v. Chr. Paris, Louvre.

S. 55. Aphrodite Kallipygos. Neapel, Museo Nazionale.

S. 79. Isis von Byblos, 1. Jahrhundert n. Chr. Damaskus, Nationalmuseum.

S. 114. Khalid schlägt die al-'Uzza geweihte Akazie um. Türkische Buchmalerei.

S. 125. Isis mit dem Horusknaben, Statue aus Antinupolis (Ägypten), 4. Jahrhundert n. Chr. Staatliche Museen zu Berlin – Preußischer Kulturbesitz, Museum für Spätantike und byzantinische Kunst.

S. 129. Maria mit Jesuskind auf der Mondsichel. Gefaßte Holzfigur um 1500 aus Güttingen (Schweiz). Zürich, Schweizerisches Landesmuseum.

S. 141. Mohammed vermählt Fatima mit Ali. Miniatur aus der türkischen Handschrift *Siyer-i Nebi*, 1595. Dublin, Chester Beatty Library.

S. 195. Die heiligen Granitfelsen der Gottheiten al-'Uzza, Hubal und al-Lat. Aus: Charles M. Doughty, Travels in Arabia Deserta, Bd. II. Cambridge 1888, S. 515f.

S. 205. Die Vision des hl. Bernhard. Südniederländische Tafelmalerei, Ende 15. Jahrhundert. Köln, Wallraf-Richartz-Museum. Foto: Rheinisches Bildarchiv Köln.

S. 208. Jean Fouquet: Maria mit dem Jesuskind, Ausschnitt aus dem Diptychon von Melun, um 1450–53. Antwerpen, Koninklijk Museum voor Schone Kunsten. Foto: David Lyons, Ambleside.

S. 209. Unbekannter Künstler: Porträt der Agnès Sorel, auf dem Gemälde von Jean Fouquet beruhend. 2. Hälfte 15. Jahrhundert. Paris, Château de Mouchy.

S. 213. Das Universum aus dem *Liber scivias* der Hildegard von Bingen. Die Darstellung im heute verschollenen Rupertsberger Codex ist um 1165 unter Hildegards Aufsicht entstanden.

S. 229. Maurice Bompard, Haremsszene, Ölgemälde, um 1900. Ville de Marseille, Musée des Beaux-Arts.

S. 245. Hans Baldung Grien, zwei Wetterhexen, Ölgemälde, 1523. Frankfurt, Städelsches Kunstinstitut. Foto: Ursula Edelmann.